독자의 1초를
아껴주는 정성을
만나보세요!

세상이 아무리 바쁘게 돌아가더라도 책까지 아무렇게나 빨리 만들 수는 없습니다.

인스턴트 식품 같은 책보다 오래 익힌 술이나 장맛이 밴 책을 만들고 싶습니다.

땀 흘리며 일하는 당신을 위해 한 권 한 권 마음을 다해 만들겠습니다.

마지막 페이지에서 만날 새로운 당신을 위해 더 나은 길을 준비하겠습니다.

2주 완성 엔트리 코딩

엔트리 최신 버전 반영

김슬기 지음

길벗

지은이 김슬기

현)안산원곡초 교사
현)한국교원대학교 박사 과정 및 컴퓨터교육학과 강사
현)EBS 이솦 소프트웨어 교육 플랫폼 강사
초등학교 실과 교과서 소프트웨어교육 단원 집필
『모두의 엔트리 with 엔트리파이선』 집필
EBS 〈무한상상! 생활 속 소프트웨어〉, 〈비버와 함께 떠나는 컴퓨터 과학〉, 〈마이크로 비트와 함께 떠나는 컴퓨터 과학탐험〉 출연

기적 특강_2주 완성 엔트리 코딩

초판 발행 · 2021년 3월 20일
초판 3쇄 발행 · 2023년 2월 10일

지은이 · 김슬기
발행인 · 이종원
발행처 · (주)도서출판 길벗
출판사 등록일 · 1990년 12월 24일
주소 · 서울시 마포구 월드컵로 10길 56(서교동)
대표 전화 · 02)332-0931 | **팩스** · 02)323-0586
홈페이지 · www.gilbut.co.kr | **이메일** · gilbut@gilbut.co.kr

기획 및 책임 편집 · 김윤지(yunjikim@gilbut.co.kr) | **디자인** · 장기춘 | **제작** · 이준호, 손일순, 이진혁
영업마케팅 · 진창섭, 강요한 | **웹마케팅** · 송예슬 | **영업관리** · 김명자 | **독자지원** · 윤정아, 최희창

편집진행 · 황진주 | **전산편집** · 도설아 | **삽화** · 최정을 | **출력 및 인쇄** · 금강인쇄 | **제본** · 금강인쇄

* 잘못 만든 책은 구입한 서점에서 바꿔 드립니다.
* 이 책은 저작권법에 따라 보호받는 저작물이므로 무단전재와 무단복제를 금합니다.
 이 책의 전부 또는 일부를 이용하려면 반드시 사전에 저작권자와 ㈜도서출판 길벗의 서면 동의를 받아야 합니다.

ISBN 979-11-6521-504-0 73000 (길벗 도서번호 080220)
ⓒ 김슬기 2021

정가 16,000원

독자의 1초를 아껴주는 정성 길벗출판사

길벗 | IT실용서, IT/일반 수험서, IT전문서, 경제실용서, 취미실용서, 건강실용서, 자녀교육서
더퀘스트 | 인문교양서, 비즈니스서
길벗이지톡 | 어학단행본, 어학수험서
길벗스쿨 | 국어학습서, 수학학습서, 유아학습서, 어학학습서, 어린이교양서, 교과서

머리말

여러분은 내 말을 알아듣는 인공지능 스피커를 사용해 본 적이 있나요? 우리 삶을 편리하게 만들어 주는 제품이나 '어몽어스', '브롤스타즈' 같이 우리를 즐겁게 해 주는 스마트폰 게임들은 어떻게 만들어진 걸까요?

스마트폰 게임뿐만 아니라, 자동차, 스마트 칠판, TV, 스피커 등 우리가 생활 속에서 사용하는 제품들은 각각 하는 일과 생김새는 다르지만, 모두 코딩을 통해 만들어졌다는 점에서 똑같습니다. 그리고 이처럼 코딩으로 만들어진 소프트웨어가 일상생활 속에서 하는 역할은 갈수록 커지고 있습니다. 심지어 사람만이 할 수 있었던 공부와 창작 활동도 이제는 코딩으로 만들어진 인공지능이 해내는 시대가 되었죠.

다르게 생각해 보자면 우리가 코딩만 할 수 있다면 무엇이든 할 수 있는 시대가 되었다고 볼 수 있습니다. 그래서 우리나라뿐만 아니라 많은 나라들이 미래를 살아갈 학생들에게 컴퓨터로 문제를 해결하는 컴퓨팅 사고력을 길러주기 위해 코딩 교육과 인공지능 교육에 최선을 다하고 있습니다.

이제는 코딩과 인공지능에 대한 내용을 초등학교 교과서에서 배울 만큼 필수 교육이 되었고 현재 거의 모든 초·중등 교과서에서 엔트리를 다루고 있습니다. 처음에는 엔트리 코딩이 생소하고 어렵게 느껴질 수도 있지만, 막상 시작해 보면 게임보다 재미있고 애니메이션보다 흥미진진하다는 사실을 알 수 있을 겁니다. 여러분도 엔트리와 함께 이 책을 따라 천천히 코딩하다 보면 혼자서도 인공지능과 코딩의 기본 원리를 익히고 활용할 수 있습니다.

그럼 엔트리 코딩을 통해서 코딩과 인공지능을 이해하고 컴퓨팅 사고력을 지닌 미래 인재가 될 준비가 되었나요? 지금부터 책과 함께 가벼운 마음으로 즐겁게 시작해 볼까요?

김슬기

무료 동영상 강의 안내

QR 코드를 찍거나 유튜브에서 책 제목 '2주 완성 엔트리 코딩'을 검색하면 저자 선생님의 동영상 강의를 들을 수 있어요!

이 책의 구성과 활용

완성 작품 살펴보기
어떤 프로젝트를 만들지 미리 살펴보세요.

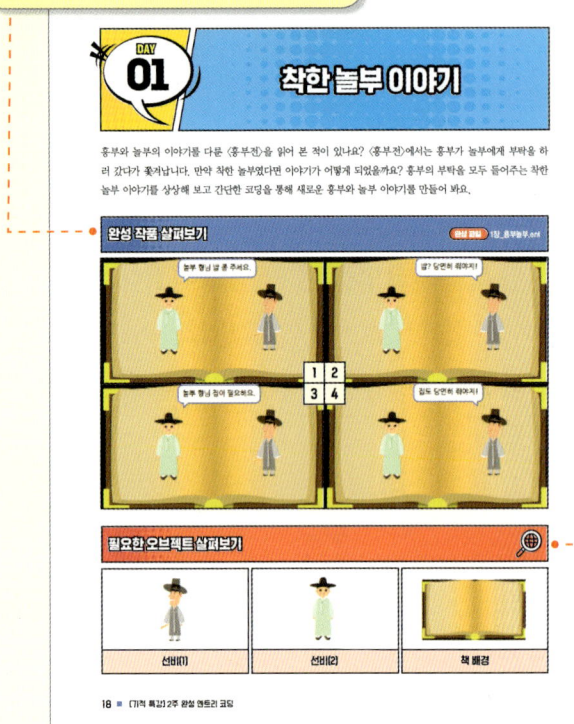

필요한 오브젝트 살펴보기
프로젝트에서 사용할 오브젝트를 미리 확인해요.

잠깐만요
어려운 점이 있거나 보충 설명이 필요할 때 참고해 보세요.

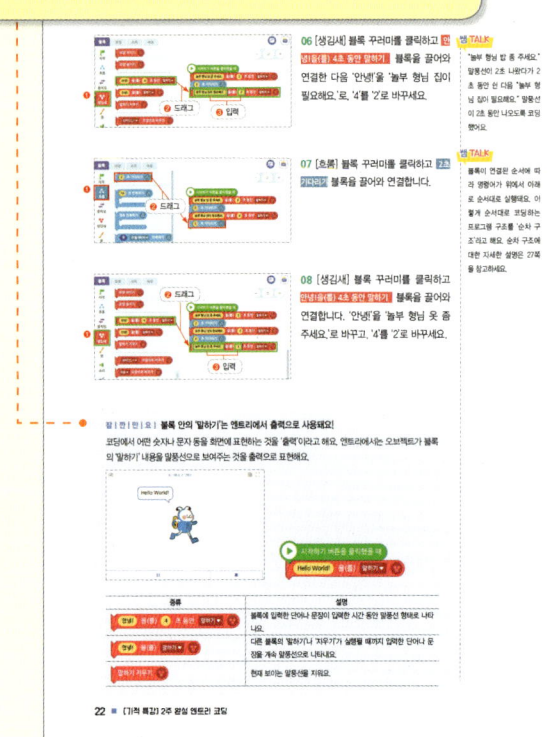

쌤TALK
막힘없이 따라 할 수 있게 슬기 쌤이 도와 줘요.

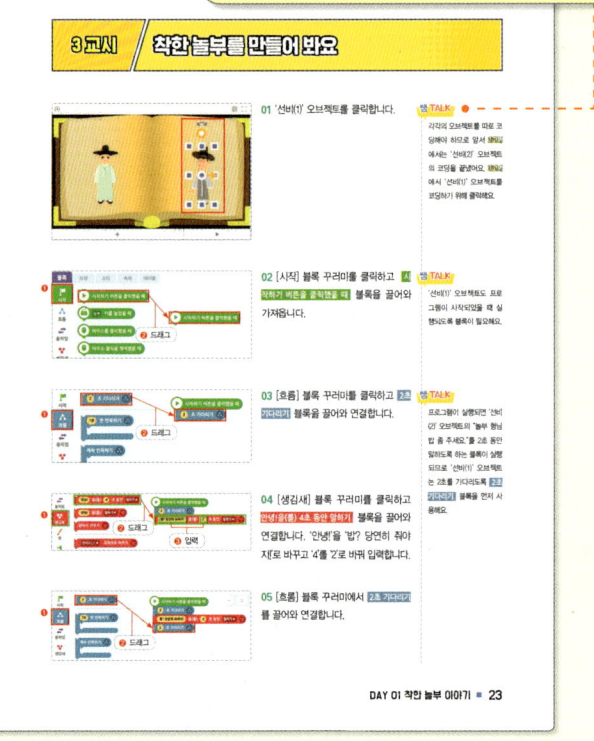

정리하기
따라 하면서 만든 코드를 확인하고 내가 만든 것과 비교해 봐요.

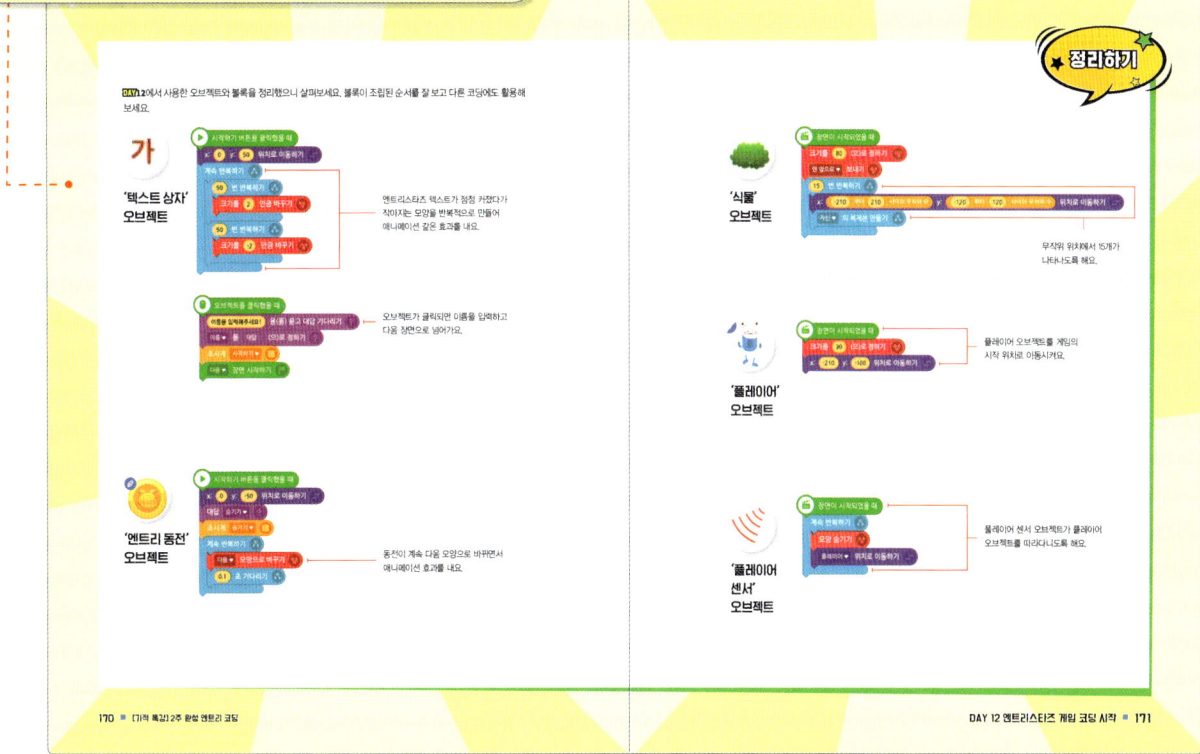

완성의 재미
프로젝트를 만들면서 배운 중요한 블록들을 활용하여 나만의 이야기를 코딩해 보세요.

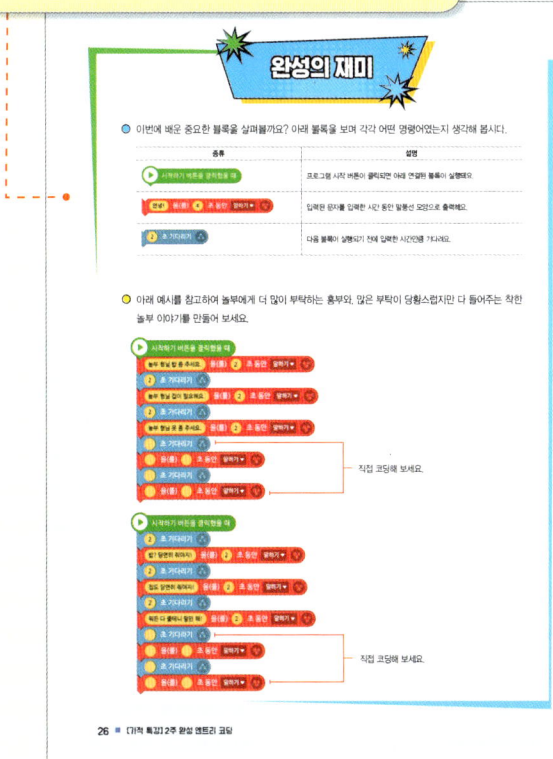

숨겨진 컴퓨터 과학 찾기
우리가 만든 프로젝트에 어떤 컴퓨터 과학의 원리가 담겼는지 살펴봐요.

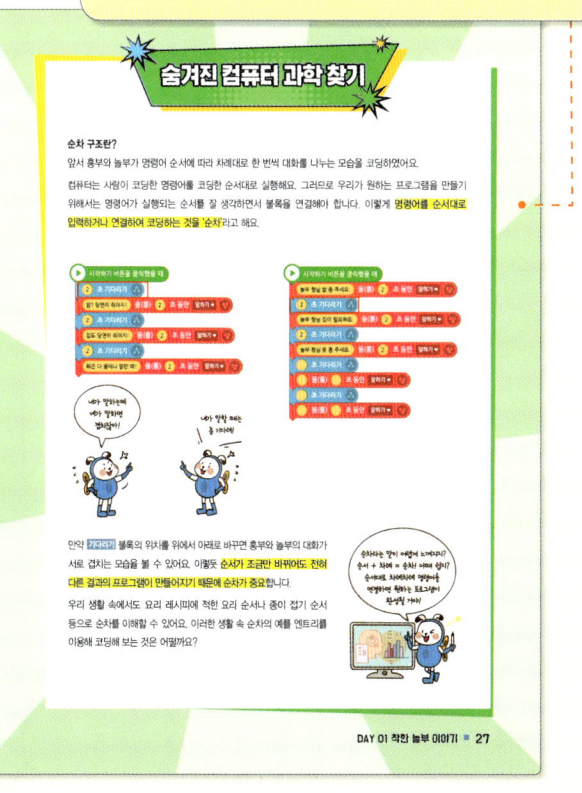

베타테스터 후기

이 책을 먼저 읽고 학습해 본 친구들이 보내준 후기입니다.

'코딩'이라는 것을 처음 해 봤어요. 처음에는 엄마와 함께하다가 차차 책을 따라서 하나씩 해 보니 혼자서도 충분히 할 수 있었어요. 내가 만든 동물이 움직이고 말도 따라 하고 너무 재미있었어요. 더 어려운 것도 어서 배우고 싶어요.

책에 블록 설명이 잘 나와 있어서 이해하기 쉬웠어요. 어려운 부분도 있었는데, 오빠와 같이 해결하니 재미있었어요. 내가 만든 작품이 작동되는 것을 보니 엔트리 코딩에 자신감이 생기는 것 같아요.

코딩이 어려울 것 같았지만 과정을 보면서 하나씩 따라 해 보니 쉽고 너무 재미있었어요. 열심히 배워서 재미있는 게임을 많이 만들고 싶어요

좋아하는 고양이, 춤을 추는 호랑이, 반전 있는 흥부와 놀부 이야기, 말을 따라 하는 앵무새 등 내가 만든 코딩으로, 내가 만든 명령대로, 다양하게 질서를 정하면서 만들어 보니 신기하기도 하고 재미있었어요.

매일 하나씩 교재를 보면서 코딩 작품을 만들었는데 무척 신기했어요. 교재에 나온 설명을 꼼꼼하게 읽어보고 그대로 하였더니 완성되는 것이 신기했어요. 그리고 말풍선에 내가 원하는 말을 넣어서 다양하게 만들어 볼 수 있는 것도 재미있었어요.

블록을 조합하고 만드는 과정이 즐거웠고, 결과가 신기하면서 재미있었어요. 책을 통해 코딩을 처음 접했지만, 설명이 쉬워서 어렵지 않게 결과물을 만들 수 있었답니다. 특히 여러 가지 소리가 나는 게 너무너무 재미있었어요.

코딩을 처음 접하고 어려운 줄만 알았는데 설명대로 따라 해보니 할 수 있었어요. 완성된 모습을 보니 재미있어서 코딩에 관심을 가지게 되었어요. 신기하기도 하고 재미있어서 더 배워보고 싶었습니다.

평소 코딩에 관심이 많아 스스로 영상을 보며 학습을 조금씩 했는데요. 이 책은 체계적이고 설명이 자세했어요. 눈에 보이는 결과물이 있어 더욱 뿌듯하고 재밌었고 처음부터 끝까지 꼼꼼하게 집중하게 된 소중한 시간이었어요.

동생도 할 수 있을 만큼 쉽고 어려운 거라곤 찾을 수가 없네요. 혼자 하고 싶은 것을 만들 수 있고 재미있으면서 쉬워서 정말 좋아요. 학교에서만 했는데 집에서도 쉽게 할 수 있어 좋아요.

엔트리 이름만 들어보고 처음 해 봤어요. 혼자서 책 보면서 해보니 재미있고 신기했어요. 주제도 재미있고 책 보고 따라 하면서 완성된 것을 보니 뿌듯했어요. 내가 만든 작품의 동영상을 찍어서 부모님께도 보여드렸어요.

학교에서 엔트리 기초는 배웠는데 책으로 더 다양한 고급 기능을 많이 익힐 수 있어 좋았어요. 책을 펴 놓고 순서대로 하나하나 따라 하다 보니 금방 엔트리를 잘 활용할 수 있게 되었어요.

책 보고 따라 하니 도움 없이 스스로 할 수 있었어요. 특히 "어서 피해! 야옹아!"가 너무 재미있어서 동생이랑 계속 가지고 놀았어요. 코딩에 자신감이 생긴 것 같아요

엔트리로 프로그래밍 하는 게 재미있었고, 다양한 작품을 만들 수 있는 게 신기했습니다. 특히 '엔트리 스타즈' 코딩을 완성했을 때 성취감이 느껴져서 좋았습니다. 여러 가지 기능(파파고 번역, 재난 대피, 읽어주기 등)을 소개해줘서 다양한 프로그램을 만들어 볼 수 있었어요.

게임 하나를 만드는 데 이렇게나 자세히 코딩하는 건지 이전에는 몰랐어요. 내가 만들고 싶은 대로 바꿀 수 있어 재미있었어요.

코딩을 좋아해서 늘 배우고 싶었는데 이번에 엔트리 코딩을 할 수 있어서 너무 기뻤어요. 제가 코딩을 스스로 익힐 수 있게 좋은 기회를 주셔서 감사해요. 베타테스터라는 것도 처음 해 보는 거라 친구들에게 자랑도 하고 코딩도 가르쳐 줄 수 있어서 너무 행복했어요.

인공지능을 이용한 프로젝트를 직접 만들며 체험해보니 재미있었어요. 날씨도 알려주고 번역도 해주고 신기했어요. 잘 모르는 부분은 '쌤톡'을 읽고, 또 엄마랑 함께하면서 프로젝트를 완성할 수 있었어요.

집중력 테스트나 날씨 정보, 수화 프로그래밍도 넘 재미있었지만, 특히 '엔트리 스타즈' 게임 코딩은 정말 직접 게임을 하는 것보다 훨씬 흥미롭고 즐거운 시간이었어요. 이 책 덕분에 인공지능과 코딩의 기본 원리를 재미있게 익힐 수 있어서 정말 좋았어요.

게임은 즐기기만 하는 것이지 코딩으로 만들 수 있다는 생각을 해본 적이 없었어요. 원래 제 꿈은 게임 유튜버였는데 코딩을 한 뒤 게임을 만드는 사람이 되고 싶다는 생각도 해보는 계기가 되었어요.

책에 나온 설명대로 따라 하다 보면 어느새 멋진 완성물이 탄생해요. 아직 서툴러서 시간이 오래 걸리지만, 그림이 움직이고 소리도 나는 것이 너무 신기했어요. 뿌듯해서 완성된 영상을 몇 번이나 다시 실행했는지 몰라요.

프로젝트를 하나씩 완성해 나가며 직접 코딩을 해 보니 재밌고 많이 어렵지 않았어요. 직접 만든 완성품을 보며 신기해 하는 동생을 보니 뿌듯한 마음도 생겼어요.

THANK★YOU!

[2주 완성 엔트리 코딩]과 함께해 준 베타테스터 친구들 고마워요!

원현정(한솔초 5학년), 추승우(흥도초 5학년), 백종선(석정초 3학년), 하유림(선운초 3학년), 오서호(예봉초 5학년), 김소정(해솔초 6학년), 윤호찬(초등 5학년), 이로운(초등 5학년), 이로빈(초등 2학년), 최준혁(옥정초 4학년), 진주혁(영종초 5학년)

* 베타테스팅은 도서가 출간되기 전 원고를 먼저 읽어보고 오류나 개선 사항 등을 알려주는 활동을 말해요.

교과연계표

엔트리 코딩으로 게임은 물론 애니메이션, 음악 등 여러분이 상상하는 것을 만들 수 있어요. 학교에서 배우는 내용을 나만의 프로그램으로 표현해보면 어떨까요? 또는 다른 친구들과는 다르게 코딩으로 숙제를 해결해 보면 어떨까요? 생각을 코딩으로 표현하고, 친구들과 함께 소통하고 협업한다면 미래 인재의 필수 역량을 쑥쑥 키울 수 있어요.

국어	수학 & 과학	영어 & 사회 & 도덕	체육 & 음악 & 실과
DAY 03 [2학년 국어] 실감나게 표현하기	**DAY 06** [5학년 과학] 생태계 먹이 관계 알기	**DAY 01** [3학년 사회] 시대마다 다른 생활 모습 알기	**DAY 02** [3학년 체육] 도전, 달리기
DAY 04 [2학년 국어] 실감나게 표현하기	**DAY 08** [4학년 수학] 규칙 찾기	**DAY 10** [3학년 영어] 영어 단어 말하기	**DAY 05** [3학년 음악] 박과 박자 느끼기
DAY 07 [3학년 국어] 마음을 담아 글 쓰기	**DAY 12~15** [전학년 수학&과학] 덧셈, 곱셈, 문제해결, 물체의 운동	**DAY 11** [5학년 도덕] 다같이 행복한 세상	**DAY 09** [6학년 실과] 소프트웨어

차례

Week 01

DAY 01 착한 놀부 이야기

01	오브젝트와 배경이 필요해요	019
02	놀부에게 부탁해요	021
03	착한 놀부를 만들어 봐요	023

숨겨진 컴퓨터 과학 찾기 순차 구조란? … 027

DAY 02 토끼와 거북이 이야기

01	오브젝트와 배경이 필요해요	029
02	토끼를 움직여요	031
03	거북이를 움직여요	033

숨겨진 컴퓨터 과학 찾기 좌표란? … 036

DAY 03 방귀 뀐 동물을 찾아라

01	오브젝트와 배경이 필요해요	038
02	방귀 소리를 내는 앵무새를 만들어요	040
03	방귀 뀌는 모양을 그려요	042
04	방귀를 뀐 후 변명을 해요	044

숨겨진 컴퓨터 과학 찾기 픽셀이란? … 047

DAY 04
말을 따라 하는 로봇 앵무새, 버디

01	오브젝트와 배경이 필요해요	049
02	말하는 앵무새를 만들어요	051
03	입력한 말을 저장하고 말해요	054

숨겨진 컴퓨터 과학 찾기 변수란? … 061

DAY 05
비트박스를 하는 타이거마스크

01	오브젝트와 배경이 필요해요	063
02	춤을 추며 악기를 연주해요	065
03	타이거마스크가 비트박스를 해요	069

숨겨진 컴퓨터 과학 찾기 반복 구조란? … 074

DAY 06
어서 피해! 야옹아

01	오브젝트와 배경이 필요해요	076
02	어서 도망쳐, 야옹아	078
03	거대한 쥐를 만들어요	081

숨겨진 컴퓨터 과학 찾기 선택 구조, 참과 거짓 … 086

DAY 07
생일 선물을 받고 싶어요

01	오브젝트와 배경이 필요해요	088
02	받고 싶은 생일 선물을 저장해요	090
03	생일 선물을 얘기해요	093

숨겨진 컴퓨터 과학 찾기 리스트, 여러 정보 저장이란? … 099

Week 02

DAY 08
집중력을 테스트 해요

01	오브젝트와 배경이 필요해요	101
02	문제를 리스트에 몰래 저장해요	103
03	빠른 속도로 문제를 보여줘요	105
04	정답을 입력하고 확인해요	109

숨겨진 컴퓨터 과학 찾기 논리 연산, 참과 거짓을 밝혀라! — 115

DAY 09
내일 날씨를 알려줘

01	오브젝트와 배경이 필요해요	117
02	날씨 정보를 받아서 저장해요	119
03	날씨 정보를 활용해요	124

숨겨진 컴퓨터 과학 찾기 API와 라이브러리란? — 129

DAY 10
영단어를 한글로 번역해 줘

01	오브젝트와 배경이 필요해요	131
02	듣고 쓰고 번역하고 말해요	133
03	알파벳을 하나씩 말해요	137

숨겨진 컴퓨터 과학 찾기 음성 인식이란? — 142

DAY 11
수화를 공부하는 인공지능

01	오브젝트와 배경이 필요해요	144
02	인공지능을 학습시켜요	146
03	수화를 해석해요	149
04	인공지능이 해석한 단어를 말해 봐요	151

숨겨진 컴퓨터 과학 찾기 지도 학습, 인공지능이 학습하는 방법은? … 157

DAY 12
엔트리스타즈 게임 코딩 시작

01	오브젝트와 배경이 필요해요	159
02	엔트리스타즈 게임 시작 화면을 만들어요	160
03	진행 장면의 오브젝트와 배경이 필요해요	164
04	게임 진행의 초기 상태를 코딩해요	166

숨겨진 컴퓨터 과학 찾기 게임을 만드는 데 필요한 다양한 프로그래밍 요소는? … 173

DAY 13
엔트리스타즈 총알 쏘기

01	오브젝트와 배경이 필요해요	175
02	키보드로 플레이어를 움직여요	176
03	센서로 조준 시스템을 만들어요	181
04	날아가는 총알을 코딩해요	186
05	총알 발사 횟수를 제한해요	188

숨겨진 컴퓨터 과학 찾기 이벤트 기반 프로그래밍이란? … 195

DAY 14
엔트리스타즈 적 코딩

01	오브젝트와 배경이 필요해요	198
02	게임의 승패와 결과를 나타내요	200
03	게임에 필요한 적 오브젝트를 추가해요	205
04	적 오브젝트 처음 상태를 정해요	207
05	적의 라이프를 코딩해요	209
06	플레이어 라이프를 코딩해요	213

숨겨진 컴퓨터 과학 찾기   실시간 리스트와 서버란?   219

DAY 15
엔트리스타즈 게임 완성

01	적의 폭탄과 오브젝트의 모양을 추가해요	222
02	적의 폭탄을 이동시켜요	224
03	적 오브젝트가 총알을 쏘아요	228
04	적 오브젝트를 움직여요	230
05	플레이어 패널티를 만들어요	239

숨겨진 컴퓨터 과학 찾기   함수란?   247

시작하는 글

★ 엔트리를 소개합니다!

엔트리는 누구나 무료로 활용할 수 있는 소프트웨어&인공지능 교육 플랫폼이에요. 처음 코딩을 접하는 사람들이 쉽게 배울 수 있도록 돕기 위해 만들어졌죠. 마치 레고 장난감을 가지고 놀듯이 각각의 기능 블록을 블록 조립소로 가져와 연결해 주는 것만으로도 코딩이 가능하다는 것이 가장 큰 장점이에요. 여러분이 상상하는 모든 것들을 코딩할 수 있고 쉽게 시작할 수 있어서 초등학교 실과, 중학교 정보 과목에서 엔트리를 활용해요.

엔트리 플랫폼에서는 단순히 만들기만 하는 것이 아니라, 소프트웨어와 인공지능 교육을 받을 수도 있고 직접 코딩한 프로그램을 다른 사람들과 공유하거나 커뮤니티에서 의견을 나눌 수 있어요. 게다가 최근에 가장 뜨거운 이슈인 인공지능 프로그램을 엔트리 안에서 직접 만들어 볼 수 있답니다.

★ 엔트리는 이렇게 이용해요!

엔트리는 우리가 인터넷을 할 때 사용하는 웹 브라우저를 이용해요. 인터넷을 활용할 수 없는 환경에서는 오프라인 에디터를 설치할 수도 있지만, 최근 업데이트된 인공지능 학습 기능이나 엔트리 플랫폼의 다양한 콘텐츠를 활용하려면 웹 브라우저를 이용해서 접속하는 것이 좋아요. 그럼 웹 브라우저를 실행하고 아래 내용을 천천히 따라 해 볼까요?

01 엔트리는 '크롬'이라는 웹 브라우저에서 가장 잘 작동해요. 여러분이 자주 사용하는 검색 포털에서 '크롬 다운로드'라고 검색한 후 컴퓨터에 크롬 브라우저를 설치해 주세요. 만약 이미 크롬 브라우저가 설치되어 있다면 다음 과정으로 바로 넘어가세요.

쌤 TALK
엔트리 오프라인 에디터를 활용하고 싶다면 17쪽을 참고하세요.

02 크롬 브라우저를 열고 주소창에 'playentry.org'를 입력해 주세요. 그리고 화면 상단 오른쪽에 있는 '로그인' 버튼을 눌러 간단히 회원 가입을 진행해 주세요. 회원 가입을 하지 않고도 기본적인 코딩을 하거나 다른 사람들의 작품은 확인할 수 있지만, 인공지능 코딩이나 커뮤니티 활동은 할 수 없어요.

03 다른 사람의 프로그램에 댓글을 남기거나 커뮤니티 활동을 하려면 메일 인증을 해야 해요. 회원 가입을 마쳤으면 '프로필 사진' → '회원 정보 수정'을 차례로 클릭해서 이메일 인증을 진행해 주세요.

쌤 TALK

커뮤니티 활동을 하지 않을 거라면 이 과정을 생략해도 괜찮아요.

04 이제 여러분은 엔트리 메인 화면에 소개된 여러 콘텐츠를 즐길 수 있어요.

❶ **생각하기** : 재미있는 캐릭터로 미션을 해결하거나 엔트리에서 제공하는 학습 콘텐츠를 체험할 수 있어요.
❷ **만들기** : 엔트리 코딩을 시작할 수 있는 메뉴예요. 우리는 '작품 만들기' 메뉴를 활용해서 코딩할 거예요.
❸ **공유하기** : 다른 친구들이 만든 프로그램을 살펴보고 내 작품 공간으로 가져와 리메이크 하거나 '좋아요' 또는 '댓글 달기'로 소통할 수 있어요.
❹ **커뮤니티** : 다른 친구들과 엔트리 코딩의 노하우를 공유하거나 게시판에 글을 남겨 소통할 수 있어요.

완성 프로젝트 사용하기

《2주 완성 엔트리 코딩》에 나오는 모든 프로젝트는 다음과 같은 방법으로 불러와서 사용할 수 있습니다.

• **온라인에서 불러오기**
❶ 엔트리에서 로그인을 하고 '메뉴 → 공유하기 → 모든 작품 탭'을 클릭합니다..
❷ 검색 창에서 '2주완성_Day01'과 같은 형식으로 검색한 후 '코드 보기'를 클릭하면 완성 프로젝트 블록을 모두 볼 수 있습니다.

• **오프라인에서 불러오기**
❶ 길벗출판사 홈페이지(www.gilbut.co.kr)에서 도서명으로 검색한 후 [자료실]을 클릭하여 예제 파일을 내려받고 원하는 폴더에 압축을 풉니다.
❷ 엔트리 사이트에서 로그인을 하고 상단 메뉴에서 파일 아이콘( )을 클릭하여 '오프라인 작품 불러오기'를 클릭합니다. 파일의 압축을 푼 곳으로 이동하여 원하는 프로젝트를 선택하면 됩니다.

★ 엔트리 코딩화면 한눈에 보기

1. **상단 메뉴 :** 프로그램 이름 수정, 저장, 다른 이름으로 저장, 불러오기 등을 할 수 있는 관리 메뉴예요.
   - ⓐ 작품 이름 : 현재 코딩중인 작품의 이름입니다. 클릭하여 다른 이름으로 변경할 수 있습니다.
   - ⓑ 모드 변경 : 블록 코딩이나 엔트리나 파이썬 코딩에 사용하는 언어 모드를 변경합니다.
   - ⓒ 새로 만들기 : 작품을 새로 만들거나 온/오프라인에서 저장한 작품을 불러옵니다.
   - ⓓ 작품 저장 : 현재 작품을 웹 또는 내 컴퓨터에 저장합니다.
   - ⓔ 도움말 : 블록에 대한 도움말을 보거나 각종 가이드 문서를 다운받을 수 있습니다.
   - ⓕ 코드 프린트 : 작품에 쓰인 모든 오브젝트와 코드를 정리한 페이지를 엽니다.
   - ⓖ 이전/다음 : 작업 상태를 바로 이전 또는 이후로 되돌릴 수 있습니다.
   - ⓗ 기본형/교과형 : 작품을 기본형 또는 교과형으로 선택할 수 있습니다.
   - ⓘ 계정 : 내 아이디를 클릭하면 저장한 작품을 조회하거나 개인정보를 수정할 수 있습니다.
   - ⓙ 언어 : 언어를 변경합니다. (한국어, 영어, 베트남어 지원)

2. **실행화면 :** 오브젝트들이 코딩한 대로 움직이는 공간으로, 프로그램의 결과물을 확인할 수 있어요. 실행화면 위쪽에 있는 아이콘 ( )을 클릭해 실행 속도를 조정하거나 좌표를 확인하고, 전체 화면으로 볼 수 있어요. 또한, 아래쪽에 있는 아이콘(+)을 클릭해 오브젝트를 추가하거나 프로그램을 실행해 볼 수 있어요.

3. **오브젝트 목록 :** 코딩한 오브젝트들의 이름, 좌표, 크기, 방향, 이동 방향, 회전 방식을 설정할 수 있어요.

4. **탭 :** 블록, 모양, 소리, 속성 탭을 클릭해서 자료를 관리하거나 오브젝트를 수정하고 프로그램에 음향 효과를 넣을 수 있어요.

5. **블록 꾸러미 :** [블록] 탭을 클릭하면 다양한 블록 꾸러미와 꾸러미 속의 블록을 확인할 수 있어요. 이 블록들을 끌어와서 엔트리 코딩을 시작하면 돼요.

6. **블록 조립소 :** 코딩할 블록을 끌어와 자유롭게 연결하여 코딩하는 공간이에요.

7. **추가 기능 :** 코딩한 블록에 메모를 달거나 자주 활용하는 코딩된 블록을 저장해서 언제든지 활용할 수 있어요.

8. **휴지통 :** 작업 중인 블록을 삭제할 때 끌어와 휴지통에 넣어요.

잠|깐|만|요 | 엔트리 오프라인 에디터 활용하기

웹 브라우저에 접속하여 엔트리를 이용하는 방법을 추천하지만, 어쩔 수 없이 인터넷을 활용하기 어려울 때는 다음 순서를 참고해서 오프라인 에디터를 활용해 보세요.

1. 엔트리 홈페이지의 메뉴에 마우스를 올리고 '다운로드' 메뉴를 클릭합니다.

2. 설치할 컴퓨터의 운영체제에 맞는 다운로드 버튼을 클릭합니다. 윈도 10의 경우 '제어판' → '시스템 및 보안' → '시스템'에서 64비트인지 32비트인지 확인할 수 있습니다.

3. 다운로드된 파일을 실행해서 오프라인 에디터를 설치합니다. 학교에서 사용하는 경우가 아니라면 '교과형'과 '기본형' 중 '기본형'을 선택하면 됩니다.

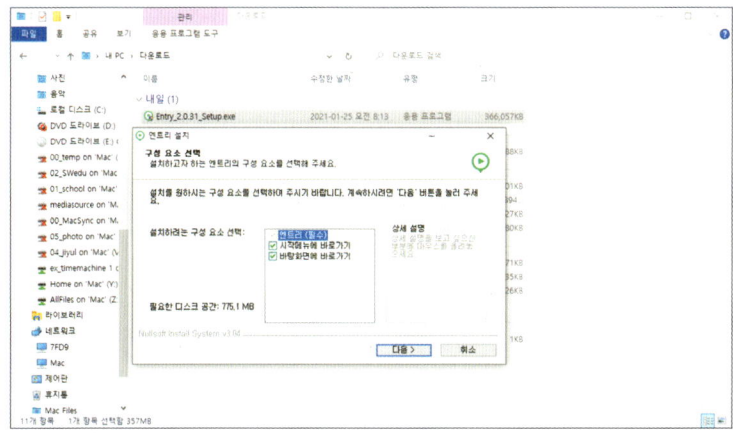

착한 놀부 이야기

흥부와 놀부의 이야기를 다룬 〈흥부전〉을 읽어 본 적이 있나요? 〈흥부전〉에서는 흥부가 놀부에게 부탁을 하러 갔다가 쫓겨납니다. 만약 착한 놀부였다면 이야기가 어떻게 되었을까요? 흥부의 부탁을 모두 들어주는 착한 놀부 이야기를 상상해 보고 간단한 코딩을 통해 새로운 흥부와 놀부 이야기를 만들어 봐요.

완성 작품 살펴보기

완성 파일 1장_흥부놀부.ent

필요한 오브젝트 살펴보기

| 선비(1) | 선비(2) | 책 배경 |

1교시 / 오브젝트와 배경이 필요해요

01 화면 왼쪽 아래에 있는 오브젝트 목록에서 엔트리봇 오브젝트의 '삭제' 아이콘(⨯)을 눌러 현재 오브젝트를 삭제합니다.

> **쌤 TALK**
> '오브젝트'란 코딩으로 만들 수 있는 대상 혹은 코딩의 주인공을 의미해요. 주인공은 여러 명이 될 수도 있답니다.

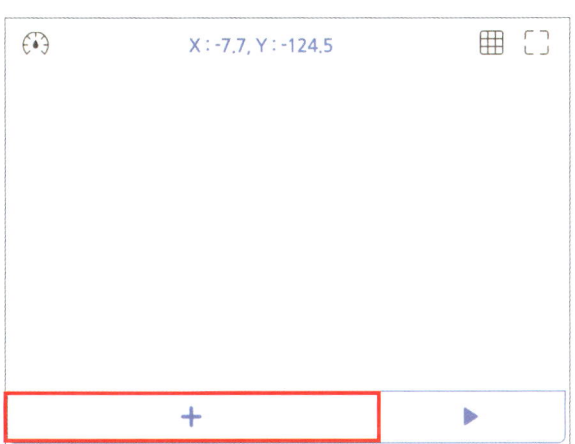

02 흥부와 놀부, 배경 역할을 하는 오브젝트를 추가하기 위해 화면의 왼쪽 위에 있는 실행화면에서 ➕를 클릭합니다.

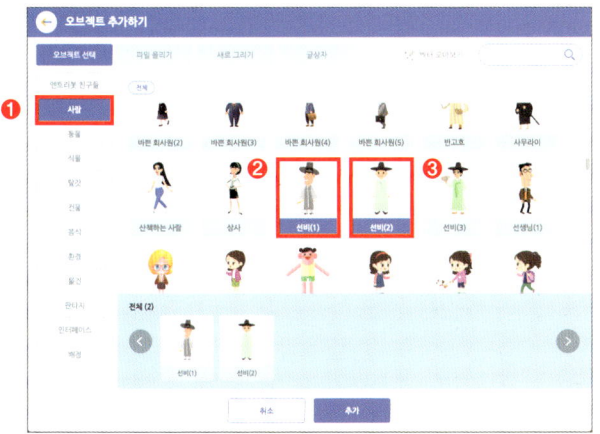

03 '오브젝트 추가하기' 창이 열리면 카테고리 목록에서 '사람'을 클릭하고 '선비(1)', '선비(2)' 오브젝트를 클릭하여 선택합니다.

> **쌤 TALK**
> 화면에서 '선비(1)'과 '선비(2)'가 보이지 않는다면 목록 화면을 위아래로 이동시켜 보세요.
> 그래도 오브젝트를 찾기 힘들다면 화면 오른쪽 위의 ⬚🔍 에 원하는 검색어를 입력한 후 Enter를 눌러 직접 찾을 수 있어요.

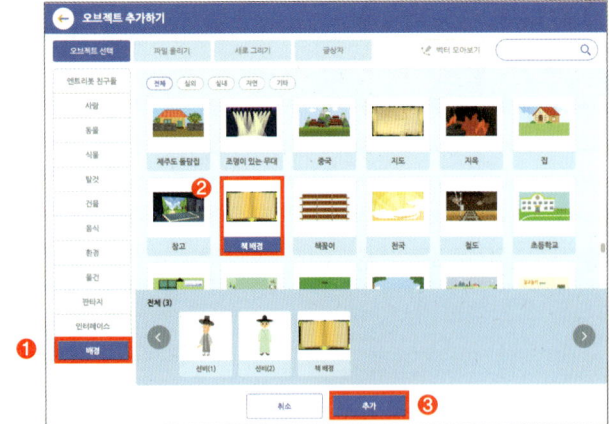

04 카테고리 목록에서 '배경'을 클릭하고 '책 배경'을 선택한 후 [추가] 버튼을 클릭합니다.

쌤TALK
추가하고 싶은 오브젝트를 모두 선택하고 [추가] 버튼을 누르면 한번에 추가할 수 있어요.

05 '선비(1)'과 '선비(2)' 오브젝트를 드래그하여 왼쪽 그림과 같이 위치를 옮깁니다.

2교시 / 놀부에게 부탁해요

01 '선비(2)' 오브젝트를 클릭하세요.

02 [시작] 블록 꾸러미에서 `시작하기 버튼을 클릭했을 때` 블록을 블록 조립소로 끌어와 가져옵니다.

> **쌤TALK**
> `시작하기 버튼을 클릭했을 때` 블록은 실행화면에서 ▶ 버튼을 눌렀을 때 이 블록의 아래에 연결된 블록들을 순서대로 실행하는 블록이에요. 프로그램이 실행되는 출발점이라고 할 수 있어요.

03 [생김새] 블록 꾸러미를 클릭하고 `안녕!을(를) 4초 동안 말하기` 블록을 끌어와서 연결합니다.

> **쌤TALK**
> `안녕!을(를) 4초 동안 말하기` 블록의 '말하기'는 오브젝트 주위에 말풍선을 만들어 말하는 듯한 효과를 주는 블록이에요. 실제로 소리 내서 말하는 블록도 있답니다. 자세한 내용은 나중에 배울 거예요. 블록의 노란색 동그란 부분에 원하는 숫자나 문자, 값을 입력할 수 있어요.

04 블록에서 '안녕!'을 클릭해 지우고 '놀부 형님 밥 좀 주세요.'라고 입력한 다음 '4'를 '2'로 바꿉니다.

05 [흐름] 블록 꾸러미를 클릭하고 `2초 기다리기` 블록을 끌어와서 다음과 같이 연결합니다.

> **쌤TALK**
> `2초 기다리기` 블록은 다음 블록이 실행되기 전에 블록에 입력한 시간만큼 기다리게 해요.

DAY 01 착한 놀부 이야기 ■ 21

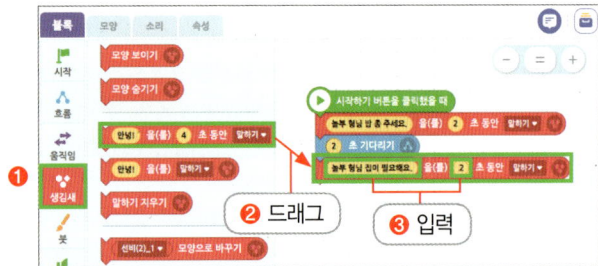

06 [생김새] 블록 꾸러미를 클릭하고 `안녕!을(를) 4초 동안 말하기` 블록을 끌어와 연결한 다음 '안녕!'을 '놀부 형님 집이 필요해요.'로, '4'를 '2'로 바꾸세요.

> **쌤 TALK**
> "놀부 형님 밥 좀 주세요." 말풍선이 2초 나왔다가 2초 동안 쉰 다음 "놀부 형님 집이 필요해요." 말풍선이 2초 동안 나오도록 코딩했어요.

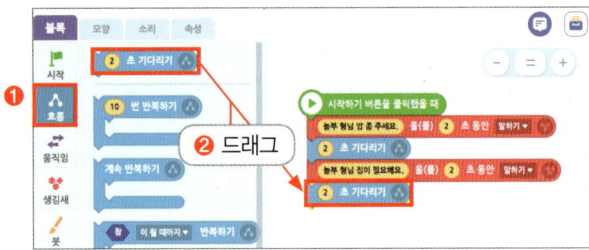

07 [흐름] 블록 꾸러미를 클릭하고 `2초 기다리기` 블록을 끌어와 연결합니다.

> **쌤 TALK**
> 블록이 연결된 순서에 따라 명령어가 위에서 아래로 순서대로 실행돼요. 이렇게 순서대로 코딩하는 프로그램 구조를 '순차 구조'라고 해요. 순차 구조에 대한 자세한 설명은 27쪽을 참고하세요.

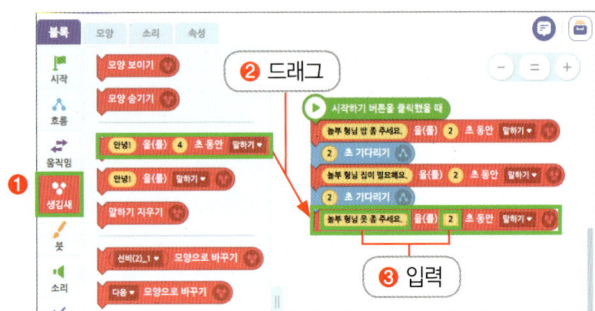

08 [생김새] 블록 꾸러미를 클릭하고 `안녕!을(를) 4초 동안 말하기` 블록을 끌어와 연결합니다. '안녕!'을 '놀부 형님 옷 좀 주세요.'로 바꾸고, '4'를 '2'로 바꾸세요.

잠|깐|만|요 블록 안의 '말하기'는 엔트리에서 출력으로 사용돼요!

코딩에서 어떤 숫자나 문자 등을 화면에 표현하는 것을 '출력'이라고 해요. 엔트리에서는 오브젝트가 블록의 '말하기' 내용을 말풍선으로 보여주는 것을 출력으로 표현해요.

종류	설명
`안녕! 을(를) 4 초 동안 말하기`	블록에 입력한 단어나 문장이 입력한 시간 동안 말풍선 형태로 나타나요.
`안녕! 을(를) 말하기`	다른 블록의 '말하기'나 '지우기'가 실행될 때까지 입력한 단어나 문장을 계속 말풍선으로 나타내요.
`말하기 지우기`	현재 보이는 말풍선을 지워요.

3교시 / 착한 놀부를 만들어 봐요

01 '선비(1)' 오브젝트를 클릭합니다.

쌤 TALK
각각의 오브젝트를 따로 코딩해야 하므로 앞서 2교시에서는 '선비(2)' 오브젝트의 코딩을 끝냈어요. 3교시에서 '선비(1)' 오브젝트를 코딩하기 위해 클릭해요.

02 [시작] 블록 꾸러미를 클릭하고 시작하기 버튼을 클릭했을 때 블록을 끌어와 가져옵니다.

쌤 TALK
'선비(1)' 오브젝트도 프로그램이 시작되었을 때 실행되도록 블록이 필요해요.

03 [흐름] 블록 꾸러미를 클릭하고 2초 기다리기 블록을 끌어와 연결합니다.

쌤 TALK
프로그램이 실행되면 '선비(2)' 오브젝트의 "놀부 형님 밥 좀 주세요."를 2초 동안 말하도록 하는 블록이 실행되므로 '선비(1)' 오브젝트는 2초를 기다리도록 2초 기다리기 블록을 먼저 사용해요.

04 [생김새] 블록 꾸러미를 클릭하고 안녕!을(를) 4초 동안 말하기 블록을 끌어와 연결합니다. '안녕!'을 '밥? 당연히 줘야지!'로 바꾸고 '4'를 '2'로 바꿔 입력합니다.

05 [흐름] 블록 꾸러미에서 2초 기다리기 를 끌어와 연결합니다.

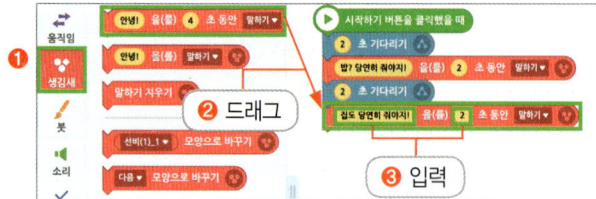

06 [생김새] 블록 꾸러미를 클릭하고 안녕!을(를) 4초 동안 말하기 블록을 가져와 연결합니다. '안녕!'을 '집도 당연히 줘야지!'로 바꿔 입력하고 '4'를 '2'로 바꾸세요.

07 [흐름] 블록 꾸러미에서 2초 기다리기 블록을 끌어와 연결합니다. [생김새] 블록 꾸러미에서 안녕!을(를) 4초 동안 말하기 블록을 끌어와 연결합니다. '안녕!'을 '뭐든 다 줄테니 말만 해!'로 바꾸고, '4'를 '2'로 바꿔 입력합니다.

08 실행화면에서 ▶를 눌러 프로그램을 실행합니다. 놀부에게 부탁을 하는 흥부와 흥부의 부탁을 모두 들어주는 놀부를 확인할 수 있습니다.

DAY 01에서 사용한 오브젝트와 블록을 정리했으니 살펴보세요. 블록이 조립된 순서를 잘 보고 다른 코딩에도 활용해 보세요.

'선비(2)' 오브젝트

블록이 위에서 아래 순으로 실행돼요.

'선비(1)' 오브젝트

선비(1) 오브젝트의 대사가 끝날 때까지 기다려요.

메모장

○ 이번에 배운 중요한 블록을 살펴볼까요? 아래 블록을 보며 각각 어떤 명령어였는지 생각해 봅시다.

종류	설명
시작하기 버튼을 클릭했을 때	프로그램 시작 버튼이 클릭되면 아래 연결된 블록이 실행돼요.
안녕! 을(를) 4 초 동안 말하기	입력된 문자를 입력한 시간 동안 말풍선 모양으로 출력해요.
2 초 기다리기	다음 블록이 실행되기 전에 입력한 시간만큼 기다려요.

○ 아래 예시를 참고하여 놀부에게 더 많이 부탁하는 흥부와, 많은 부탁이 당황스럽지만 다 들어주는 착한 놀부 이야기를 만들어 보세요.

26 ■ [기적 특강] 2주 완성 엔트리 코딩

숨겨진 컴퓨터 과학 찾기

순차 구조란?

앞서 흥부와 놀부가 명령어 순서에 따라 차례대로 한 번씩 대화를 나누는 모습을 코딩하였어요.

컴퓨터는 사람이 코딩한 명령어를 코딩한 순서대로 실행해요. 그러므로 우리가 원하는 프로그램을 만들기 위해서는 명령어가 실행되는 순서를 잘 생각하면서 블록을 연결해야 합니다. 이렇게 ==명령어를 순서대로 입력하거나 연결하여 코딩하는 것을== '순차'라고 해요.

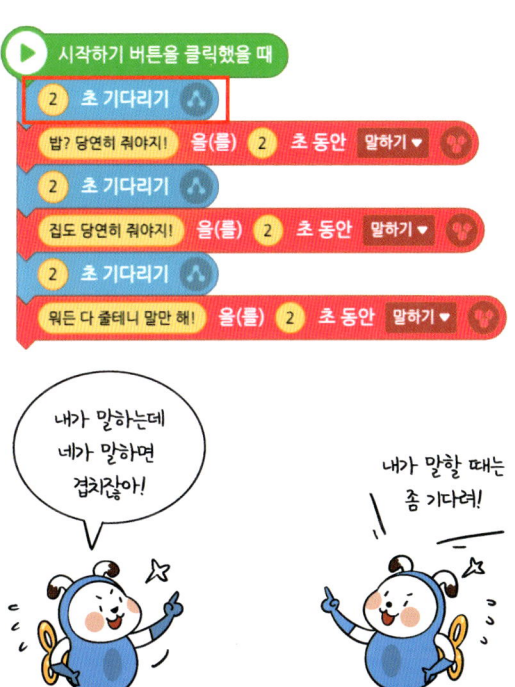

만약 기다리기 블록의 위치를 위에서 아래로 바꾸면 흥부와 놀부의 대화가 서로 겹치는 모습을 볼 수 있어요. 이렇듯 ==순서가 조금만 바뀌어도 전혀 다른 결과의 프로그램이 만들어지기 때문에 순차가 중요==합니다.

우리 생활 속에서도 요리 레시피에 적힌 요리 순서나 종이 접기 순서 등으로 순차를 이해할 수 있어요. 이러한 생활 속 순차의 예를 엔트리를 이용해 코딩해 보는 것은 어떨까요?

DAY 02 토끼와 거북이 이야기

토끼와 거북이가 경주를 하고 있어요. 앗! 그런데 내용이 조금 이상하네요? 우리가 알고 있던 토끼와 거북이의 경주 이야기가 아니에요. 그렇다면 우리가 토끼와 거북이 이야기를 자유롭게 꾸며 보면 어떨까요? 재미있는 이야기를 함께 만들어 볼까요?

완성 작품 살펴보기

완성 파일 2장_토끼와거북이.ent

필요한 오브젝트 살펴보기

| 토끼 | 거북이 | 들판(3) |

1교시 오브젝트와 배경이 필요해요

01 화면 왼쪽 아래에 있는 오브젝트 목록에서 엔트리봇 오브젝트의 '삭제' 아이콘(☒)을 눌러 오브젝트를 삭제하고 새 오브젝트를 추가하기 위해 실행화면에서 ⊞를 클릭합니다.

02 '오브젝트 추가하기' 창이 열리면 카테고리 목록에서 '배경'을 클릭하고 '들판(3)' 오브젝트를 클릭하여 선택합니다.

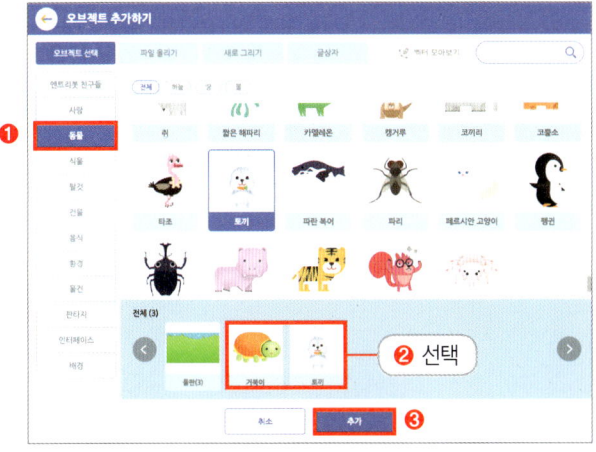

03 '동물'을 선택한 후 '거북이'와 '토끼'를 클릭하고 [추가] 버튼을 클릭합니다.

DAY 02 토끼와 거북이 이야기

04 '토끼'와 '거북이' 오브젝트를 각각 드래그하여 왼쪽 그림처럼 위치를 옮깁니다. 크기 조절점(■)을 드래그해서 오브젝트들의 크기를 줄입니다.

> **쌤 TALK**
> 토끼와 거북이가 달리기 경주를 하려면 출발선이 같아야 하므로 오브젝트를 위아래로 비슷한 위치에 두세요.

잠|깐|만|요| 오브젝트 목록에서 숫자를 입력해 위치, 크기, 방향을 설정해요!

실행화면 아래에 있는 오브젝트 목록에서 각 항목에 숫자 값을 입력하여 위치나 크기, 방향 등을 지정할 수 있어요.

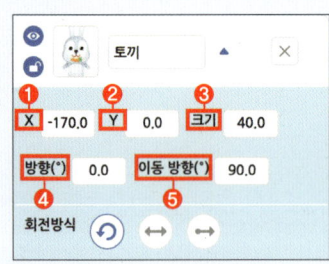
'토끼' 오브젝트의 크기와 위치 설정

'거북이' 오브젝트의 크기와 위치 설정

방향과 이동 방향의 예

❶ X : 가로 방향의 위치를 설정할 수 있어요. 숫자만 입력하면 오른쪽으로, 숫자 앞에 −를 입력하면 왼쪽으로 위치를 이동할 수 있어요.

❷ Y : 세로 방향의 위치를 설정할 수 있어요. 숫자만 입력하면 위로, 숫자 앞에 −를 입력하면 아래로 위치를 이동시킬 수 있어요.

❸ 크기 : 오브젝트의 크기를 설정할 수 있어요. 오브젝트의 기본 크기는 100이며, 100보다 작은 수를 입력하면 작게, 100보다 큰 수를 입력하면 크게 만들 수 있어요.

❹ 방향 : 오브젝트의 현재 모습의 방향을 설정할 수 있어요.

❺ 이동 방향 : 오브젝트의 방향을 기준으로 이동하는 방향을 설정할 수 있어요.

2교시 / 토끼를 움직여요

01 먼저 실행화면에서 '토끼' 오브젝트를 클릭합니다.

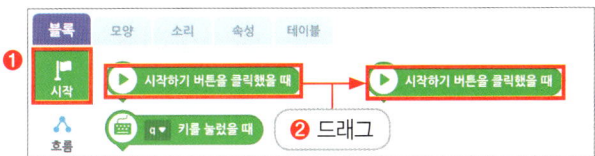

02 [시작] 블록 꾸러미에서 `시작하기 버튼을 클릭했을 때` 블록을 끌어와 가져옵니다.

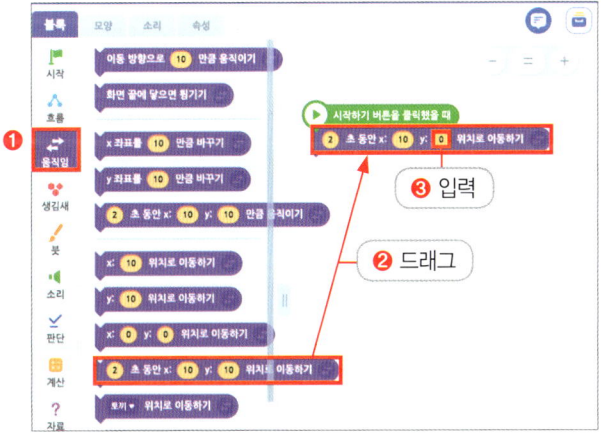

03 [움직임] 블록 꾸러미를 클릭하고 `2초 동안 x:10 y:10 위치로 이동하기` 블록을 끌어와 연결합니다. 토끼가 움직이도록 y 좌표의 '10'을 '0'으로 바꾸세요.

쌤 TALK
`2초 동안 x: 10 y: 0 위치로 이동하기` 블록에서 '2초'는 오브젝트가 이동하는 데 걸리는 시간이에요. 시간에 입력한 값이 클수록 느려지고 작을수록 빨라집니다.

04 [생김새] 블록 꾸러미를 클릭하고 `안녕!을(를) 4초 동안 말하기` 블록을 끌어와 연결합니다. 블록의 '안녕!'을 '한숨 잘까?'로, '4'를 '3'으로 바꿔 입력하세요.

쌤 TALK
엔트리에서는 모든 오브젝트의 위치를 좌표로 나타냅니다. 좌표에 대한 자세한 설명은 36쪽을 참고하세요.

05 [생김새] 블록 꾸러미를 클릭하고 `안녕!을(를) 4초 동안 말하기` 블록을 한 개 더 연결합니다. '안녕!'을 '아니지, 거북이를 잠시 기다려 볼까?'로, '4'를 '3'으로 바꿔 입력합니다.

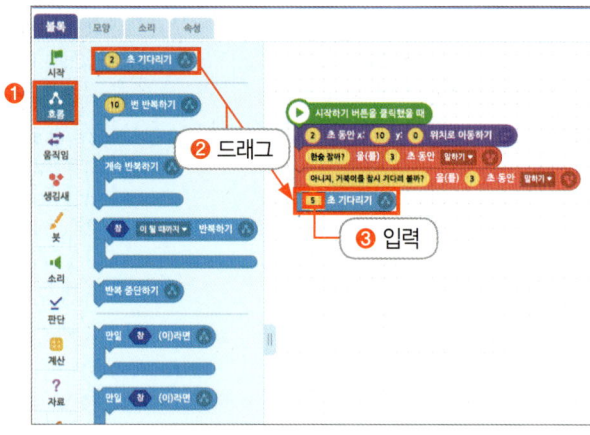

06 [흐름] 블록 꾸러미를 클릭하고 `2초 기다리기` 블록을 끌어와 연결합니다. 토끼가 거북이를 기다리기 위해 '2'를 '5'로 바꿔 입력합니다.

> **쌤 TALK**
>
> 출발점부터 도착점까지 절반 정도 이동한 토끼가 거북이를 기다려야 하므로 `5초 기다리기` 블록을 연결해서 거북이가 올 때까지 5초간 기다립니다.

3교시 / 거북이를 움직여요

01 '토끼'와 '거북이' 오브젝트를 각각 코딩해야 하므로 2교시에는 '토끼' 오브젝트를 코딩했습니다. 3교시에는 '거북이' 오브젝트를 코딩하기 위해 '거북이' 오브젝트를 클릭합니다.

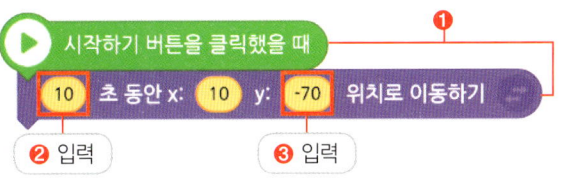

02 [시작] 블록 꾸러미에서 시작하기 버튼을 클릭했을 때 블록을 가져오고 [움직임] 블록 꾸러미에서 2초 동안 x:10 y:10 위치로 이동하기 블록을 끌어와 연결합니다. '2'를 '10'으로, y 값을 '-70'으로 바꿔 입력합니다.

쌤 TALK
2교시에서 '토끼' 오브젝트를 2초 동안 x: 10, y: 0 위치로 이동하도록 코딩했어요. 반면에 거북이는 토끼와 같은 x 좌표 위치로 10초 동안 이동하기 때문에 토끼보다 더 느리게 움직여요.

03 [생김새] 블록 꾸러미에서 안녕!을(를) 4초 동안 말하기 블록을 가져와 아래에 연결합니다. '안녕!'을 '토끼야 용왕님이 너의 간이 필요하다고 하셔!'로, '4'를 '3'으로 바꿔 입력합니다.

쌤 TALK
두 개의 오브젝트가 대화하는 코딩을 하기 위해서는 말하는 시간을 잘 계산하여 블록에 입력해야 해요.

04 실행화면에서 ▶를 눌러 프로그램을 실행합니다. 토끼와 거북이가 서로 다른 속도로 이동한 다음 대화를 나누는 것을 확인할 수 있습니다.

DAY 02에서 사용한 오브젝트와 블록을 정리했으니 살펴보세요. 블록이 조립된 순서를 잘 보고 다른 코딩에도 활용해 보세요.

'토끼' 오브젝트

입력된 좌표로 입력한 시간 동안 이동해요.

'거북이' 오브젝트

같은 거리를 긴 시간 동안 이동하면 느리게 움직여요.

★ 메모장

완성의 재미

🔵 이번에 배운 중요한 블록을 살펴볼까요? 아래 블록을 보며 각각 어떤 명령어였는지 생각해 봅시다.

종류	설명
안녕! 을(를) 4 초 동안 말하기	입력된 문자를 입력한 시간 동안 말풍선 모양으로 출력해요.
2 초 동안 x: 10 y: 10 위치로 이동하기	입력한 시간 동안 입력한 좌표의 위치로 오브젝트를 이동시켜요.
2 초 기다리기	다음 블록이 실행되기 전에 입력한 시간만큼 기다려요.

🟡 내용이 조금 다른 〈토끼와 거북이〉 이야기를 완성해 볼까요? 아래 예시를 참고하여 깜짝 놀라 소리치고 도망가는 토끼와, 토끼 말이 끝날 때까지 기다렸다가 뛰어 가는 거북이를 만들어 보세요.

직접 코딩해 보세요.

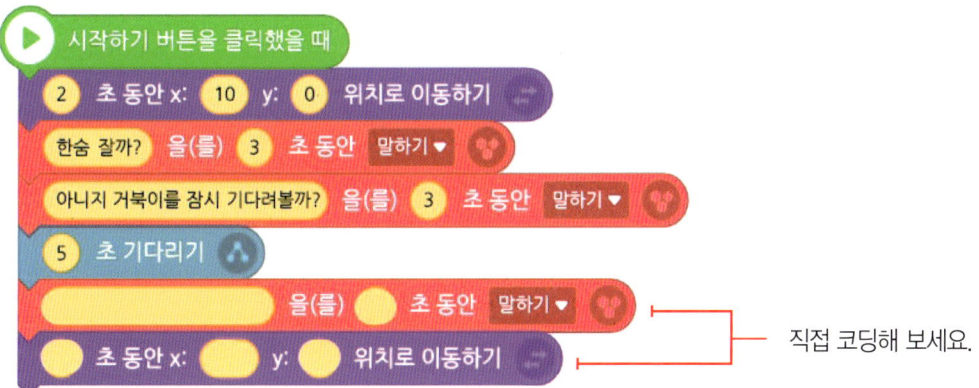

직접 코딩해 보세요.

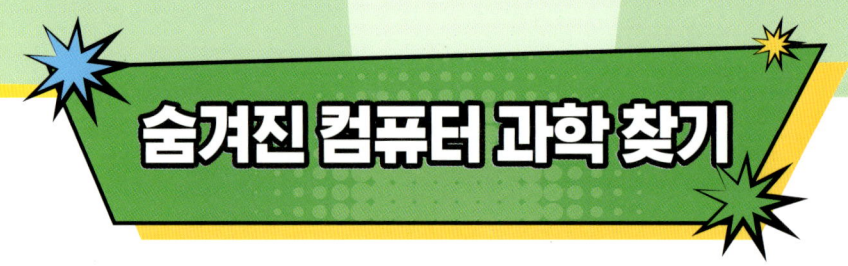

좌표란?

모두가 알 수 있도록 위치를 정확하게 표현하기 위해서는 사람들 간에 약속이 필요하죠. 그 약속이 좌표예요. 좌표는 철학자이자 수학자인 데카르트가 천장에서 파리를 보고 위치를 표현해 보려다가 만들었다고 해요.

앞서 '토끼'와 '거북이' 오브젝트를 원하는 위치로 옮기거나 이동시킬 때 X 좌표와 Y 좌표를 사용했어요.

컴퓨터는 사람이 위치를 말할 때 자주 사용하는 '저기', '여기', '가까이', '멀리' 등의 표현을 이해하지 못해요. 따라서 코딩할 때는 표현하려는 목적에 따라 X, Y, Z 등 다양한 형태의 좌표를 사용해 위치를 표현해요. 엔트리 코딩에서도 위치를 표현할 때 좌표를 사용하지만 아래와 같이 X 좌표와 Y 좌표 두 개만 사용해요.

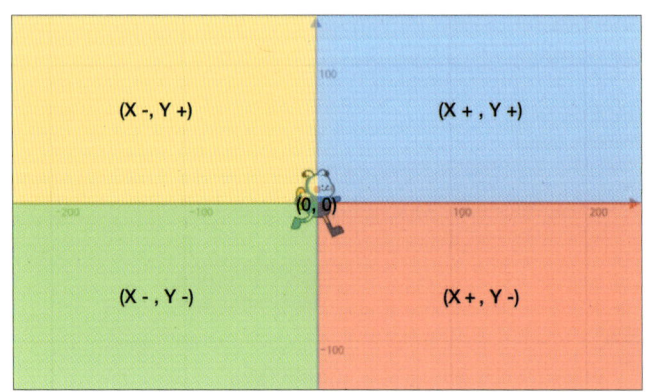

가운데 0,0을 기준으로 X 좌표에서 위치를 이동할 때 오른쪽 방향은 +, 왼쪽 방향은 − 값을 입력합니다. 반면 Y 좌표에서 위치를 이동할 때 위쪽 방향은 +, 아래쪽 방향은 − 값을 입력합니다. 우리가 배우는 엔트리 코딩에서는 좌표를 자주 사용하니 좌표를 이용해 오브젝트를 다양한 위치로 이동시키는 코딩을 스스로 연습해 보세요.

방귀 뀐 동물을 찾아라

동물 친구들이 학교에서 수업을 받고 있어요. 그런데 누군가 방귀를 뀐 거 같아요! 앵무새가 뀌었을까요? 다람쥐? 돼지? 동물 친구들이 방귀 뀌는 모습을 소리 블록을 활용하여 간단한 애니메이션으로 만들어 볼게요.

완성 작품 살펴보기

완성 파일 3장_방귀뀐동물.ent

필요한 오브젝트 살펴보기

앵무새

아기돼지 삼형제-둘째

쑥스러운 다람쥐

교실놀이

1교시 오브젝트와 배경이 필요해요

01 화면 왼쪽 아래에 있는 오브젝트 목록에서 엔트리봇 오브젝트의 '삭제' 아이콘(⨉)을 눌러 오브젝트를 삭제하고 새 오브젝트를 추가하기 위해 ➕를 클릭합니다.

02 '배경'을 클릭하고 '교실놀이' 오브젝트를 클릭해 선택합니다.

쌤TALK
검색창에 '교실놀이'를 입력하고 Enter 를 누르면 원하는 오브젝트를 쉽게 찾을 수 있어요.

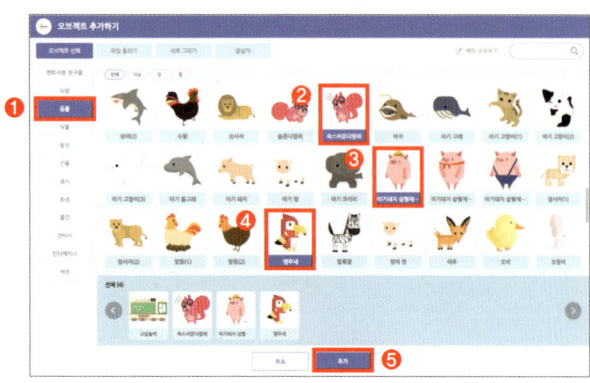

03 '동물'을 클릭하고 '쑥스러운다람쥐', '아기돼지 삼형제-둘째', '앵무새'를 클릭한 후 [추가] 버튼을 클릭하세요.

04 **03**에서 추가한 동물 오브젝트를 각각 드래그하여 다음의 그림과 같이 위치를 옮기고 크기 조절점(■)을 드래그하여 그림 크기를 줄입니다.

잠|깐|만|요| 오브젝트의 회전 방식을 선택하는 3가지 방법

오브젝트 목록에서는 오브젝트의 위치나 이동 방향 등을 다양하게 설정할 수 있는데, 오브젝트의 회전 방식도 3가지 중에서 선택할 수 있습니다.

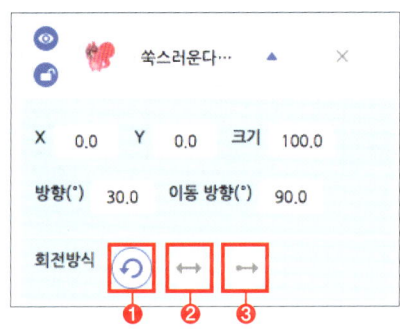

❶ **회전**( ) : 오브젝트의 중심을 기준으로 원을 그리며 회전해요. 오브젝트의 중심을 다른 위치로 바꿀 수 있어요.
❷ **왼쪽/오른쪽 변경**( ) : 오브젝트가 좌우로 뒤집히듯이 방향을 바꿔요.
❸ **한 방향으로 고정**( ) : 방향을 바꾸지 않고 한쪽으로만 고정해요.

2교시 / 방귀 소리를 내는 앵무새를 만들어요

01 '앵무새' 오브젝트를 클릭하여 선택합니다.

02 [시작] 블록 꾸러미에서 `시작하기 버튼을 클릭했을 때` 블록을 끌어옵니다.

03 [소리] 블록 꾸러미를 클릭하고 `소리 대상없음 재생하기` 블록을 끌어와 연결합니다.

쌤 TALK

엔트리에서는 소리를 직접 추가해야 [소리] 블록을 활용할 수 있어요.

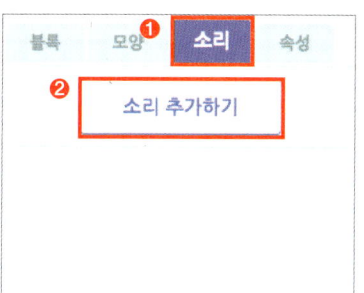

04 [소리] 탭을 클릭해 소리 메뉴로 들어가서 [소리 추가하기] 버튼을 클릭합니다.

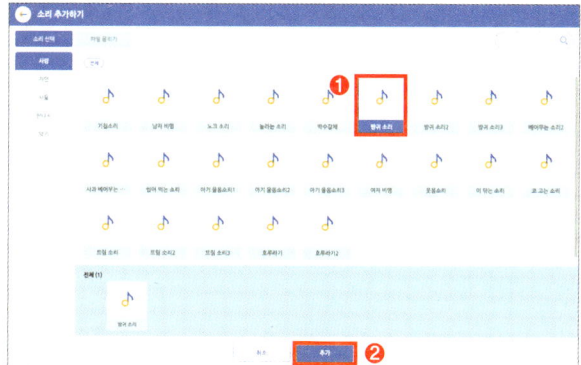

05 소리 목록 중에서 '방귀 소리'를 클릭한 후 [추가] 버튼을 클릭하세요.

쌤 TALK
다른 소리를 사용하고 싶다면 원하는 소리를 선택한 후 [추가] 버튼을 클릭해도 돼요.

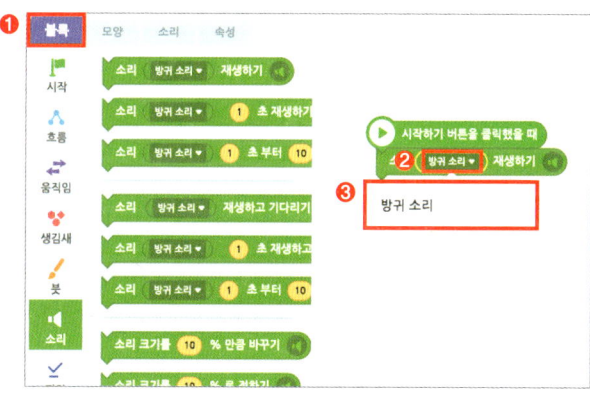

06 [블록] 탭을 클릭한 후 **03**에서 추가한 블록의 '대상없음'을 클릭해 '방귀 소리'를 선택합니다.

쌤 TALK
자동으로 '방귀 소리'가 선택된 경우는 그대로 두면 됩니다.

3교시 / 방귀 뀌는 모양을 그려요

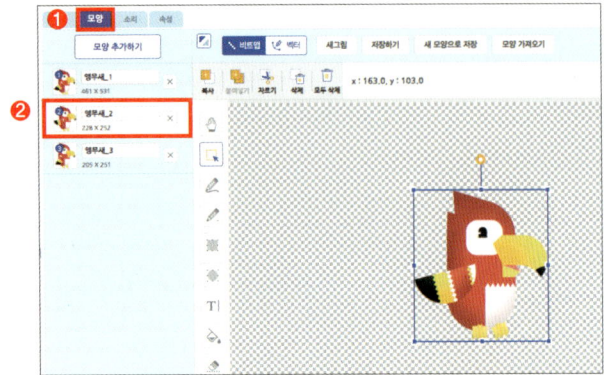

01 [모양] 탭을 클릭하고 '앵무새_2'를 클릭합니다.

쌤 TALK
[모양] 블록 꾸러미를 클릭했을 때 '앵무새'가 보이지 않으면 다시 앵무새 오브젝트를 클릭한 다음 [모양] 블록 꾸러미를 클릭합니다.

02 크기(Pixel, 픽셀)를 바꾸기 위해 'w(wide)'는 '461', 'h(height)'는 '531'로 입력합니다.

쌤 TALK
픽셀(Pixel)은 컴퓨터 그림 파일 속 나눠져 있는 한 칸을 의미하는 단위예요. 픽셀에 대한 자세한 설명은 47쪽을 참고하세요.

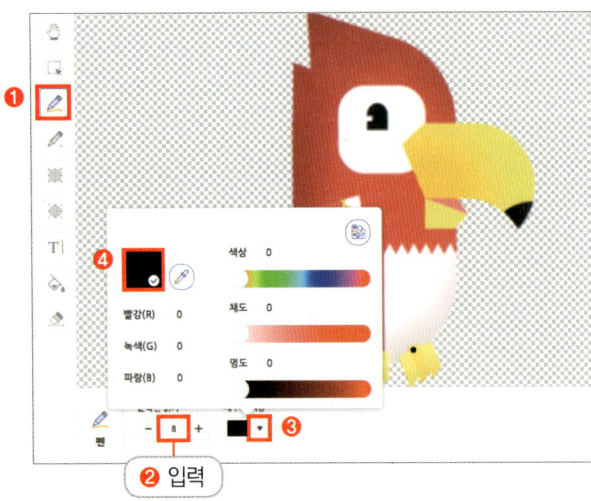

03 펜( ) 아이콘을 클릭하고 '윤곽선 굵기'를 '8'로 설정합니다. '채우기 색상'의 내림 단추(▼)를 클릭하고 '검은색'으로 바꾸세요.

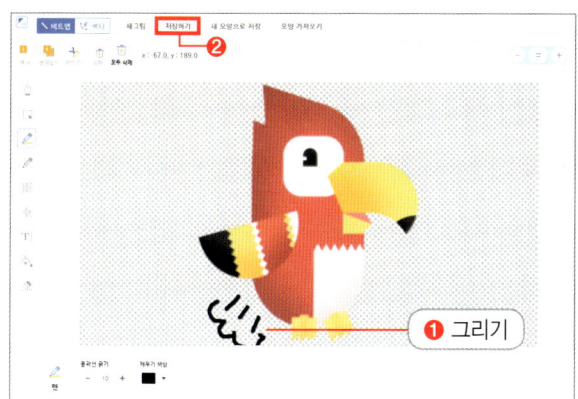

04 다음의 그림과 같이 마우스를 드래그하여 방귀 모양을 그린 후 [저장하기] 버튼을 클릭합니다.

쌤 TALK
원하는 모양으로 자유롭게 그려 보고 색상도 바꿔 보세요.

05 [블록] 탭을 클릭하고 [생김새] 블록 꾸러미를 클릭합니다. 앵무새_1 모양으로 바꾸기 블록을 끌어와 소리 방귀 소리 재생하기 블록 아래에 연결합니다. '앵무새_1'을 클릭하고 '앵무새_2'를 선택하세요.

쌤 TALK
'앵무새_2'에 방귀 모양을 그렸어요. 그래서 방귀 소리가 난 뒤에 바로 방귀 모양이 있는 '앵무새_2'로 바꿔줬어요.

4교시 / 방귀를 뀐 후 변명을 해요

01 [생김새] 블록 꾸러미에서 `안녕!을(를) 4초 동안 말하기` 블록을 끌어와 연결합니다. '안녕!'을 '밥을 너무 많이 먹었나?'로, '4'를 '2'로 변경하세요.

> **쌤 TALK**
> 3교시에 만든 '앵무새' 오브젝트의 블록에 이어서 코딩하세요.

02 [생김새] 블록 꾸러미에서 `앵무새_1 모양으로 바꾸기` 블록을 끌어와 연결합니다.

> **쌤 TALK**
> 01에서 입력한 내용을 말하고 방귀를 뀌기 전의 모양으로 되돌아가기 위해 '앵무새_1'의 모양으로 다시 바꾸는 블록을 추가했어요.

03 ▶를 클릭해 프로그램을 실행합니다. 방귀를 뀌고 나서 모양을 바꾸고 말을 하는 앵무새를 확인할 수 있습니다.

DAY 03에서 사용한 오브젝트와 블록을 정리했으니 살펴보세요. 블록이 조립된 순서를 잘 보고 다른 코딩에도 활용해 보세요.

'앵무새' 오브젝트

선택한 소리로 재생해요.
오브젝트의 모양을 바꿔요.

 메모장

○ 이번 장에서 배운 중요한 블록을 보고 각각 어떤 명령어였는지 생각해 봅시다.

종류	설명
앵무새_2 모양으로 바꾸기	오브젝트에는 다양한 모양을 저장할 수 있고 그 모양으로 바꿀 수 있어요.
소리 방귀 소리▼ 재생하기	음악 파일을 업로드하거나 선택해서 재생할 수 있어요.

○ 혼자만 방귀를 뀐 앵무새가 민망하지 않도록 다람쥐와 돼지도 방귀를 뀌게 해 보세요. 아래의 예시를 참고하여 ❶ **다람쥐와 돼지가 각각 다른 시간 동안 기다리고** ❷ **다른 방귀 소리를 낸 후** ❸ **모양을 바꾼 뒤** ❹ **변명하는 말을 하고** ❺ **다시 모양을 바꾸도록** 나만의 프로그램을 만들어 보세요.

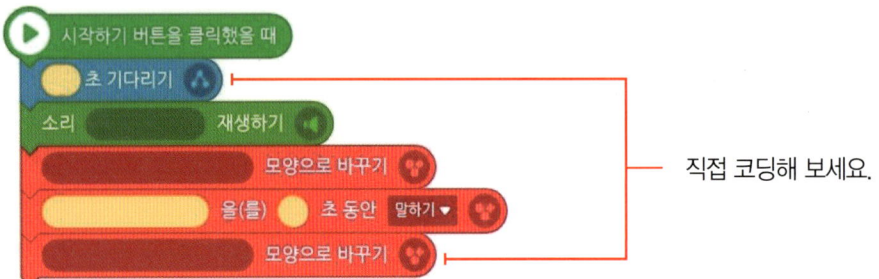

직접 코딩해 보세요.

숨겨진 컴퓨터 과학 찾기

픽셀이란?

3교시에서 '앵무새' 오브젝트가 방귀를 뀐 모양을 추가하기 전에 02에서 '앵무새_2' 모양의 크기(pixel, 픽셀)를 더 크게 확대했어요. 여기서 '픽셀'이란 화면이나 그림을 구성하는 가장 작은 크기를 말해요. 컴퓨터 화면에서 그림의 가로×세로 면적 안에 총 몇 픽셀이 있는지 입력하여 크기를 설정할 수 있어요. 예를 들어, 다음 그림과 같은 하트 모양은 5×5 픽셀로 이루어졌어요.

◀5×5 픽셀의 하트 모양

컴퓨터는 모든 정보를 0과 1 두 개의 숫자로 표현하기 때문에 위와 같은 그림을 아래와 같은 숫자로 표현할 수 있어요.

0	1	0	1	0
1	1	1	1	1
1	1	1	1	1
0	1	1	1	0
0	0	1	0	0

위의 그림은 하트 모양을 5×5 픽셀로 표현한 것이라서 매우 각진 형태예요. 그런데 만약 이런 픽셀이 무수히 많고 그 안을 숫자로 채운다면 어떤 형태가 나타날까요? 우리가 흔히 볼 수 있는 스마트폰 액정이나 컴퓨터 모니터처럼 자연스러운 모양을 표현할 수 있을 거예요.

DAY 04 말을 따라 하는 로봇 앵무새, 버디

원래 앵무새는 사람이 하는 말을 잘 따라 하는데, 엔트리에서 만든 로봇 앵무새 버디는 우리가 입력한 단어를 그대로 따라 할 수 있다고 하네요! 이번 장에서는 우리가 입력한 말을 따라 하는 앵무새 버디를 함께 만들어 봅시다.

완성 작품 살펴보기

완성 파일: 4장_앵무새.ent

필요한 오브젝트 살펴보기

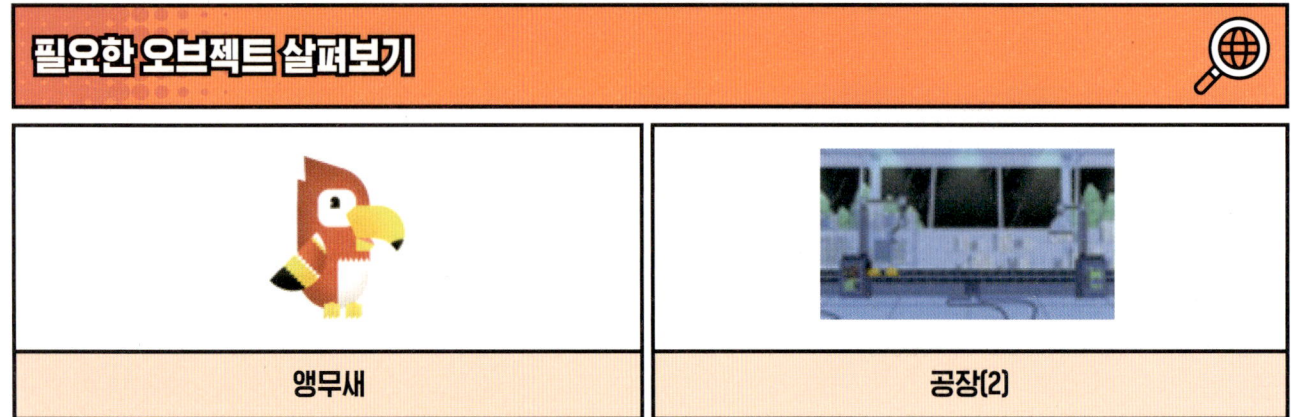

| 앵무새 | 공장(2) |

1교시 / 오브젝트와 배경이 필요해요

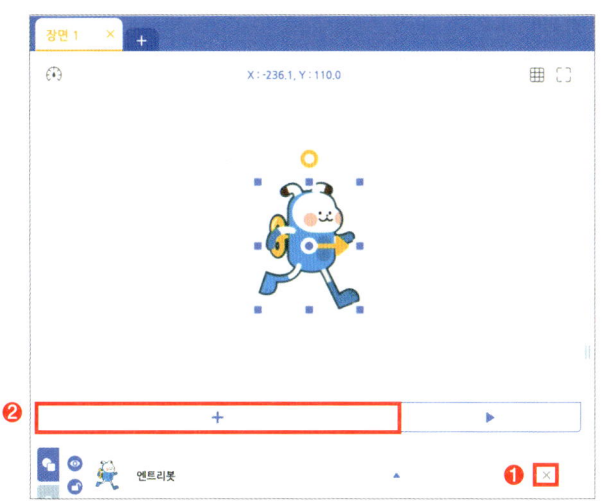

01 화면 왼쪽 아래에 있는 오브젝트 목록에서 엔트리봇 오브젝트의 '삭제' 아이콘(×)을 눌러 오브젝트를 삭제하고 새 오브젝트를 추가하기 위해 ➕를 클릭합니다.

02 '오브젝트 추가하기' 창이 나타나면 '배경'을 클릭하고 '공장(2)' 오브젝트를 클릭해 선택합니다.

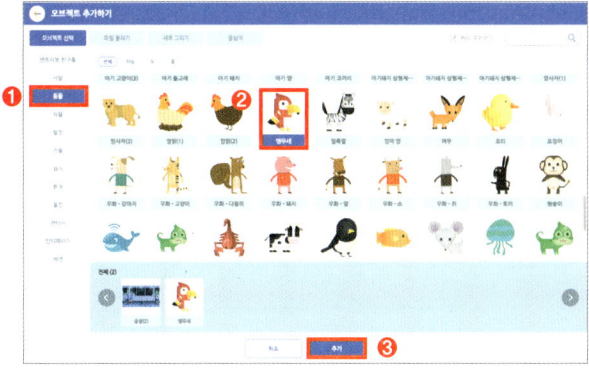

03 '동물'을 클릭하고 '앵무새' 오브젝트를 선택한 후 화면 아래에 있는 [추가] 버튼을 클릭하세요.

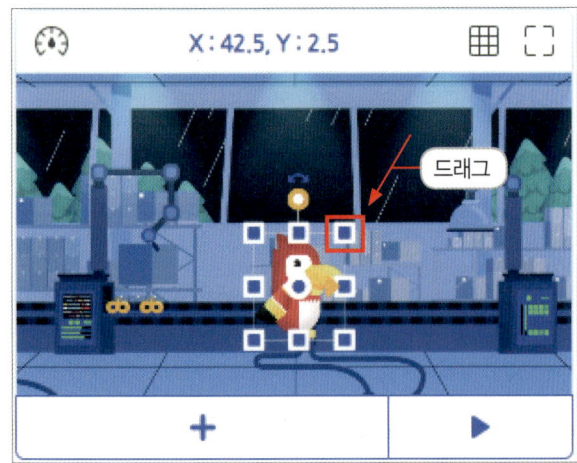

04 다음의 그림과 같이 '앵무새' 오브젝트를 드래그해서 옮기고 크기 조절점(■)을 드래그해서 크기를 줄이세요.

2교시 / 말하는 앵무새를 만들어요

01 '앵무새' 오브젝트가 선택된 상태에서 계속 실습할게요.

02 [시작] 블록 꾸러미를 클릭하고 `시작하기 버튼을 클릭했을 때` 블록을 끌어와 가져옵니다.

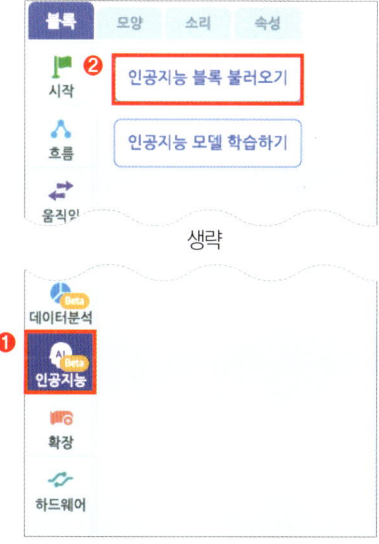

03 [인공지능] 블록 꾸러미를 클릭하고 [인공지능 블록 불러오기] 버튼을 클릭합니다.

쌤 TALK

[인공지능] 블록 꾸러미의 '인공지능 활용블록'에는 번역, 비디오 감지, 오디오 감지, 읽어주기 등 여러 기능을 가진 블록들이 있어요.

쌤 TALK

낮은 버전의 오프라인 에디터를 사용 중일 경우 [인공지능 블록 불러오기] 버튼이 보이지 않고 [AI 블록 가져오기]가 보일 거예요. 온라인에서 실습하거나 오프라인 에디터를 다시 다운로드해 보세요.

DAY 04 말을 따라 하는 로봇 앵무새, 버디 ■ 51

04 [읽어주기]를 클릭하고 [추가] 버튼을 클릭해 확장 블록을 추가합니다.

> **쌤 TALK**
> 입력한 문자를 다양한 목소리로 자연스럽게 읽어주는 '읽어주기' 블록만 사용할 거예요.

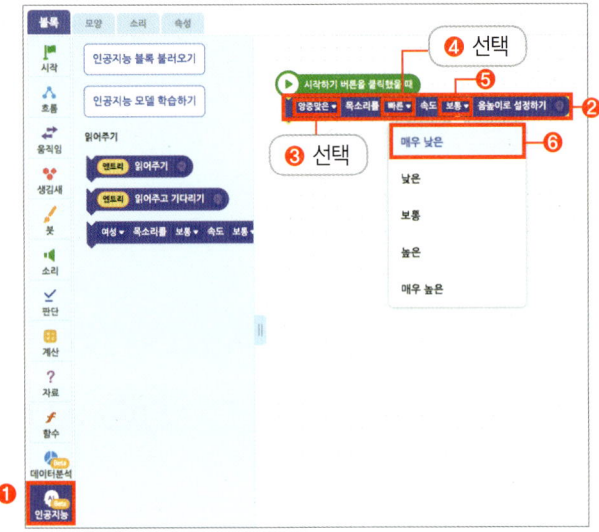

05 [인공지능] 블록 꾸러미의 `여성 목소리를 보통 속도 보통 음높이로 설정하기` 블록을 끌어와서 연결합니다. '여성'을 클릭하여 '앙증맞은'으로 바꾸고 속도의 '보통'을 클릭해 '빠른'으로 바꿉니다. 음높이의 '보통'을 클릭해 '매우 낮은'으로 바꿉니다.

> **쌤 TALK**
> 이 블록은 목소리의 종류만 정하는 블록이라서 실제 소리를 내지는 않아요. 목소리의 종류와 속도, 음높이를 자유롭게 선택하여 실행해 보고 마음에 드는 목소리로 바꿔 보세요.

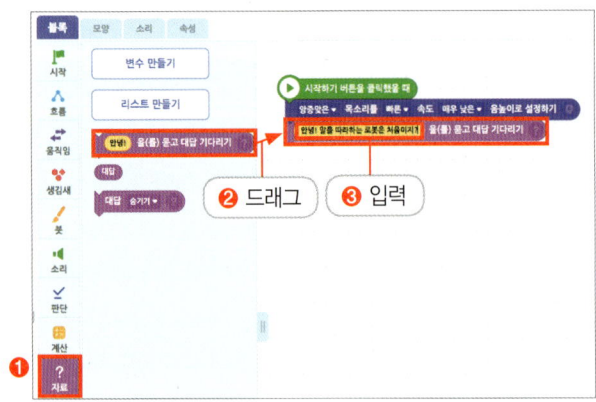

06 [자료] 블록 꾸러미를 클릭하고 `안녕!을(를) 묻고 대답 기다리기` 블록을 끌어와 연결합니다. '안녕!'을 '안녕! 말을 따라 하는 로봇은 처음이지?'라고 바꿔 입력합니다.

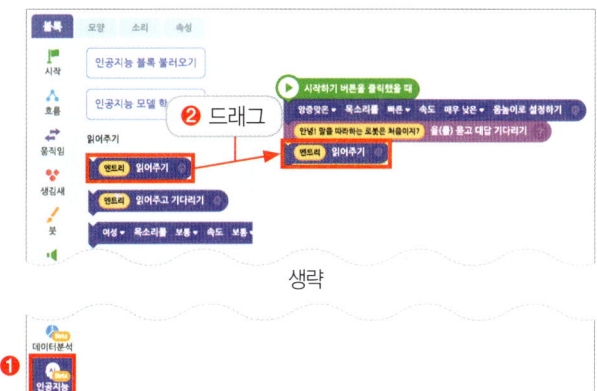

07 [인공지능] 블록 꾸러미를 클릭하고 엔트리 읽어주기 블록을 끌어와 연결합니다.

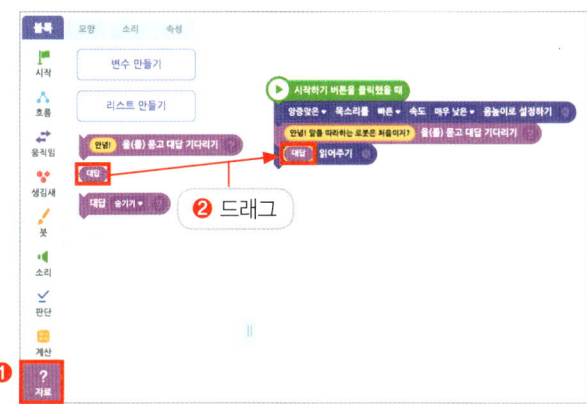

08 [자료] 블록 꾸러미를 클릭하고 엔트리 읽어주기 블록의 '엔트리' 자리에 대답 블록을 끌어와 넣습니다.

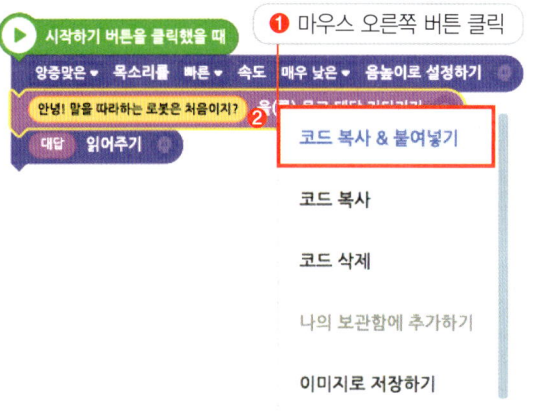

09 안녕! 말을 따라하는 로봇은 처음이지?을(를) 묻고 대답 기다리기 블록에서 마우스 오른쪽 버튼을 클릭합니다. '코드 복사&붙여넣기'를 클릭합니다.

쌤TALK

코드 복사 기능은 클릭한 블록으로부터 가장 아래에 있는 블록까지 한꺼번에 복사돼요. 그러므로 **09**의 코드에서는 클릭한 블록부터 대답 읽어주기 블록까지 복사됩니다.

10 복사한 두 개의 블록을 끌어와 기존 블록 아래에 연결합니다. 다음의 그림과 같이 두 번째 안녕! 말을 따라하는 로봇은 처음이지?을(를) 묻고 대답 기다리기 블록에서 텍스트를 삭제하고 '다음 내 질문에 대답을 잘 해줄 수 있지?'를 입력합니다.

3교시 / 입력한 말을 저장하고 말해요

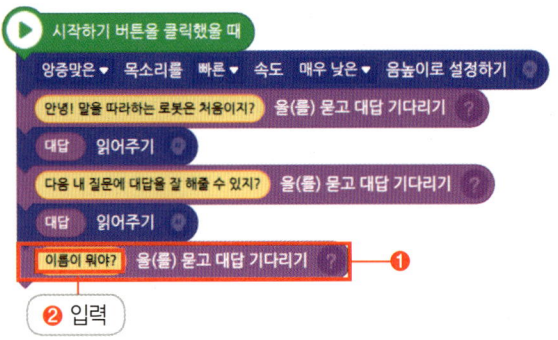

01 [자료] 블록 꾸러미에서 안녕!을(를) 묻고 대답 기다리기 블록을 끌어와 기존 블록 아래에 연결합니다. '안녕!'을 '이름이 뭐야?'로 바꿔서 입력합니다.

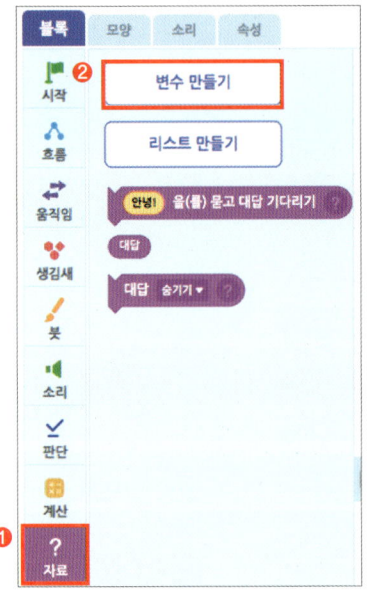

02 [자료] 블록 꾸러미에서 [변수 만들기] 버튼을 클릭합니다.

쌤TALK
'변수'는 숫자나 문자 등의 정보를 담아 보관하는 상자와 같아요. 정보가 저장된 상자에 이름을 붙이고 어디서든 가져다 쓸 수 있어요. 변수에 대한 더 자세한 설명은 61쪽을 참고하세요.

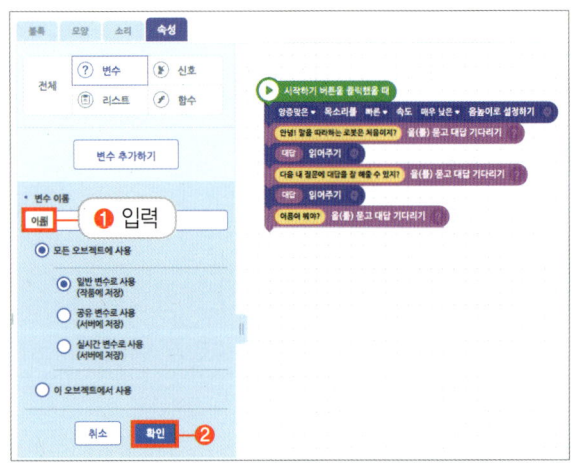

03 '변수 이름'에 '이름'이라고 입력하고 [확인] 버튼을 클릭하세요.

쌤TALK
'변수 이름'은 변수 안에 들어 있는 정보를 떠올리기 쉬운 이름으로 만들어 주세요.

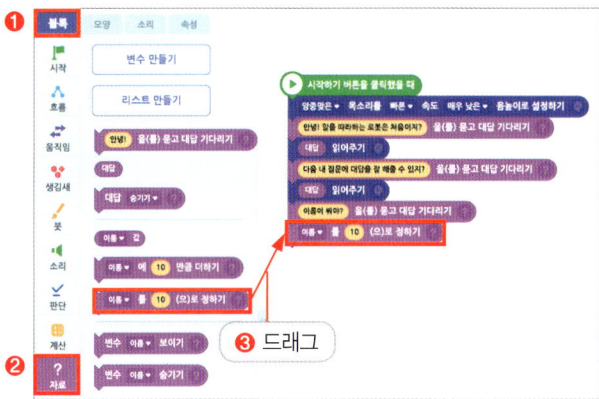

04 [블록] 탭을 클릭하고 [자료] 블록 꾸러미를 클릭합니다. 이름를 10(으)로 정하기 블록을 끌어와 연결합니다.

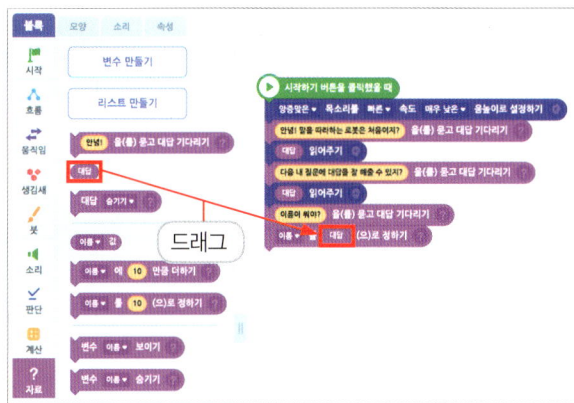

05 [자료] 블록 꾸러미에서 대답 블록을 가져와 이름를 10(으)로 정하기 블록의 '10' 자리에 넣습니다

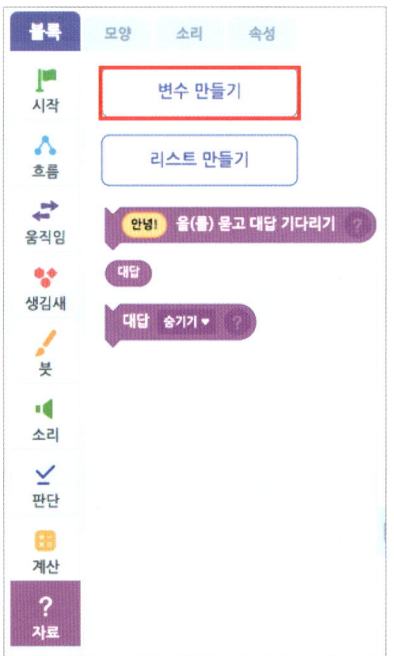

06 [자료] 블록 꾸러미에서 [변수 만들기] 버튼을 누릅니다.

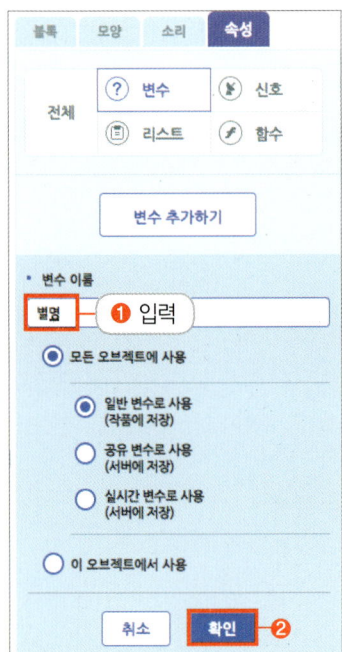

07 '변수 이름'에 '별명'을 입력하고 [확인] 버튼을 클릭합니다.

> **쌤TALK**
> 변수는 한번에 하나의 정보만 담을 수 있어요. 여러 개의 정보를 동시에 담으려면 정보의 개수만큼 변수를 만들어야 해요.

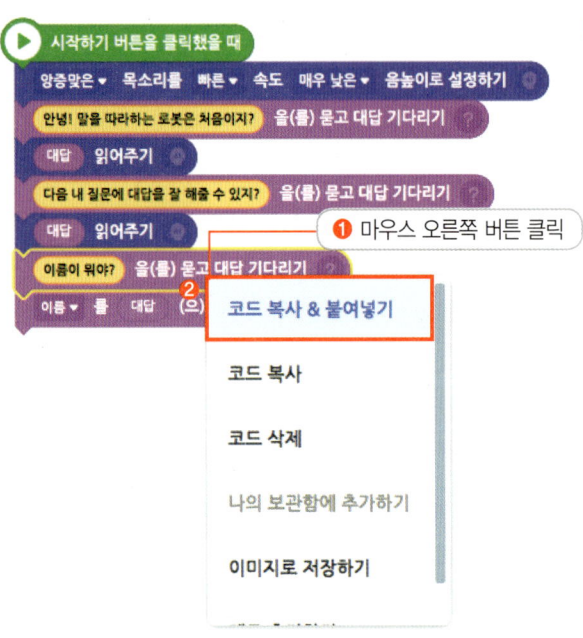

08 이름이 뭐야?을(를) 묻고 대답 기다리기 블록에서 마우스 오른쪽 버튼을 클릭한 다음 '코드 복사&붙여넣기'를 클릭합니다.

09 이름을 대답(으)로 정하기 블록을 아래 복사한 블록들을 연결하세요.

|잠|깐|만|요| 변수의 설정을 바꿔 볼까요?

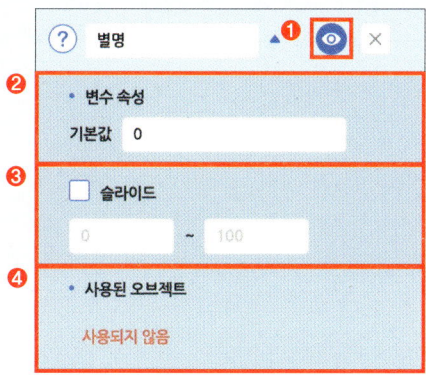

❶ **변수 값 보기**(◉/▭) : 클릭하면 실행창에서 변수값(별명 0)이 보이거나 보이지 않도록 할 수 있어요.
❷ **변수 속성 기본값** : 프로그램이 시작될 때 처음 변수값을 정할 수 있어요. 프로그램 실행 중에 변수값이 바뀌더라도 프로그램을 다시 실행하면 처음 값으로 돌아가요.
❸ **슬라이드** : 변수값의 범위를 입력하고 실행창에서 변수값(별명 50)을 마우스로 움직여 바꿀 수 있어요.
❹ **사용된 오브젝트** : 변수가 사용된 오브젝트를 모두 확인할 수 있어요.

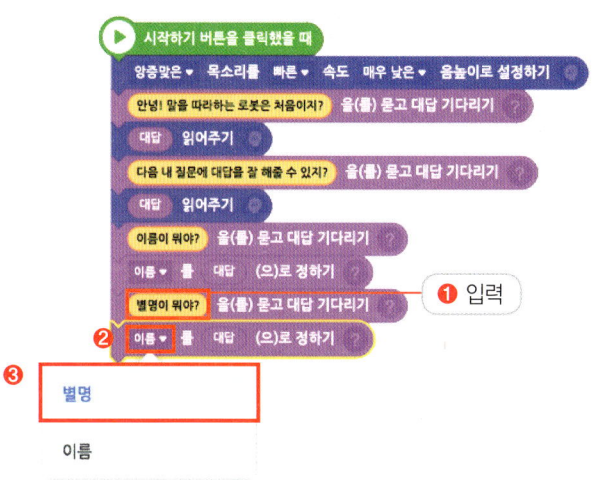

10 아래에서 두 번째 `이름이 뭐야?을(를) 묻고 대답 기다리기` 블록에서 '이름이 뭐야?'를 '별명이 뭐야?'로 바꿔 입력합니다. `이름를 대답(으)로 정하기` 블록의 '이름'을 클릭해서 '별명'으로 바꾸세요.

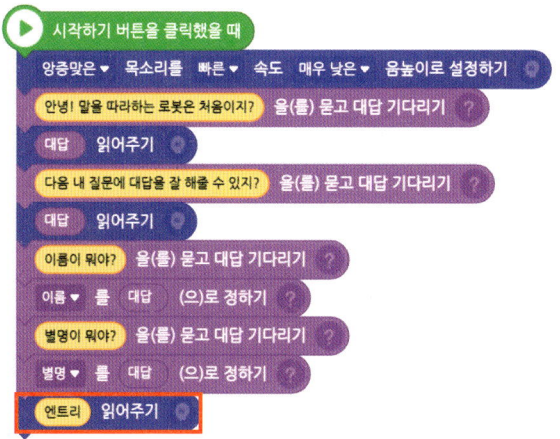

11 [인공지능] 블록 꾸러미에서 `엔트리 읽어주기` 블록을 끌어와 연결합니다.

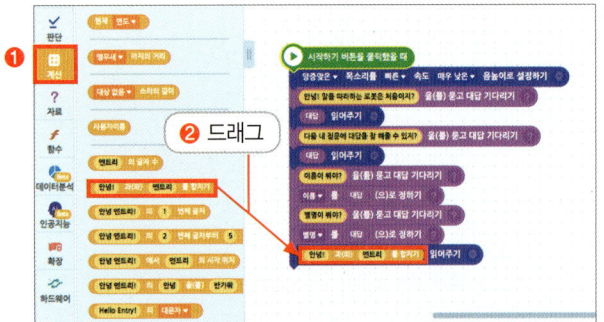

12 [계산] 블록 꾸러미에서 안녕!과(와) 엔트리를 합치기 블록을 끌어와 '엔트리' 자리에 넣어요. 블록 안에 블록을 넣을 때는 앞부분을 맞춘다는 느낌으로 넣어 주면 됩니다.

> **쌤 TALK**
> 안녕!과(와) 엔트리를 합치기 블록은 입력된 두 개의 문자나 숫자 등의 정보를 서로 붙여서 연결해 주는 역할을 해요.

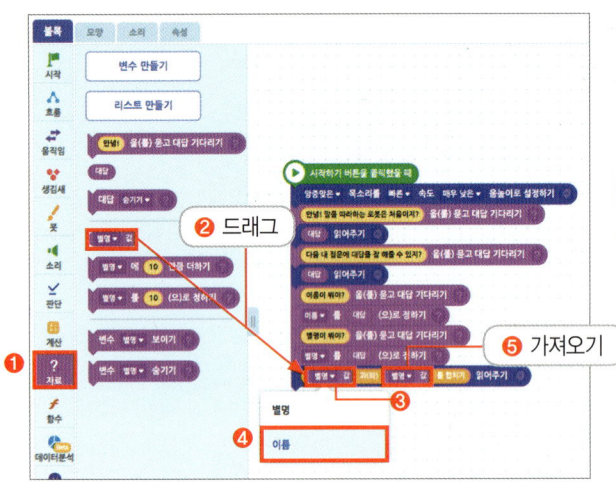

13 [자료] 블록 꾸러미에서 별명값 블록을 끌어와 '안녕!' 자리에 넣습니다. '별명'을 클릭해 '이름'으로 바꿉니다. 별명값 블록을 하나 더 끌어와 '엔트리' 자리에 넣습니다.

14 ▶를 클릭해 프로그램을 실행합니다. 입력한 값을 바로 따라 말한 뒤에 저장된 값을 붙여 이야기하는 버디 로봇을 확인할 수 있습니다.

DAY 04에서 사용한 오브젝트와 블록을 정리했으니 살펴보세요. 블록이 조립된 순서를 잘 보고 다른 코딩에도 활용해 보세요.

'앵무새' 오브젝트

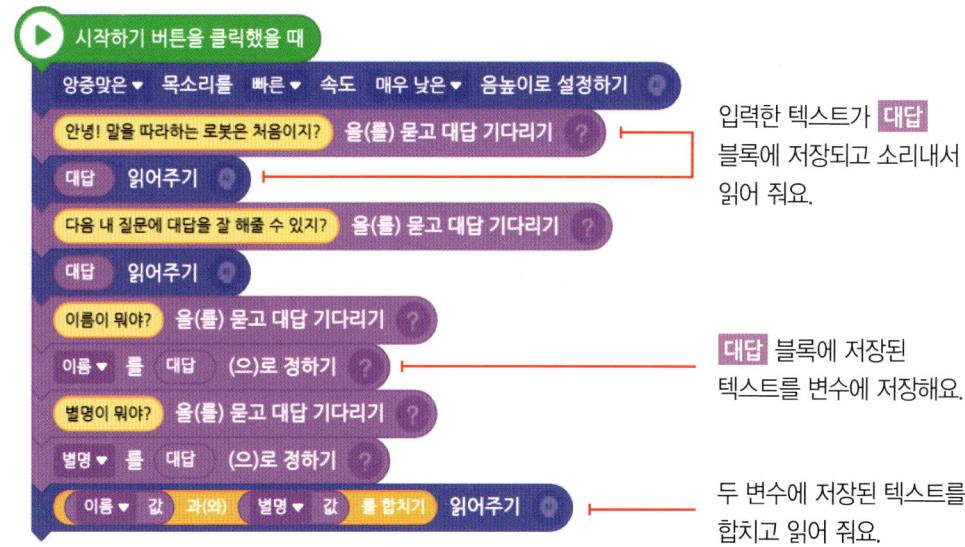

입력한 텍스트가 대답 블록에 저장되고 소리내서 읽어 줘요.

대답 블록에 저장된 텍스트를 변수에 저장해요.

두 변수에 저장된 텍스트를 합치고 읽어 줘요.

메모장

완성의 재미

● 이번 장에서 배운 중요한 블록을 살펴볼까요? 아래 블록을 보며 각각 어떤 명령어였는지 생각해 봅시다.

종류	설명
여성▼ 목소리를 보통▼ 속도 보통▼ 음높이로 설정하기	정보를 읽어 주는 목소리를 설정해요.
안녕! 을(를) 묻고 대답 기다리기	질문과 함께 입력창을 띄워 입력할 수 있도록 해요.
대답	묻고 대답 기다리기 블록을 통해 입력된 정보가 임시로 저장되어 있어요.
별명▼ 를 10 (으)로 정하기	변수에 정보를 저장해요.
엔트리 읽어주기	정보를 설정된 소리로 읽어요.
안녕! 과(와) 엔트리 를 합치기	두 개의 정보를 서로 연결해서 합쳐요.
별명▼ 값	변수에 저장된 값을 활용해요.

● 이름과 별명을 이야기하는 로봇 버디가 이번엔 다른 말을 하도록 해 보면 어떨까요? 아래의 예시를 참고하여 두 개의 질문을 더해서 2가지 정보를 입력 받고 저장해 한꺼번에 말하는 버디를 만들어 보세요.

직접 코딩해 보세요.

숨겨진 컴퓨터 과학 찾기

변수란?

로봇 버디는 키보드로 입력한 말을 따라 하는 로봇이에요. 버디는 키보드로 입력된 말을 어떻게 알고 있는 걸까요? 우리가 입력한 말은 컴퓨터 속 어디에 있었던 걸까요?

컴퓨터는 정보를 저장하기 위해 '변수'라는 공간을 사용합니다. 변수에 숫자, 문자 등으로 이루어진 정보를 저장할 수 있고 이름을 붙일 수 있으며 필요할 때 어디든지 가져다 쓸 수 있는 상자 같은 공간이에요. 우리가 입력한 문자들도 변수에 저장되어 있는 거죠. 대답 블록이나 직접 만든 이름, 별명 등을 변수라고 할 수 있어요.

그리고 변수는 한 가지 정보만 저장할 수 있다는 특징이 있어요. 새로운 정보를 저장하면 원래 있던 정보는 없어져요.

DAY 05 비트박스를 하는 타이거마스크

코딩으로 비트박스를 한다면 내가 직접 내기 힘든 소리도 쉽게 내는 비트박스 전문가를 만들 수 있어요. 간단한 코딩을 통해 비트박스를 하는 타이거마스크 캐릭터를 만들어 봅시다.

완성 작품 살펴보기

 완성 파일 5장_비트박스.ent

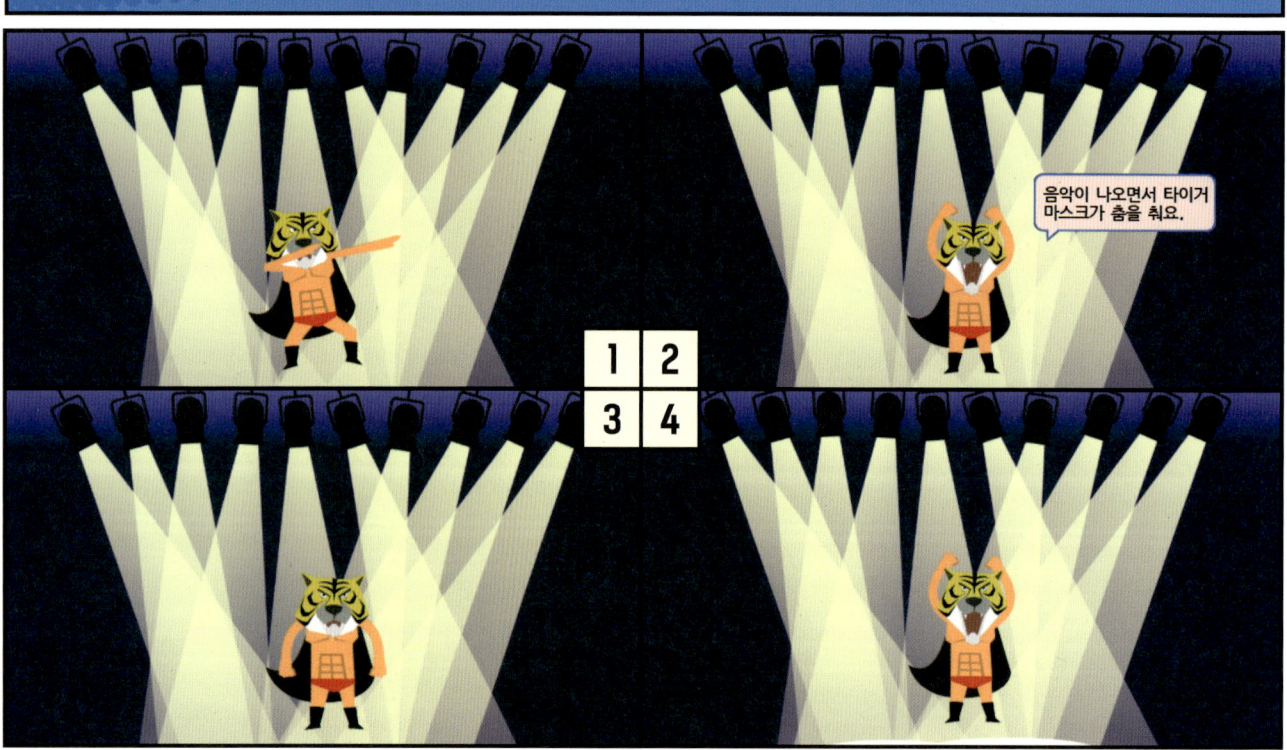

음악이 나오면서 타이거마스크가 춤을 춰요.

필요한 오브젝트 살펴보기

타이거마스크

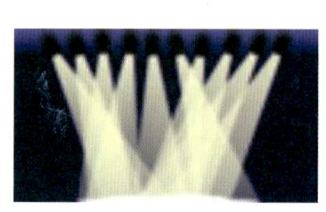

조명이 있는 무대

1교시 오브젝트와 배경이 필요해요

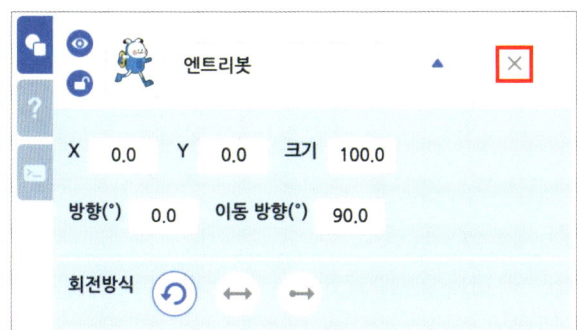

01 화면 왼쪽 아래에 있는 오브젝트 목록에서 엔트리봇 오브젝트의 '삭제' 아이콘(×)을 눌러 오브젝트를 삭제합니다.

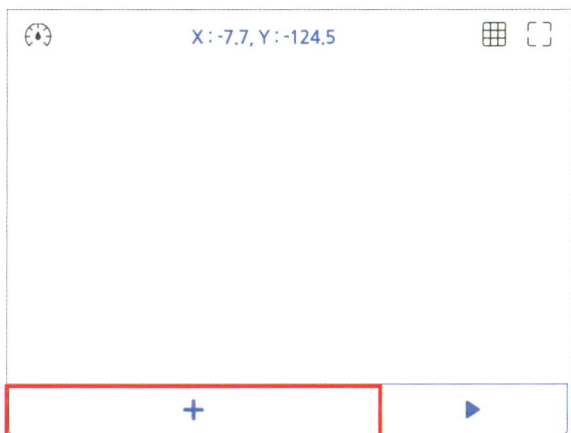

02 '타이거마스크' 오브젝트와 '조명이 있는 무대' 배경 오브젝트를 추가하기 위해 +를 클릭합니다.

03 '사람'을 클릭하고 '타이거마스크' 오브젝트를 클릭하여 선택합니다.

DAY 05 비트박스를 하는 타이거마스크 ■ 63

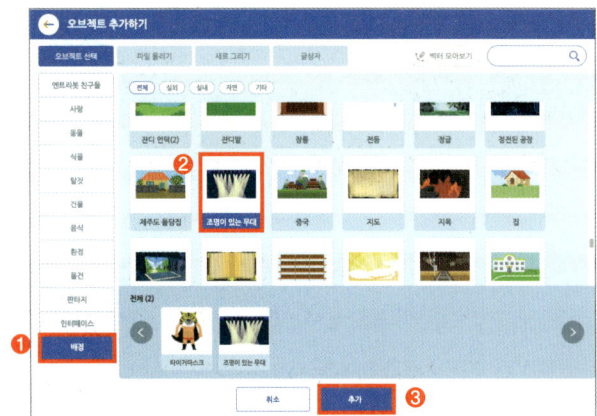

04 '배경'을 클릭하고 '조명이 있는 무대'를 선택한 후 [추가] 버튼을 클릭합니다.

05 '타이거마스크' 오브젝트를 드래그해서 다음의 그림과 같이 위치를 옮깁니다.

쌤TALK 오브젝트 목록에서 X 값에 0, Y 값에 −50을 입력해도 돼요.

2교시 / 춤을 추며 악기를 연주해요

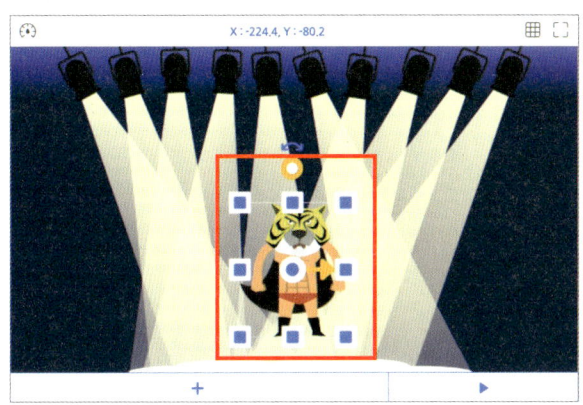

01 '타이거마스크' 오브젝트를 클릭합니다.

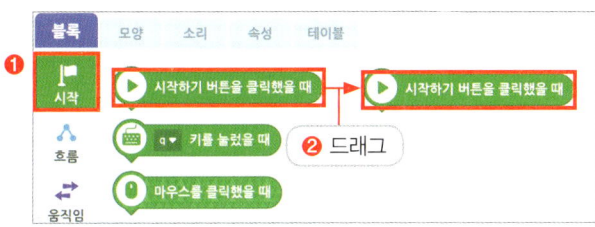

02 [시작] 블록 꾸러미를 클릭하고 `시작하기 버튼을 클릭했을 때` 블록을 끌어와 가져옵니다.

03 [흐름] 블록 꾸러미를 클릭하고 `계속 반복하기` 블록을 끌어와 연결합니다.

04 [생김새] 블록 꾸러미를 클릭하고 `다음 모양으로 바꾸기` 블록을 끌어와 `계속 반복하기` 블록 안에 끼우세요.

쌤 TALK

[흐름] 블록들 중에서 `계속 반복하기`, `10번 반복하기` 등의 블록은 블록 안에 다른 블록을 연결할 수 있고 연결한 블록을 반복해서 실행해요. 이러한 코딩 구조를 '반복 구조'라고 해요. 반복 구조에 대한 자세한 설명은 74쪽을 참고하세요.

잠|깐|만|요 오브젝트를 다양한 모양으로 바꾸기

1개의 오브젝트 안에는 여러 모양이 저장되어 있어서 원하는 모양으로 바꿀 수 있어요. [모양] 탭을 클릭하여 원하는 모양을 선택하거나 04에서 배운 것처럼 [생김새] 블록 꾸러미의 다음 모양으로 바꾸기 블록을 사용하여 바꿀 수 있습니다.

예를 들어 다음 모양으로 바꾸기 블록을 설정하면 타이거마스크_1 → 타이거마스크_2 → 타이거마스크_3 → 타이거마스크_1 → 타이거마스크_2…순으로 모양을 바꿀 수 있어요.

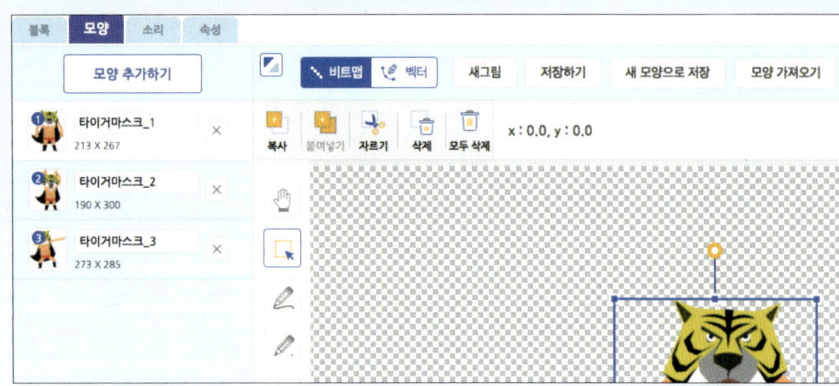

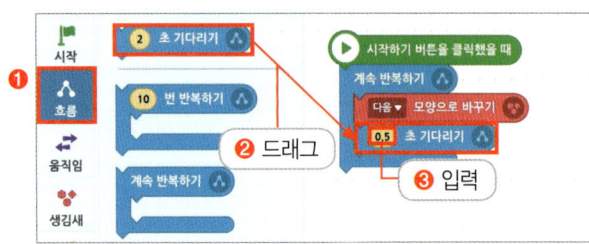

05 [흐름] 블록 꾸러미를 클릭하고 2초 기다리기 블록을 끌어와 다음 모양으로 바꾸기 블록 아래에 연결합니다. '2'를 '0.5'로 바꿔 입력합니다.

> **쌤TALK**
> 이와 같이 계속 반복하기 블록 안에 여러 개의 블록이 연결되어 있을 경우에는 다음 모양으로 바꾸기 블록과 0.5초 기다리기 블록이 반복적으로 실행돼요.

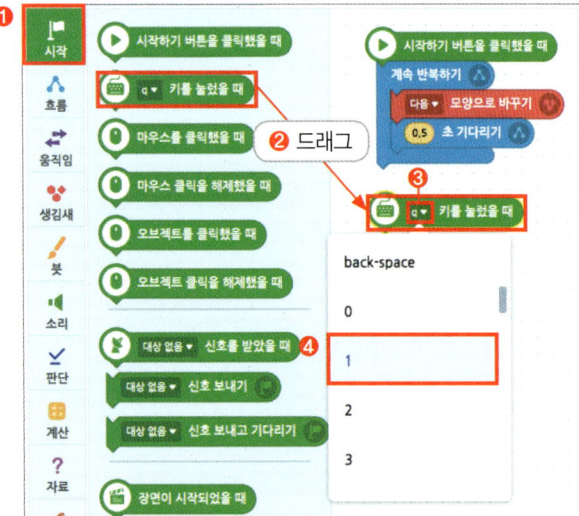

06 [시작] 블록 꾸러미를 클릭하고 q키를 눌렀을 때 블록을 끌어와 블록 조립소로 가져옵니다. 'q'를 클릭한 후 '1'을 선택하세요.

> **쌤TALK**
> '1'을 직접 찾아서 선택해도 되지만 키보드에서 1 키를 누르면 저절로 선택돼요. 1키를 눌렀을 때 아래 연결된 블록은 프로그램이 실행되는 동안 1 키를 눌렀을 때 실행돼요.

07 [소리] 탭을 클릭하고 [소리 추가하기] 버튼을 클릭합니다.

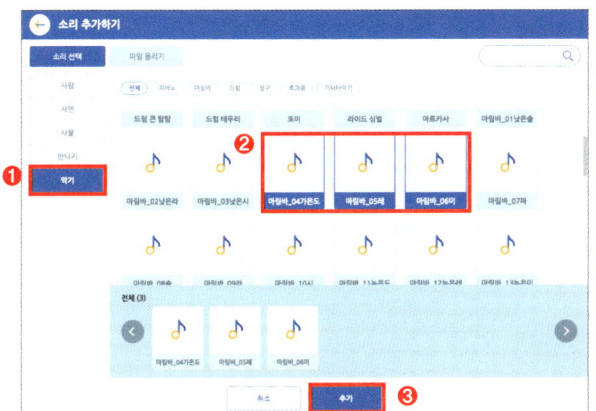

08 '악기'를 클릭하고 '마림바_04가온도', '마림바_05레', '마림바_06미'를 클릭합니다. [추가] 버튼을 클릭해서 소리를 추가합니다.

쌤 TALK

'소리 추가하기' 창에는 다양한 효과음이 있지만, 악기의 음계도 선택할 수 있어요. 음계를 연결하여 음악을 연주할 수도 있어요.

09 [블록] 탭의 [소리] 블록 꾸러미를 클릭하고 소리 마림바_04가온도 재생하기 블록을 연결합니다.

쌤 TALK

엔트리 오프라인 에디터를 사용할 경우 소리 이름이 조금 다를 수 있지만 실습에는 큰 상관이 없어요.

10 [시작] 블록 꾸러미를 클릭하고 q키를 눌렀을 때 블록을 블록 조립소로 끌어와 가져오고 'q'를 클릭해 '2'로 바꿉니다.

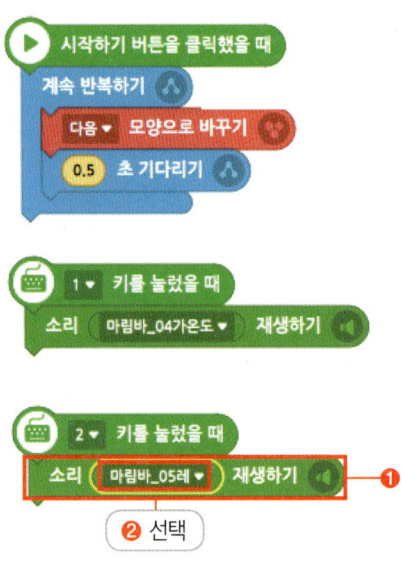

11 [소리] 블록 꾸러미를 클릭합니다. `소리 마림바_04가온도 재생하기` 블록을 끌어와 연결하고 '마림바_04가온도'를 클릭해 '마림바_05레'로 바꿉니다.

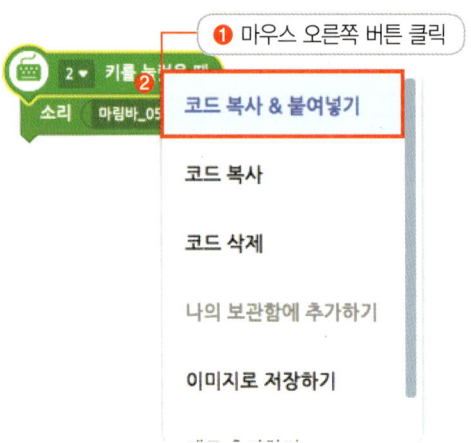

12 `2키를 눌렀을 때` 블록 위에서 마우스의 오른쪽 버튼을 눌러 '코드 복사&붙여넣기'를 클릭합니다.

13 복사된 블록의 '2'를 '3'으로 바꾸고, '마림바_05레'를 '마림바_06미'로 바꿉니다.

쌤 TALK

이제 키보드의 1, 2, 3 키를 누르면 도, 레, 미 마림바 음계를 연주할 수 있어요. 도, 레, 미 3개의 음계로 어떤 음악을 연주할 수 있을지 생각해 보세요.

3교시 타이거마스크가 비트박스를 해요

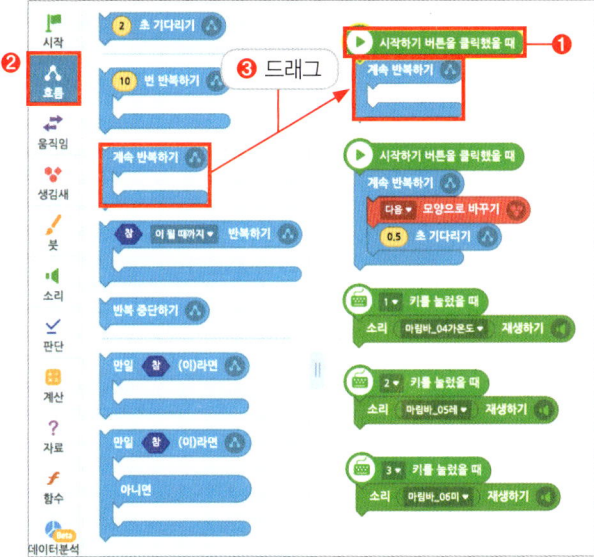

01 [시작] 블록 꾸러미에서 시작하기 버튼을 클릭했을 때 블록을 하나 더 끌어옵니다. 그리고 [흐름] 블록 꾸러미를 클릭하여 계속 반복하기 블록을 끌어와 연결합니다.

쌤TALK
각각의 블록 덩어리들이 놓여 있는 순서는 프로그램을 실행하는 순서와 상관 없어요. [시작하기](▶) 버튼을 클릭했을 때나, 키보드의 1, 2, 3 키를 누른 순간 각각의 명령어들이 실행돼요.

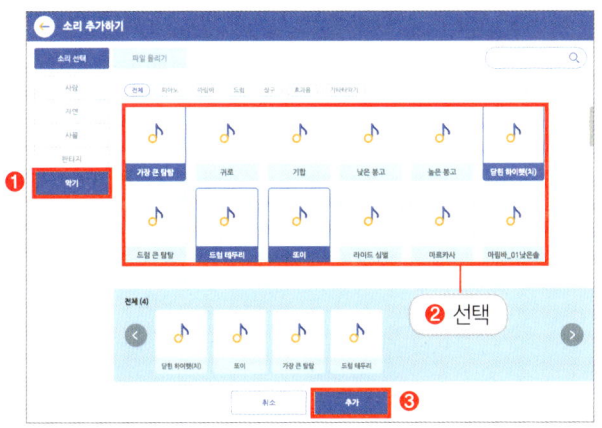

02 [소리] 탭을 클릭하고 [소리 추가하기] 버튼을 클릭합니다. '악기'를 클릭하고, '닫힌 하이햇(치)', '또이', '가장 큰 탐탐', '드럼 테두리'를 클릭합니다. 그리고 [추가] 버튼을 클릭해서 소리를 추가합니다.

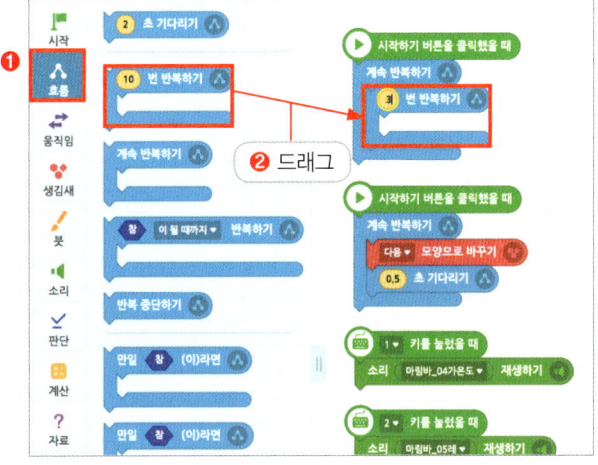

03 [흐름] 블록 꾸러미를 클릭하고 10번 반복하기 블록을 가져와 계속 반복하기 블록 안에 끼워 넣습니다. '10'을 '3'으로 바꿉니다.

쌤TALK
반복하기 블록 안에 반복하기 블록이 또 들어갈 수 있어요. 계속 반복하기 블록 안에 03처럼 3번 반복하기가 들어가면 3번 반복하고 다시 3번 반복하기를 연속하여 실행합니다.

04 [소리] 블록 꾸러미를 클릭하고 `소리 마림바_04가온도 1초 재생하고 기다리기` 블록을 가져와 `3번 반복하기` 블록 안에 끼워 넣습니다. '마림바_04가온도'를 클릭해 '닫힌 하이햇(치)'로 바꾸고, '1'을 '0.5'로 바꿔 입력합니다.

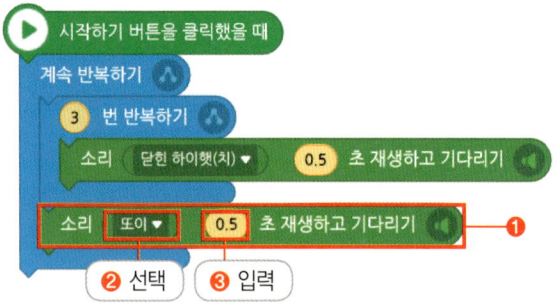

05 [소리] 블록 꾸러미에서 `소리 마림바_04가온도 1초 재생하고 기다리기` 블록을 가져와 `3번 반복하기` 블록 아래에 연결합니다. '마림바_04가온도'를 클릭해 '또이'로 바꾸고, '1'을 클릭해 '0.5'를 입력합니다.

쌤TALK

닫힌 하이햇(치)를 3번 연주하고 '또이' 소리를 낸 뒤, 다시 닫힌 하이햇(치)를 3번 연주하고 '또이' 소리를 내기를 계속 반복합니다.

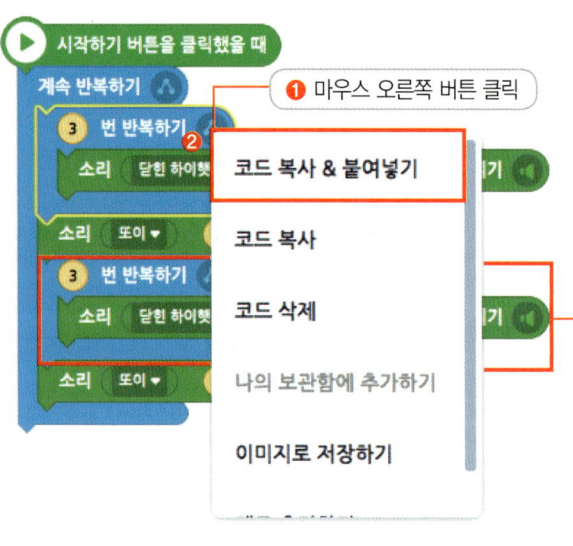

06 `3번 반복하기` 블록 위에서 마우스 오른쪽 버튼을 눌러 '코드 복사&붙여넣기'를 클릭한 뒤 복사된 블록을 `소리 또이 0.5초 재생하고 기다리기` 블록 아래에 연결합니다.

07 `소리 닫힌 하이햇(치) 0.5초 재생하고 기다리기` 블록을 06의 방법과 같이 복사해 바로 아래에 연결합니다.

① 코드 복사
② 붙여넣기

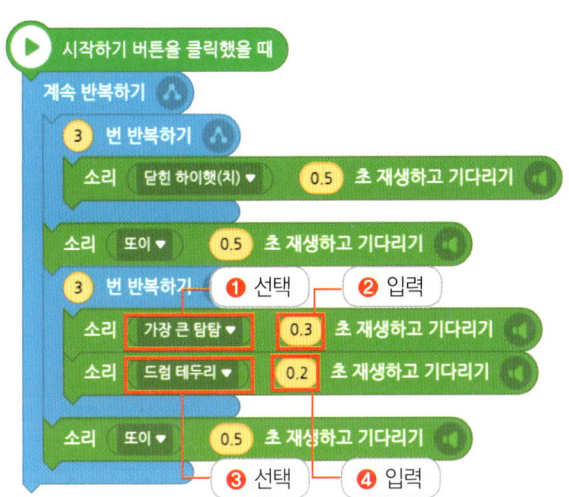

08 두 개의 `소리 닫힌 하이햇(치) 0.5초 재생하고 기다리기` 블록 중에서 위의 블록은 `소리 가장 큰 탐탐 0.3초 재생하고 기다리기` 블록으로 설정을 바꾸고, 아래의 블록은 `소리 드럼 테두리 0.2초 재생하고 기다리기` 블록으로 바꿉니다.

09 ▶를 눌러 프로그램을 실행합니다. 비트박스 박자에 맞춰 키보드의 ③, ②, ①, ②, ③, ③, ③, ②, ②, ②, ③, ③, ③ 키를 순서대로 누르면 음악이 연주되는 것을 확인할 수 있습니다.

쌤TALK

키보드의 ③, ②, ①, ②, ③, ③, ③, ②, ②, ②, ③, ③, ③ 키를 눌러 연주하면 어떤 음악이 나올까요? 직접 연주하기 전에 질문에 대한 답을 생각해 보세요.

DAY 05에서 사용한 오브젝트와 블록을 정리했으니 살펴보세요. 블록이 조립된 순서를 잘 보고 다른 코딩에도 활용해 보세요.

'타이거마스크' 오브젝트

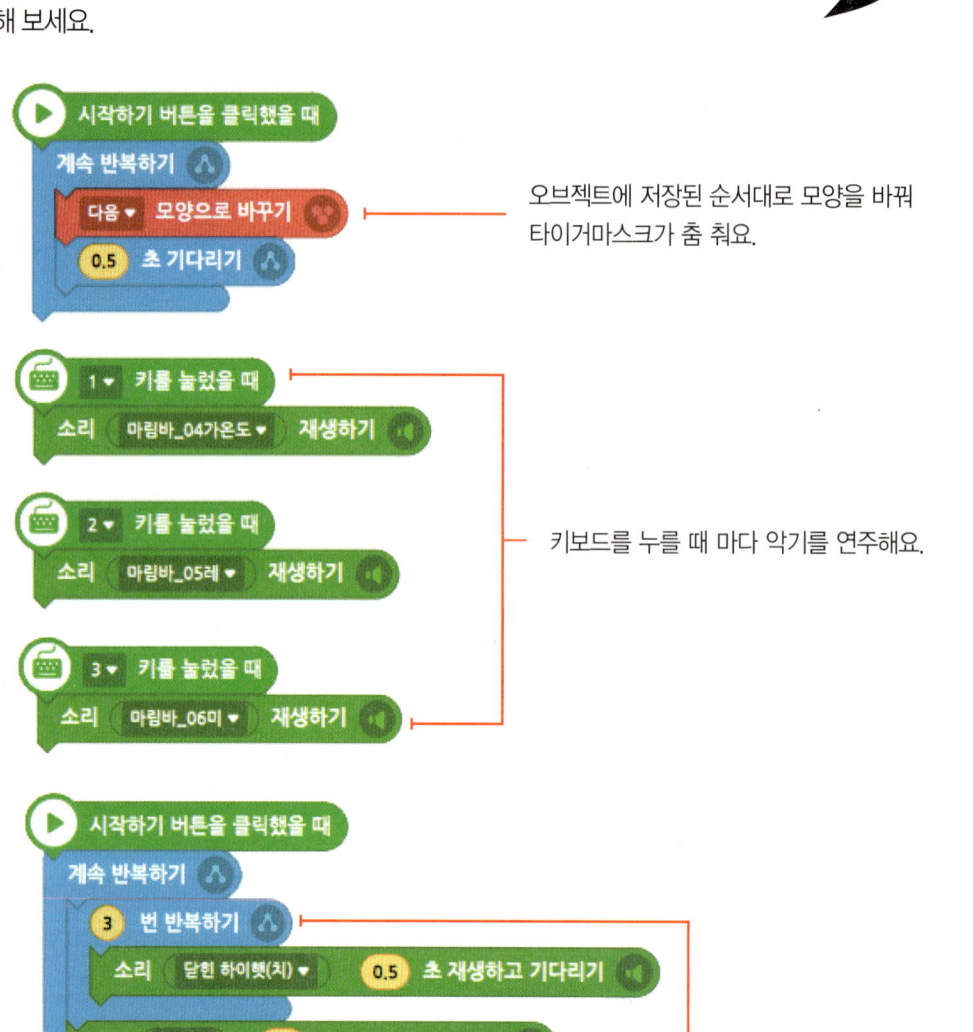

오브젝트에 저장된 순서대로 모양을 바꿔 타이거마스크가 춤 춰요.

키보드를 누를 때 마다 악기를 연주해요.

여러가지 소리를 반복해서 재생하여 비트박스를 해요.

● 이번 장에서 배운 중요한 블록을 살펴볼까요? 아래 블록을 보며 각각 어떤 명령어였는지 생각해 봅시다.

종류	설명
q▼ 키를 눌렀을 때	키보드 키가 눌렸을 때 아래 연결된 블록이 실행돼요.
계속 반복하기	안에 연결된 블록이 순서대로 계속 반복 실행돼요.
10 번 반복하기	입력한 횟수만큼 안에 연결된 블록이 반복 실행돼요.
소리 닫힌 하이햇(치)▼ 0.5 초 재생하고 기다리기	입력된 시간만큼 재생이 끝나야 다음 블록이 실행돼요.

● 아래 예시를 참고하여 반복 횟수와 소리, 재생 시간을 바꾸어 나만의 비트박스 리듬을 만들고 연주하는 프로그램을 만들어 보세요.

직접 코딩해 보세요.

숨겨진 컴퓨터 과학 찾기

반복 구조란?

또이! 또이! 앞서 만든 프로그램에서 타이거마스크가 몇 가지의 소리를 계속 내며 비트박스를 연주했어요. 만약에 반복 블록을 사용하지 않고 직접 하나하나씩 명령어 블록을 연결하여 사용했다면 어땠을까요? 매우 복잡하고 번거로웠을 거예요.

우리의 생활 속에서 컴퓨터는 사람 대신에 많은 일을 하고 있어요. 특히 <mark>우리가 하기 귀찮은 반복적인 일들을 사람이 코딩한 대로 컴퓨터가 스스로 해결해 주죠. 이러한 것을 '자동화'라고 해요. 자동화의 핵심 중 하나가 명령어들을 코딩한 횟수 혹은 계속적으로 실행하게 하는 반복 구조</mark>입니다.

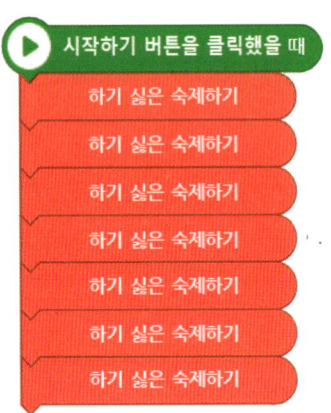
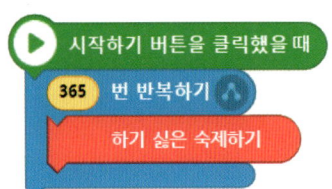

자동화는 우리가 코딩을 배우고 컴퓨터를 이용해서 문제를 해결해야 하는 중요한 이유 중에 하나예요. 왜냐하면 <mark>컴퓨터는 사람이 시킨 일을 굉장히 빠르고 정확하게 지치지 않고 계속할 수 있기 때문이죠.</mark>

생활 속에서 반복적이고 귀찮았던 일들을 반복 구조로 해결해 보면 어떨까요? 반복 구조를 통한 자동화로 해결하고 싶은 문제를 한번 찾아보세요!

어서 피해! 야옹아

쥐의 천적은 누구일까요? 맞아요 고양이죠! 어디서든 쥐는 고양이를 피해 다니고 있어요. 그런데 조금 다른 상황이 벌어졌네요? 엄청나게 크기가 커진 쥐들을 고양이가 힘겹게 피해 다니고 있네요. 불쌍한 고양이를 우리가 도와주면 어떨까요? 쥐를 피해 다니는 고양이 게임을 함께 만들어 볼까요?

완성 작품 살펴보기

완성 파일: 6장_야옹이.ent

필요한 오브젝트 살펴보기

| 고양이 | 쥐 | 거실(3) |

1교시 오브젝트와 배경이 필요해요

01 화면 왼쪽 아래에 있는 오브젝트 목록에서 엔트리봇 오브젝트의 '삭제' 아이콘(☒)을 눌러 오브젝트를 삭제합니다.

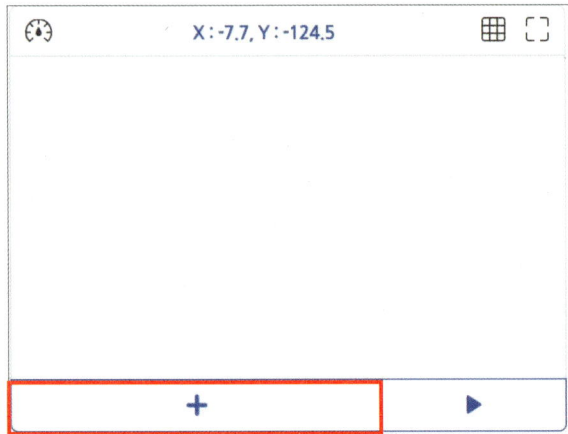

02 오브젝트를 추가하기 위해 ➕를 클릭합니다.

03 '오브젝트 추가하기' 창이 열리면 '배경'을 클릭하고 '거실(3)' 오브젝트를 선택합니다.

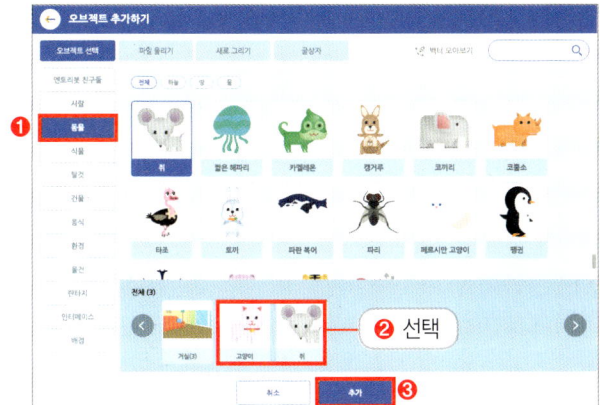

04 '동물'을 클릭하고 '고양이', '쥐'를 선택하고 [추가] 버튼을 클릭합니다.

05 '고양이' 오브젝트를 드래그해서 다음의 그림과 같이 위치를 옮기고 크기 조절점을 드래그해서 크기를 줄입니다. 그리고 '쥐' 오브젝트를 드래그해서 위치를 옮깁니다.

2교시 / 어서 도망쳐, 야옹아

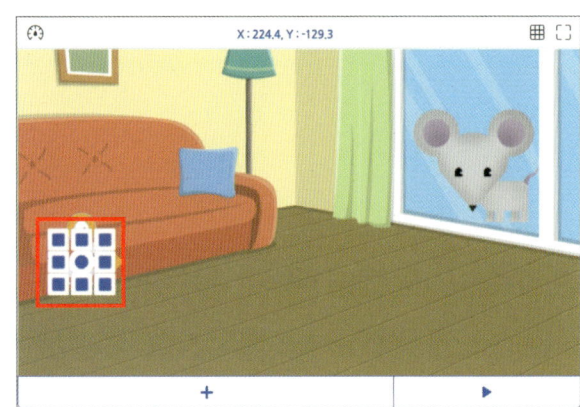

01 '고양이' 오브젝트를 클릭합니다.

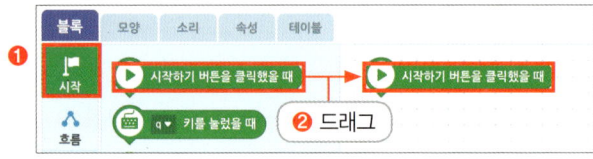

02 [시작] 블록 꾸러미를 클릭하고 `시작하기 버튼을 클릭했을 때` 블록을 가져옵니다.

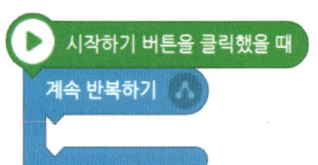

03 [흐름] 블록 꾸러미를 클릭하고 `계속 반복하기` 블록을 연결합니다.

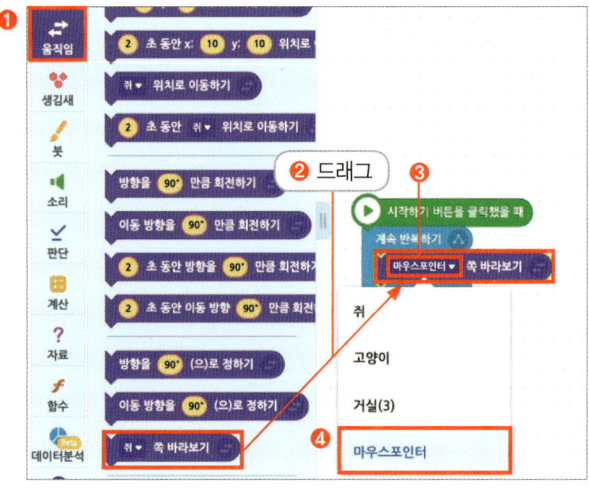

04 [움직임] 블록 꾸러미를 클릭하고 `쥐 쪽 바라보기` 블록을 `계속 반복하기` 안에 끼워 넣습니다. '쥐'를 클릭하고 '마우스포인터'를 클릭해 바꿉니다.

쌤TALK

`마우스포인터 쪽 바라보기` 블록은 오브젝트 방향이 마우스 포인터가 위치한 방향으로 향하도록 만들어요.

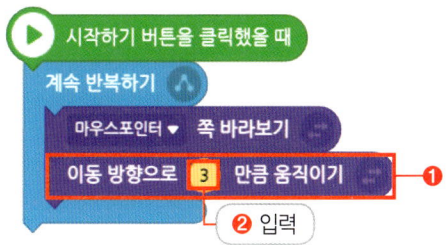

05 [움직임] 블록 꾸러미의 `이동 방향으로 10만큼 움직이기` 블록을 끌어와 `마우스포인터 쪽 바라보기` 블록 아래에 연결합니다. '10'을 '3'으로 바꿔 입력합니다.

쌤TALK
위와 같이 코딩을 하면 마우스를 따라 움직이는 고양이를 만들 수 있어요. `이동 방향으로 3만큼 움직이기` 블록의 '3'은 고양이가 이동하는 속도예요.

06 고양이가 마우스 포인터에 가까이 오면 흔들리는 문제가 생겨요. 지금부터 그 문제를 해결해 볼게요. [흐름] 블록 꾸러미를 클릭하고 `만일 참(이)라면` 블록을 `계속 반복하기` 블록 안에 넣습니다. `마우스포인터 쪽 바라보기` 블록과 `이동 방향으로 3만큼 움직이기` 블록을 `만일 참(이)라면` 블록 안에 넣어요.

쌤TALK
`만일 참(이)라면` 블록은 참 안에 들어가는 조건이 참일 때 명령어가 실행되도록 하는 블록이에요. 이렇듯 조건에 따라 명령어를 실행하도록 하는 것을 '선택 구조'라고 해요. 선택 구조에 대한 자세한 설명은 86쪽을 참고하세요.

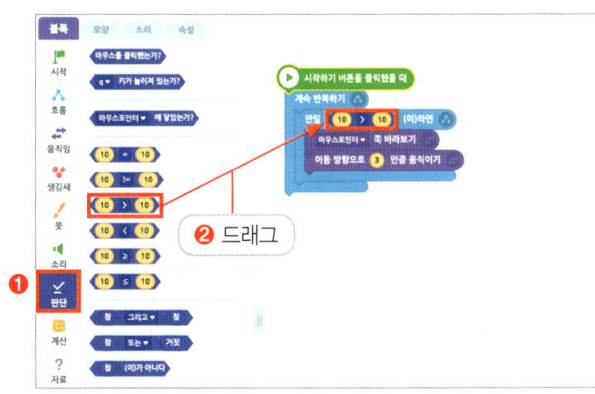

07 [판단] 블록 꾸러미를 클릭하고 `10>10` 블록을 `만일 참(이)라면` 블록의 '참' 자리에 끼워 넣으세요.

쌤TALK
`10>10` 블록은 크기를 비교하고 결과가 참(1)인지 거짓(0)인지 판단하는 블록이에요. 이렇게 참과 거짓을 판단하는 블록은 양 옆이 뾰족하게 생겼어요.

08 [계산] 블록 꾸러미를 클릭하고 `10>10` 블록의 앞 '10' 자리에 `쥐까지의 거리` 블록을 끼워 넣습니다. '쥐'를 클릭해 '마우스포인터'로 바꿉니다.

쌤TALK
고양이가 마우스 포인터와 가까우면 흔들리는 문제를 해결하기 위해 마우스 포인터와 고양이 사이의 거리가 10보다 클 때만 따라오도록 만들었어요.

| 잠 | 깐 | 만 | 요 | 서로 비슷한 모양의 블록끼리 서로 맞출 수 있어요!

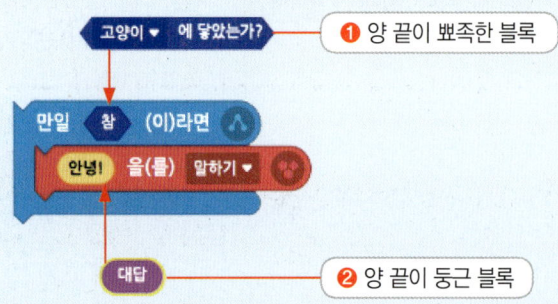

❶ 양 끝이 뾰족한 블록 : 블록이 참(1) 혹은 거짓(0)의 결과 값을 가지고 있어요. 주로 [판단] 블록 꾸러미에서 가져올 수 있고, 상황에 따라 참 혹은 거짓이 될 수도 있는 블록이에요. 특히 아래 그림의 블록은 여러 개의 [판단] 블록을 연결해서 그 결과가 참 혹은 거짓인지 판단하는 값을 가지는 블록이에요.

❷ 양 끝이 둥근 블록 : 블록이 숫자 혹은 문자 값을 가지고 있어요. 변수에 저장된 값이나, 더하기 혹은 빼기를 한 계산 결과, 오브젝트의 위치 등과 같은 값이 저장되어 있어요. 주로 [계산] 블록 꾸러미나 [자료] 블록 꾸러미 안에 있어요.

3교시 / 거대한 쥐를 만들어요

01 '쥐' 오브젝트를 클릭합니다.

02 [시작] 블록 꾸러미에서 `시작하기 버튼을 클릭했을 때` 블록을 끌어와 가져오고 [흐름] 블록 꾸러미에서 `계속 반복하기` 블록을 끌어와 연결합니다.

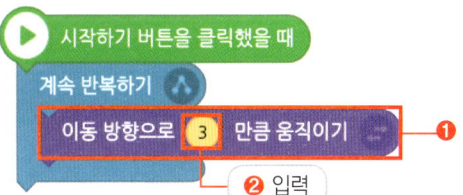

03 [움직임] 블록 꾸러미에서 `이동 방향으로 10만큼 움직이기` 블록을 끌어와서 연결합니다. '10'을 '3'으로 바꿔 입력합니다.

쌤 TALK
`이동 방향으로 3만큼 움직이기` 블록의 '3'은 쥐가 움직이는 속도예요.

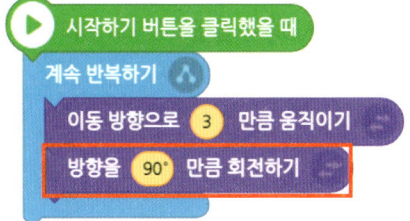

04 [움직임] 블록 꾸러미를 클릭하고 `방향을 90°만큼 회전하기` 블록을 끌어와 연결합니다.

쌤 TALK
쥐가 이동을 할 때 예측할 수 없는 방향으로 이동하도록 방향을 계속 바꿔 볼게요.

05 [계산] 블록 꾸러미를 클릭하고 `0부터 10 사이의 무작위 수` 블록을 끌어와 `방향을 90°만큼 회전하기` 블록의 '90' 자리에 끼워 넣습니다. '0부터 10'을 '-15부터 15'로 바꿉니다.

> **쌤 TALK**
> -15는 0보다 15 작다는 뜻이에요. 이 블록을 사용하면 블록이 실행될 때마다 -15에서 15 사이의 숫자가 랜덤으로 선택돼요.

06 [움직임] 블록 꾸러미를 클릭하고 `화면 끝에 닿으면 튕기기` 블록을 가져와 연결합니다.

> **쌤 TALK**
> `화면 끝에 닿으면 튕기기` 블록은 오브젝트가 실행화면 끝까지 갔다가 회전 방식( )에 따라 방향이나 이동 방향을 바꿔요.

07 [흐름] 블록 꾸러미를 클릭하고 `만약 참이라면` 블록을 가져와 `화면 끝에 닿으면 튕기기` 블록 아래에 연결합니다.

08 [판단] 블록 꾸러미를 클릭하고 `만약 참이라면` 블록의 '참' 자리에 `마우스포인터에 닿았는가?` 블록을 가져와 넣습니다. '마우스포인터'를 클릭해 '고양이'로 바꿉니다.

> **쌤 TALK**
> 프로그램이 실행되는 동안 쥐가 고양이에 닿았는지 계속 확인하고, 만약 쥐가 고양이에 닿으면 게임을 종료해요.

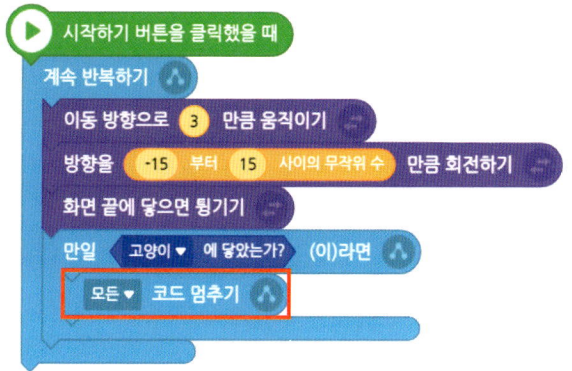

09 [흐름] 블록 꾸러미를 클릭하고 모든 코드 멈추기 블록을 가져와 연결합니다.

10 오브젝트 목록에서 '쥐' 오브젝트를 마우스 오른쪽 버튼으로 클릭합니다. '복제'를 클릭해 오브젝트를 복제합니다. 같은 방법으로 3마리를 복제하세요.

오브젝트를 복제하면 오브젝트 속의 명령어들도 모두 복제돼요. '복제' 기능을 이용하면 똑같은 역할을 하는 오브젝트를 여러 개 만들 때 사용하면 편해요. 쥐의 숫자가 많을수록 피하기는 어려워지므로 게임의 난이도 조절을 위해서 여러 번 복제해 사용할 수도 있어요.

11 실행화면에서 ▶를 클릭해 프로그램을 실행합니다. 마우스를 따라 움직이는 고양이와 무작위로 움직이는 쥐를 확인할 수 있습니다.

DAY 06에서 사용한 오브젝트와 블록을 정리했으니 살펴보세요. 블록이 조립된 순서를 잘 보고 다른 코딩에도 활용해 보세요.

'고양이' 오브젝트

```
시작하기 버튼을 클릭했을 때
계속 반복하기
  만일 < 마우스포인터▼ 까지의 거리 > 10 > (이)라면
    마우스포인터▼ 쪽 바라보기
    이동 방향으로 3 만큼 움직이기
```

이동 방향이 항상 마우스 포인터 쪽으로 설정돼요.

'쥐' 오브젝트

화면 끝에 닿으면 오브젝트 목록에서 설정한 회전 방식대로 방향을 바꿔요.

모든 코드를 멈추기 때문에 프로그램이 정지해요.

 메모장

● 이번 장에서 배운 중요한 블록을 살펴볼까요? 아래 블록을 보며 각각 어떤 명령어였는지 생각해 봅시다.

종류	설명
만일 참 (이)라면	조건이 참일 경우에 안에 연결된 블록을 실행해요.
쥐▼ 에 닿았는가?	오브젝트나 마우스 포인터, 벽 등에 닿았는지에 대한 참과 거짓 값을 가져요.
마우스포인터▼ 까지의 거리	오브젝트와 마우스 포인터와의 거리 숫자 값을 가져요.
-15 부터 15 사이의 무작위 수	입력한 두 숫자 사이의 무작위 값을 가져요.
화면 끝에 닿으면 튕기기	벽에 닿으면 오브젝트가 튕기도록 해요.
모든▼ 코드 멈추기	오브젝트 혹은 프로그램 전체 코드를 정지시켜요.

● 커다란 쥐들 사이를 피하는 고양이 게임을 좀 더 발전시켜 볼까요? 아래의 예시를 참고하여 게임을 누가 더 잘했는지 비교하기 위해 '변수'에 피할 시간을 저장하고 출력해 보세요.

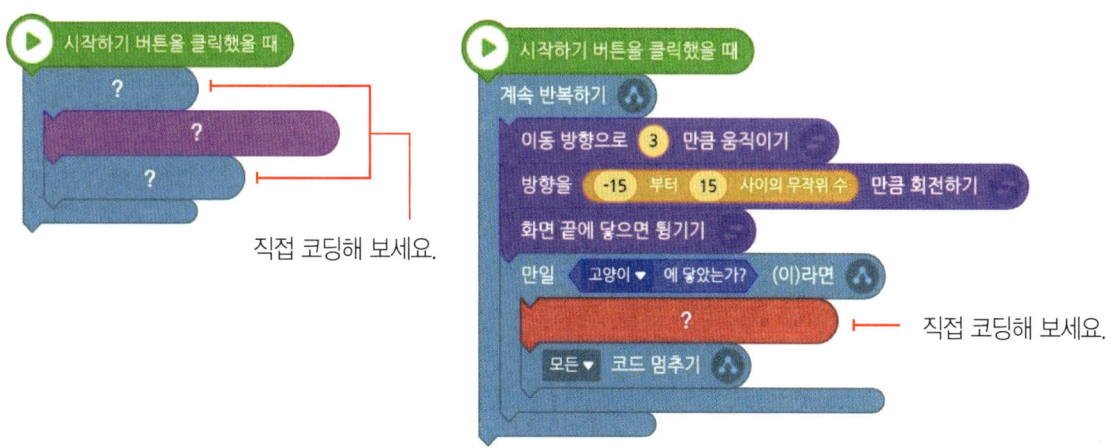

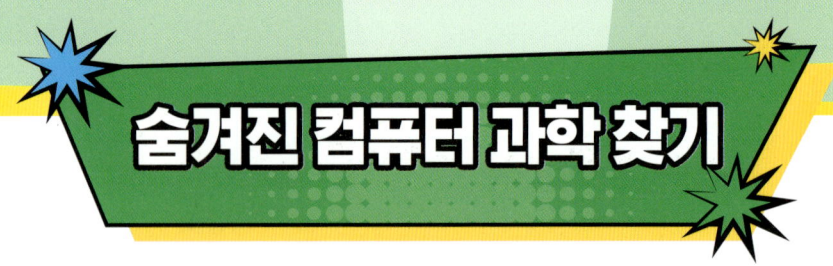

숨겨진 컴퓨터 과학 찾기

선택 구조, 참과 거짓

우리가 만든 '어서 피해! 야옹아' 게임에서 가장 중요한 것은 고양이가 쥐에 닿았는지 확인하는 것이에요. 만약 고양이가 쥐에 닿았다면 게임을 종료시키지요. 그렇다면 고양이가 쥐에 닿았는지 닿지 않았는지 어떻게 판단할 수 있었던 것일까요?

쥐 피하기 게임에서는 코딩의 중요한 구조 중에 하나인 '선택 구조'를 활용하였어요. 선택 구조란, 어떤 사건이 사실인지 확인해서 참일 때 혹은 거짓일 때 각각 다른 명령어가 실행되도록 하는 것이며 게임이나 앱 등에서 다양하게 활용됩니다.

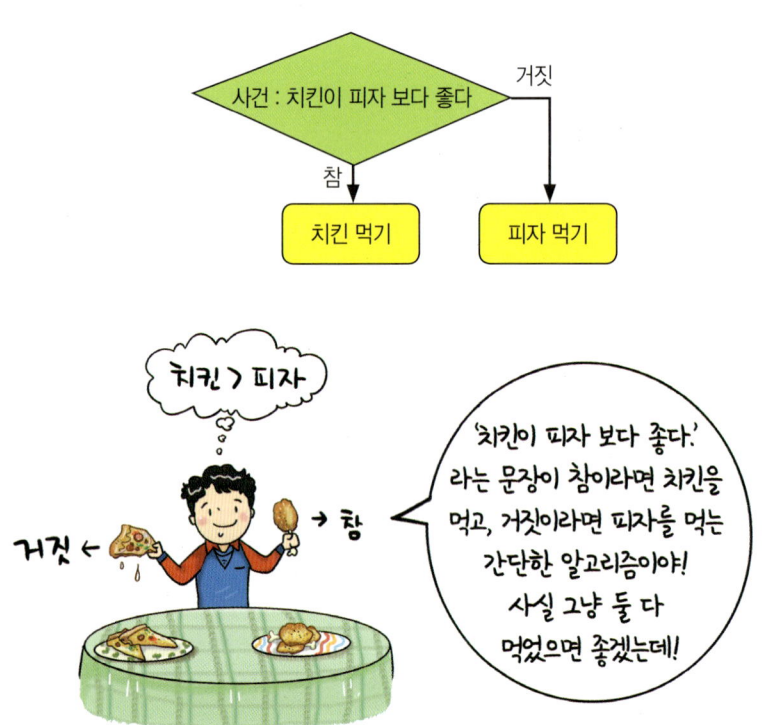

이 게임에서는 '쥐가 고양이에 닿았는가?'라는 사건이 참일 때 모든 프로그램을 종료하게 했어요. 참일 때 실행되는 명령어를 코딩한 거죠. 아래와 같이 만약 <참> 이라면 / 아니면 블록을 사용하면 거짓일 때 실행되는 명령어도 코딩할 수 있습니다.

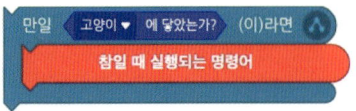 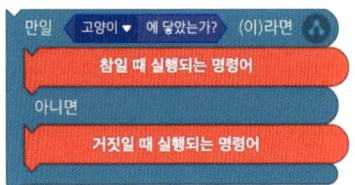

생일 선물을 받고 싶어요

여러분이 받고 싶은 생일 선물은 무엇인가요? 게임기, 스마트폰, 태블릿, 장난감 블록 등 여러 종류의 선물이 있죠, 잠깐! 그런데 여러분 부모님께 생일 선물을 사달라고 조를 때는 어떻게 하나요? 늘 하던 방법이 아닌 새로운 방법을 써보는 건 어떨까요? 여러 종류의 생일 선물을 기억해 두었다가 말하는 프로그램을 함께 만들어 볼게요.

완성 작품 살펴보기

완성 파일 7장_생일선물.ent

필요한 오브젝트 살펴보기

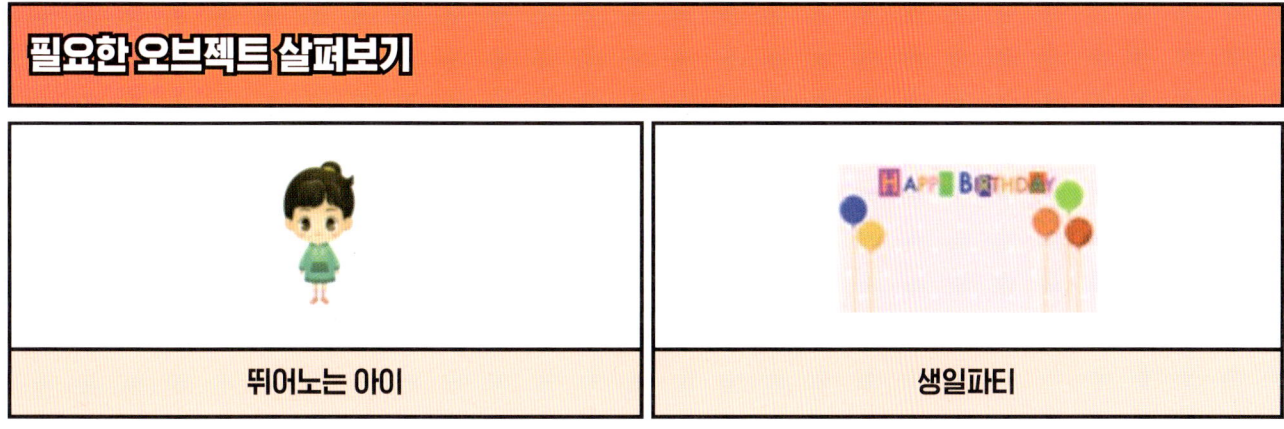

뛰어노는 아이 | 생일파티

1교시 / 오브젝트와 배경이 필요해요

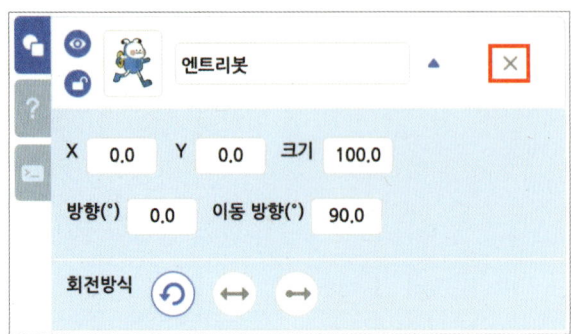

01 화면 왼쪽 아래에 있는 오브젝트 목록에서 엔트리봇 오브젝트의 '삭제' 아이콘(☒)을 눌러 오브젝트를 삭제합니다.

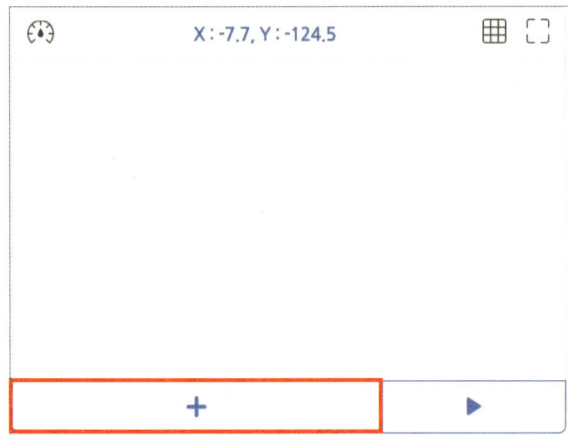

02 오브젝트를 추가하기 위해 ➕를 클릭합니다.

03 '오브젝트 추가하기' 창이 열리면 '배경'을 클릭하고 '생일파티' 오브젝트를 클릭해 선택합니다.

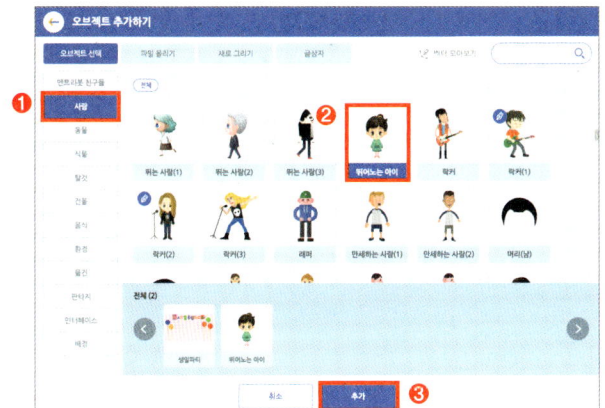

04 '사람'을 클릭하고 '뛰어노는 아이' 오브젝트를 선택한 후 [추가] 버튼을 클릭합니다.

05 '뛰어노는 아이' 오브젝트를 드래그해서 다음의 그림과 같이 위치를 옮기고 크기 조절점을 드래그해서 크기를 키웁니다.

2교시 / 받고 싶은 생일 선물을 저장해요

01 '뛰어노는 아이' 오브젝트를 클릭합니다.

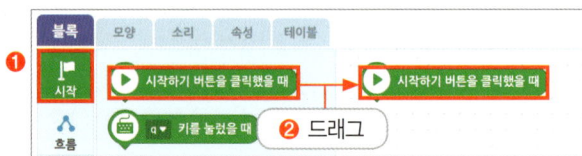

02 [시작] 블록 꾸러미에서 시작하기 버튼을 클릭했을 때 블록을 가져옵니다.

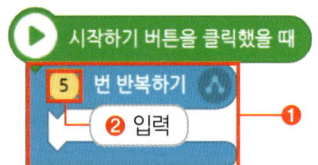

03 [흐름] 블록 꾸러미를 클릭하고 10번 반복하기 블록을 연결한 다음 '10'을 '5'로 바꿔 입력합니다.

쌤 TALK

5개의 생일 선물을 입력 받고 저장하기 위해 5번 반복하기 블록을 사용해요.

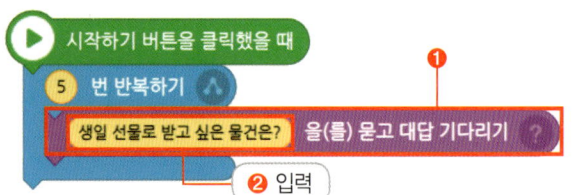

04 [자료] 블록 꾸러미를 클릭하고 안녕!을(를) 묻고 대답 기다리기 블록을 5번 반복하기 블록 안에 끼워 넣습니다. '안녕!'을 클릭해 '생일 선물로 받고 싶은 물건은?'을 입력합니다.

05 [자료] 블록 꾸러미의 [리스트 만들기] 버튼을 클릭합니다.

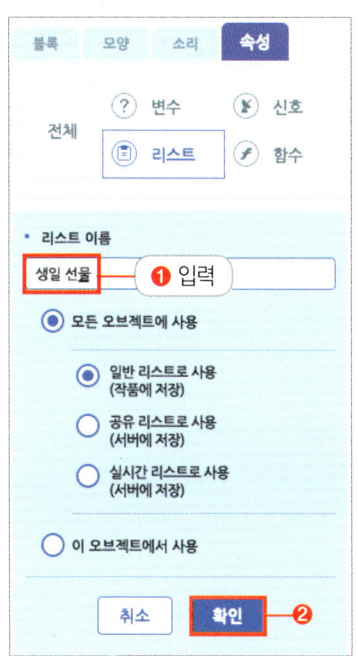

06 '리스트 이름' 항목에 '생일 선물'이라고 입력하고 [확인] 버튼을 클릭합니다.

쌤TALK

DAY 04에서 배운 '변수'를 기억하나요? 변수는 한 공간에 한 개의 정보만 저장할 수 있었어요. 생일 선물을 한 개만 저장하면 아쉬우니 여러 개의 정보를 저장하기 위해서 리스트를 만들었어요. 리스트에 대한 자세한 설명은 99쪽을 참고하세요.

07 실행화면 리스트의 아래 크기 조절점을 클릭하여 크기를 다음 그림과 같이 바꾸고 '뛰어노는 아이' 오브젝트 옆으로 드래그하여 위치를 옮깁니다.

08 [블록] 탭을 클릭한 후 `10 항목을 생일선물에 추가하기` 블록을 끌어와 `5번 반복하기` 블록 안에 연결합니다.

> **쌤 TALK**
>
> 리스트 관련 블록은 처음에는 보이지 않다가 리스트를 만들면 생겨요. `10 항목을 생일 선물에 추가하기` 블록은 '10' 또는 '10 위치에 있는 입력한 정보'를 순서대로 리스트에 저장해요.

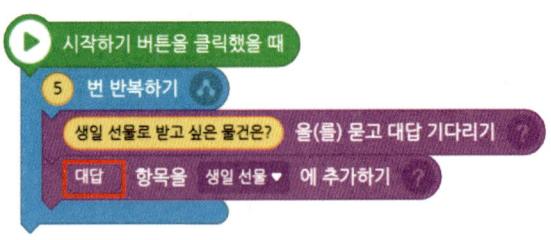

09 [자료] 블록 꾸러미의 `대답` 블록을 가져와 `10 항목을 생일선물에 추가하기` 블록의 '10' 자리에 끼워 넣습니다.

> **쌤 TALK**
>
> 우리가 키보드로 입력한 정보는 처음에는 대답에 저장되고, 대답에 저장된 정보가 다시 리스트 공간에 순서대로 저장돼요. 프로그램을 실행하면 5번 반복해서 5개의 생일 선물이 순서대로 리스트에 저장될 거예요.

잠|깐|만|요! 리스트에는 정보와 위치가 함께 저장돼요!

리스트에 저장된 정보를 보면 앞에 숫자가 있는 걸 볼 수 있어요. 이 숫자가 정보의 위치가 돼요.

리스트를 만든 후에 생기는 블록들을 아래 목록에서 보면 위치를 활용하여 정보를 바꾸거나 추가, 삭제하는 것을 볼 수 있어요.

항목	설명
`10 항목을 생일선물▼ 에 추가하기`	숫자나 문자 정보를 리스트에 차례대로 저장해요.
`1 번째 항목을 생일선물▼ 에서 삭제하기`	입력한 위치의 정보를 삭제해요.
`10 을(를) 생일선물▼ 의 1 번째에 넣기`	숫자나 문자 정보를 입력한 위치에 저장하고 다른 정보들의 위치를 뒤로 미뤄요.
`생일선물▼ 1 번째 항목을 10 (으)로 바꾸기`	입력한 위치의 정보를 바꿔요.
`생일선물▼ 항목 수`	리스트에 들어있는 정보의 수 값을 가져요.
`생일선물▼ 에 10 이 포함되어 있는가?`	입력한 정보가 리스트에 있으면 참과 없으면 거짓 값을 가져요.

3교시 생일 선물을 얘기해요

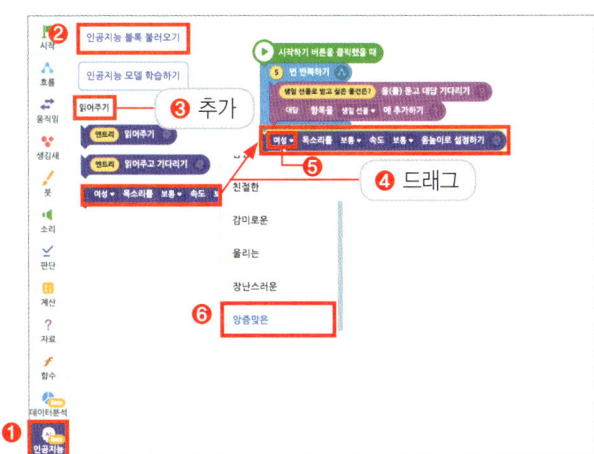

01 [인공지능] 블록 꾸러미를 클릭하고 [인공지능 블록 불러오기] 버튼을 클릭합니다. [읽어주기] 블록을 추가합니다.
여성 목소리를 보통 속도 보통 음높이로 설정하기 블록을 가져와 연결한 뒤 '여성'을 '앙증맞은'으로 바꿉니다.

> **쌤TALK**
> 엔트리 오프라인 에디터를 사용할 경우 [인공지능] 블록을 가져오는 화면이 책과 다를 수 있으니 온라인에서 실습할 것을 권장해요.

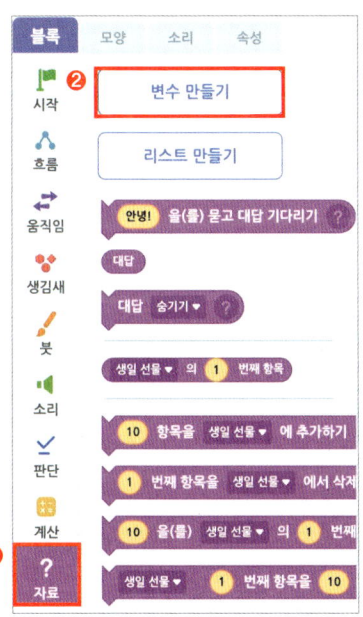

02 [자료] 블록 꾸러미에서 [변수 만들기] 버튼을 클릭합니다.

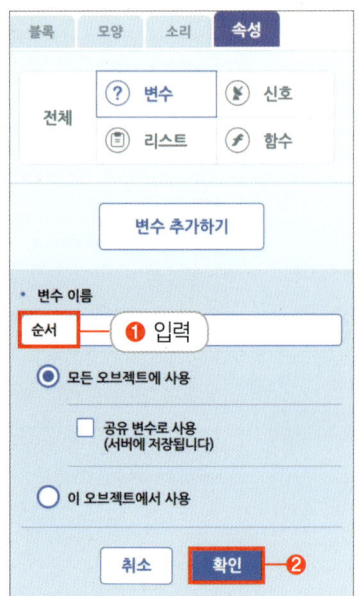

03 '변수 이름' 항목에 '순서'를 입력한 후 [확인] 버튼을 클릭하여 변수를 만듭니다.

> **쌤 TALK**
> 리스트에는 여러 개의 정보가 순서대로 어디에 저장되어 있는지 위치와 함께 저장돼요. 리스트의 위치를 활용하기 위해 '순서'라는 변수를 만들었어요.

04 [자료] 블록 꾸러미를 클릭하고 `순서를 10(으)로 정하기` 블록을 가져와 연결합니다. '10'을 '1'로 바꿔 입력합니다.

> **쌤 TALK**
> 리스트에 저장된 생일 선물의 위치를 확인하기 위한 변수예요. 첫 번째 선물을 확인하기 위해 순서를 1로 저장해요.

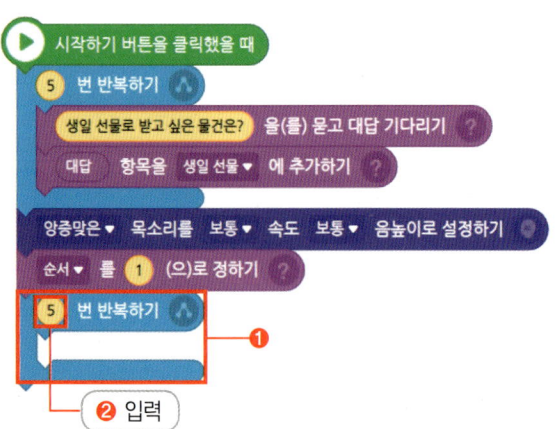

05 [흐름] 블록 꾸러미에서 `10번 반복하기` 블록을 가져와 연결합니다. '10'을 '5'로 바꿔 입력합니다.

> **쌤 TALK**
> 5개의 생일 선물을 리스트에 저장했기 때문에 리스트에 저장된 정보를 읽어 줄 때도 5번 반복해요.

94 ■ [기적 특강] 2주 완성 엔트리 코딩

06 [인공지능] 블록 꾸러미의 엔트리 읽어주고 기다리기 블록을 끌어와 연결합니다.

07 [자료] 블록 꾸러미에서 생일 선물의 1번째 항목 블록을 가져와 '엔트리' 자리에 끼워 넣습니다.

08 [자료] 블록 꾸러미의 순서 값 블록을 끌어와 '1' 자리에 넣습니다.

쌤TALK
순서 값 변수에는 '1'이 저장되어 있어요. 그래서 생일선물 리스트의 1번째 저장된 정보를 읽어주고 기다려요.

09 [자료] 블록 꾸러미에서 순서에 10만큼 더하기 블록을 가져와 생일 선물의 순서 값 번째 항목 읽어주고 기다리기 블록 아래에 연결합니다. '10'을 '1'로 바꿔 입력합니다.

쌤TALK
순서 변수에 1씩 더해서 생일 선물 리스트에 저장된 다음 정보로 넘어가게 하는 블록을 만들었어요.

❶
❷ 입력

DAY 07 생일 선물을 받고 싶어요 ■ 95

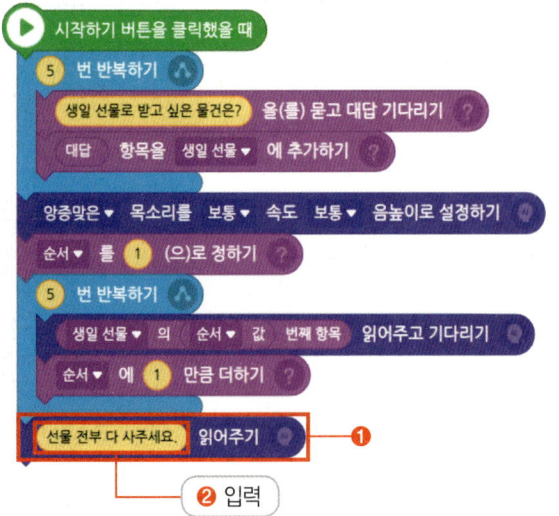

10 [인공지능] 블록 꾸러미에서 엔트리 읽어주기 블록을 가져와 블록 가장 아래에 연결합니다. '엔트리'를 '선물 전부 다 사주세요.'로 바꿔 입력합니다.

11 ▶를 눌러 프로그램을 실행합니다. 원하는 생일 선물을 입력 받아 저장하고 하나씩 말하는 프로그램을 확인할 수 있습니다.

DAY 07에서 사용한 오브젝트와 블록을 정리했으니 살펴보세요. 블록이 조립된 순서를 잘 보고 다른 코딩에도 활용해 보세요.

'뛰어노는 아이' 오브젝트

5번 반복해서 입력받은 정보를 리스트에 저장해요.

순서의 위치에 있는 리스트 정보를 읽어주고 순서에 1씩 더해서 5번 다음 정보를 읽어줘요.

 메모장

완성의 재미

○ 이번 장에서 배운 중요한 블록을 살펴볼까요? 아래 블록을 보며 각각 어떤 명령어였는지 생각해 봅시다.

종류	설명
안녕! 을(를) 묻고 대답 기다리기	키보드를 이용해서 정보를 입력받고 '대답'에 저장해요.
10 항목을 생일 선물 에 추가하기	리스트에 입력된 정보를 순서대로 저장해요.
생일 선물 의 10 번째 항목	리스트의 저장된 위치에 있는 정보값을 가져요.
순서 에 1 만큼 더하기	변수값에 1을 더해요.
엔트리 읽어주기	입력된 정보를 소리내어 읽어요.
엔트리 읽어주고 기다리기	입력된 정보를 소리내어 끝까지 읽고 다음 블록을 실행해요.

○ 선물을 5개만 받으려니 너무 아쉽네요. 선물을 더 많이 저장하고 더 많이 말하게 하려면 어떻게 해야 할까요? 아래의 예시를 참고하여 프로그램이 시작되면 먼저 ❶ **몇 개의 선물을 입력 받고 저장할 것인지 물어 보고** ❷ **입력한 만큼 반복하여 저장하고 말하도록** 프로그램을 만들어 보세요.

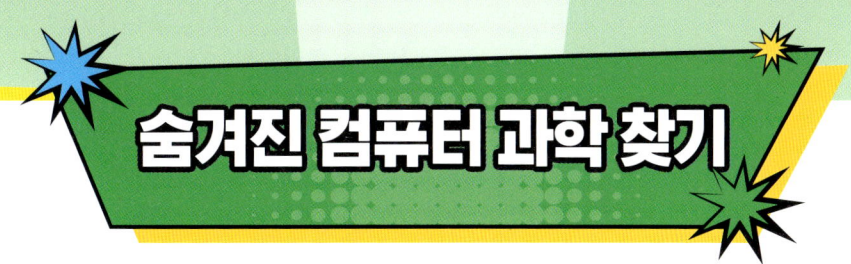

숨겨진 컴퓨터 과학 찾기

리스트, 여러 정보 저장이란?

앞서 만든 프로그램에서 생일 선물을 저장하기 위해 '리스트'라는 공간을 사용했어요. 1개의 정보를 저장하기 위해 사용했던 '변수'와는 다르게 리스트는 여러 개의 정보를 저장할 수 있었죠. 리스트에는 또 어떤 특징이 있을까요?

컴퓨터는 정보를 다루는 도구예요. 정보를 저장하고 필요할 때 꺼내 쓰기도 하는데, 많은 정보를 저장하고 쉽게 꺼내 쓰기 위해서는 어떻게 해야 할까요? 도서관에 있는 수많은 책을 예로 들어 볼게요. 도서관에서는 책을 찾기 쉽게 종류에 따라 서로 다른 책꽂이에 위치를 정해두고 보관하죠. 리스트도 마찬가지예요.

리스트는 여러 개의 정보를 저장할 수 있을 뿐만 아니라 저장하는 위치를 기억해서 원하는 정보를 바로 불러올 수 있어요. 그리고 여러 개의 리스트를 만들면 정보의 종류에 따라 따로 관리할 수도 있어요. 예를 들어 여러분이 인터넷에서 홈페이지에 로그인할 때 사용하는 아이디와 비밀번호도 홈페이지에 리스트와 유사한 형태로 각각 저장해서 관리한다고 할 수 있죠.

집중력을 테스트 해요

빠르게 휙휙 지나가는 단어나 그림을 기억하는 집중력을 테스트하는 게임을 해본 적이 있나요? 눈 깜빡할 사이에 지나가는 단어나 그림 문제를 기억하는 것은 쉬운 일이 아니죠. 특히 많은 수의 문제가 나오는 경우에는 더욱 어려워요. 그렇다면 집중력을 기를 수 있는 게임을 직접 만들어 보는 건 어떨까요? 여러 단어를 빠른 속도로 보여주고 확인해 보는 프로그램을 함께 만들어 볼까요?

완성 작품 살펴보기

완성 파일 8장_집중력테스트.ent

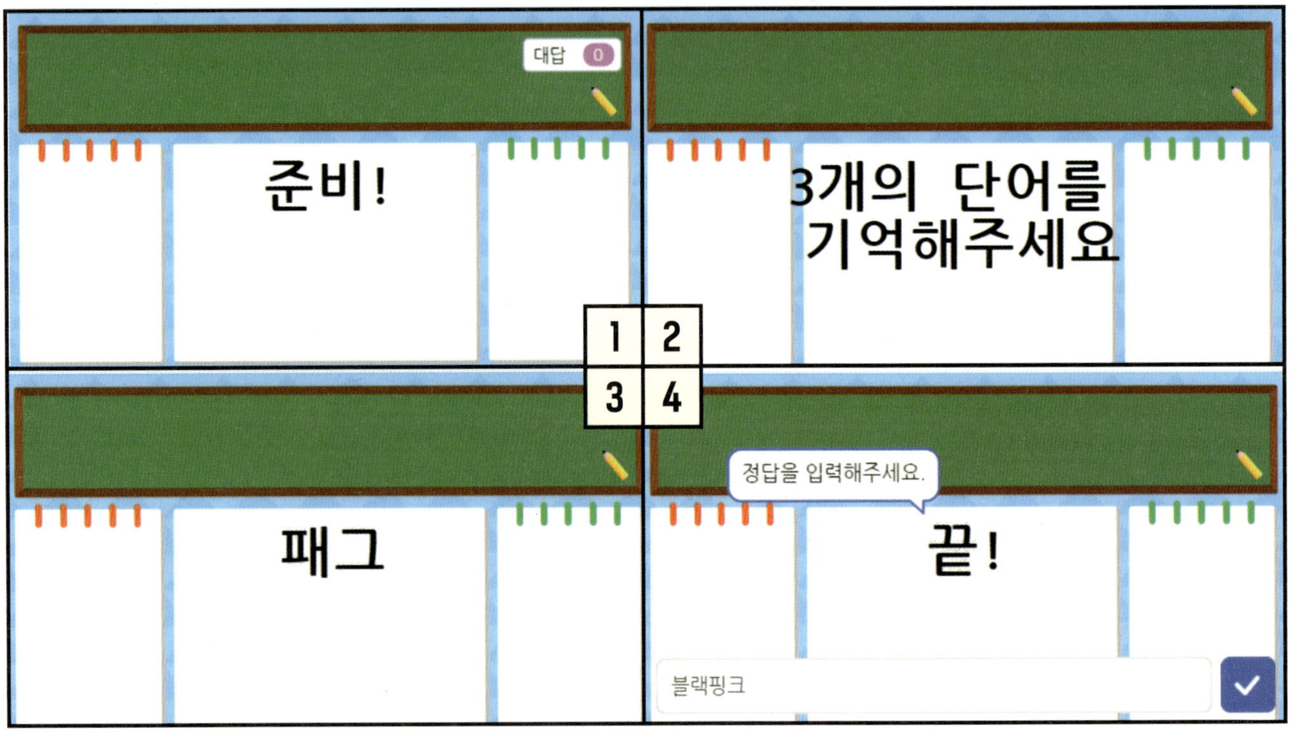

필요한 오브젝트 살펴보기

|  글상자 | 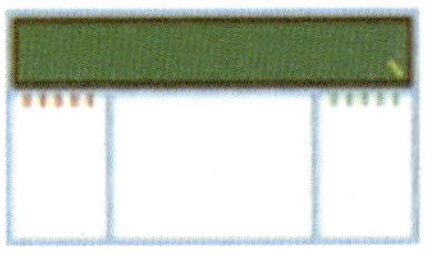 나의 공책 |

1교시 / 오브젝트와 배경이 필요해요

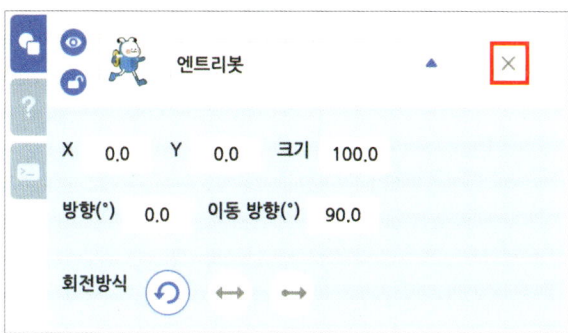

01 화면 왼쪽 아래에 있는 오브젝트 목록에서 엔트리봇 오브젝트의 '삭제' 아이콘(☒)을 눌러 오브젝트를 삭제합니다.

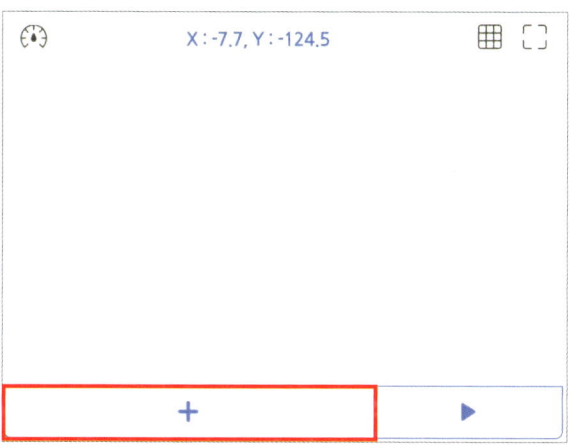

02 오브젝트를 추가하기 위해 ➕를 클릭합니다.

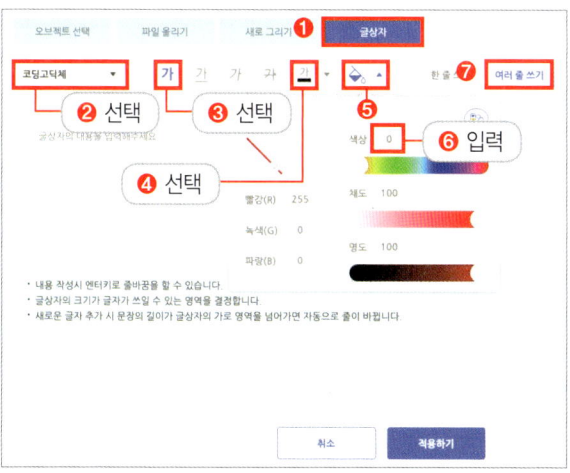

03 '오브젝트 추가하기' 창이 열리면 [글상자] 탭을 클릭하고 '코딩고딕체', '진하게', '검정색'을 선택합니다. '배경색' 아이콘(◆)을 클릭하고 '색상'에 '0'을 입력하여 배경을 투명하게 만듭니다. [여러 줄 쓰기] 버튼을 클릭해서 텍스트가 줄 바꿈이 되도록 합니다.

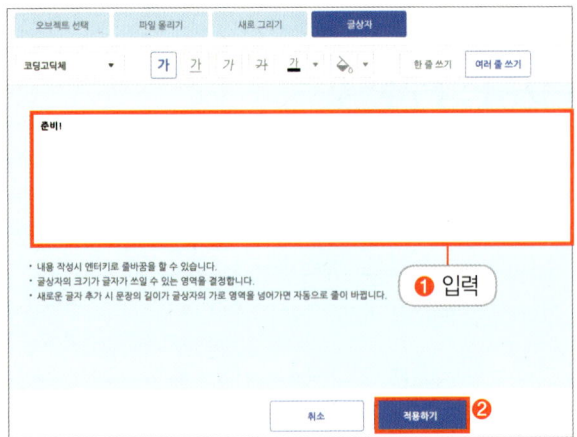

04 '글상자 내용'에 '준비!'를 입력하고 [적용하기] 버튼을 눌러 글상자 오브젝트를 추가합니다.

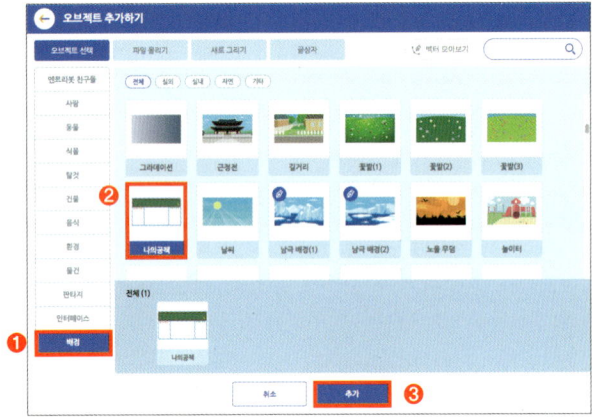

05 배경 오브젝트를 추가하기 위해 실행화면에서 ➕를 한 번 더 클릭합니다. '오브젝트 추가하기' 창에서 '배경'을 클릭하고 '나의공책' 오브젝트를 찾아 클릭한 뒤 [추가] 버튼을 눌러 배경을 추가합니다.

06 실행화면에서 '준비!(글상자)' 오브젝트를 드래그해서 다음의 그림과 같이 위치를 옮기고 크기 조절점을 드래그해서 크기를 조절합니다.

2교시 / 문제를 리스트에 몰래 저장해요

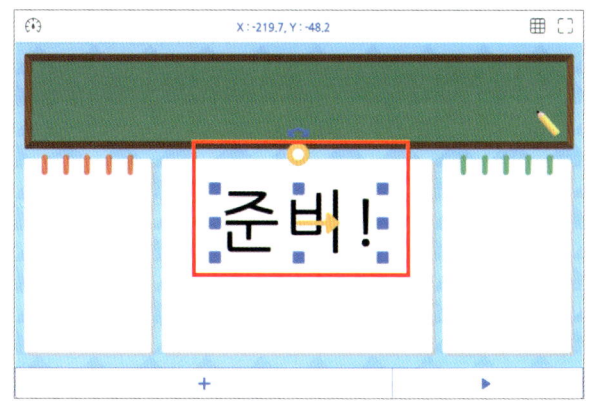

01 '준비!(글상자)' 오브젝트를 클릭합니다.

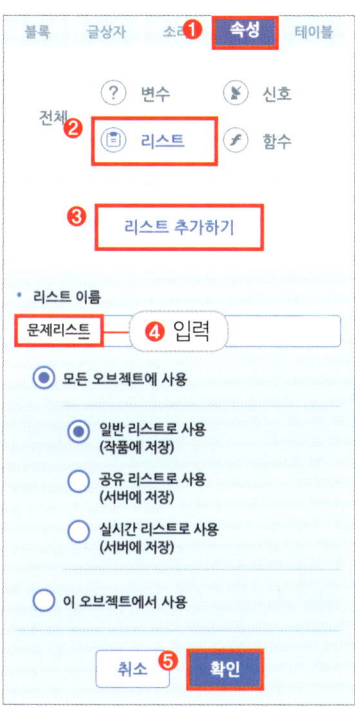

02 [속성] 탭을 클릭하고 여러 개의 단어를 입력하기 위해 '리스트'를 클릭한 다음 [리스트 추가하기] 버튼을 클릭합니다. '리스트 이름' 항목에 '문제리스트'를 입력하고 [확인] 버튼을 클릭합니다.

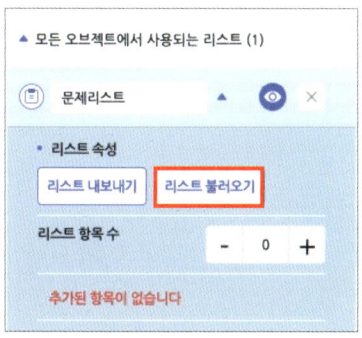

03 '리스트 속성' 항목의 [리스트 불러오기] 버튼을 클릭합니다.

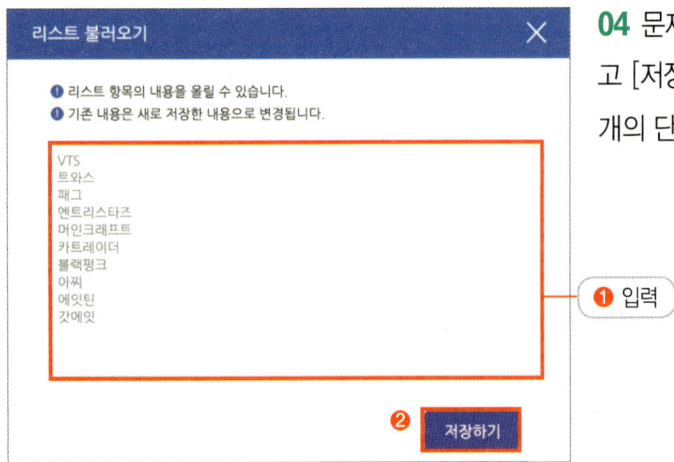

04 문제로 사용할 단어 10개를 입력하고 [저장하기] 버튼을 눌러 리스트에 10개의 단어를 추가합니다.

> **쌤TALK**
>
> 리스트에 저장될 정보는 블록 명령어를 통해서 입력할 수 있지만 **04**와 같은 방법으로 바로 입력할 수도 있어요. '리스트 불러오기'를 해서 여러분이 필요한 정보를 붙여넣기하면 많은 정보를 더 쉽게 리스트에 저장할 수 있어요.

05 리스트 이름 옆에 있는 👁 아이콘을 클릭합니다.

06 실행화면에서 리스트를 숨겼습니다.

> **쌤TALK**
>
> 리스트가 실행화면에 보인다면 게임의 답을 알려주는 것이기 때문에 리스트를 실행화면에서 숨겼어요.

3교시 빠른 속도로 문제를 보여줘요

01 [블록] 탭을 클릭하고 [시작] 블록 꾸러미에서 `q키를 눌렀을 때` 블록을 끌어 옵니다. 'q'를 클릭해 '스페이스'로 바꾸세요.

쌤TALK
키보드에서 Space 키를 직접 눌러 선택해도 되고 'q'를 클릭한 후 나타나는 목록에서 찾아도 돼요.

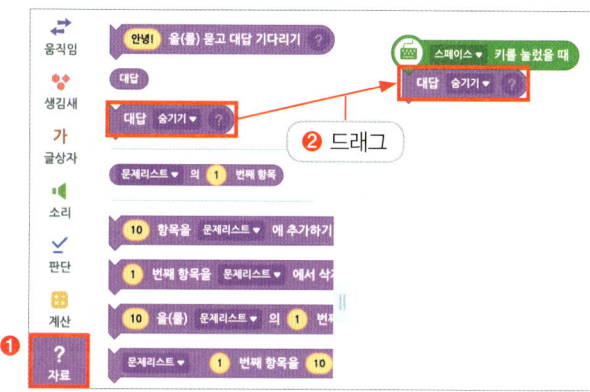

02 [자료] 블록 꾸러미를 클릭하고 `대답 숨기기` 블록을 가져와 연결합니다.

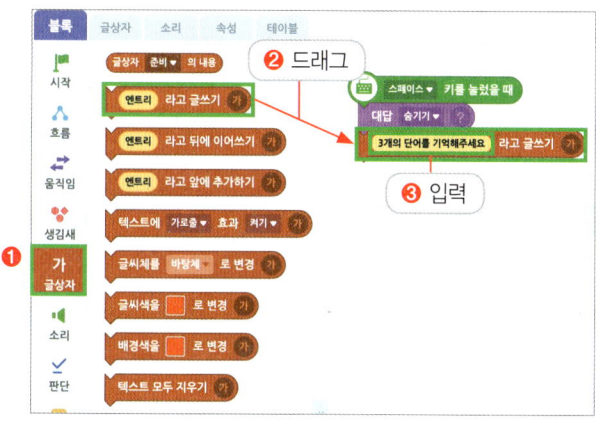

03 [글상자] 블록 꾸러미를 클릭하고 `엔트리라고 글쓰기` 블록을 가져와 연결합니다. '엔트리'를 클릭해 지우고 '3개의 단어를 기억해주세요'를 입력합니다.

쌤TALK
[글상자] 블록 꾸러미는 '글상자' 오브젝트를 선택했을 때만 나타나요.

| 잠|깐|만|요 | **다양한 텍스트를 자유롭게 표현하는 방법**

'글상자' 오브젝트를 활용하면 다양한 텍스트들을 자유롭게 표현할 수 있어요. 예를 들어 아래의 그림과 같이 '글상자' 오브젝트의 앞이나 뒤에 이어 쓰는 블록을 이용하면 글이 하나씩 써지는 효과를 낼 수 있어요.

[글상자] 블록을 더 알아볼까요? 글상자 블록을 잘 활용한다면 재미있는 효과를 낼 수 있어요.

항목	설명
글상자 준비! ▼ 의 내용	글상자의 내용을 값으로 활용해서 변수 등 다양한 곳에 활용할 수 있어요.
엔트리 라고 글쓰기	글상자 전체를 입력된 텍스트로 바꿔요.
엔트리 라고 뒤에 이어쓰기 / 엔트리 라고 앞에 추가하기	현재 글상자의 앞이나 뒤에 텍스트를 추가해요.
텍스트 모두 지우기	글상자의 텍스트를 모두 지워요.

04 [흐름] 블록 꾸러미를 클릭하고 `2초 기다리기` 블록을 가져와 연결합니다.

쌤TALK
'3개의 단어를 기억해주세요' 글상자가 나타난 후 다음 텍스트로 바꾸기 전까지 2초 기다리는 블록이에요.

05 [글상자] 블록 꾸러미를 클릭하고 `엔트리라고 글쓰기` 블록을 가져와 연결합니다. '엔트리'를 '시작!'으로 바꿔 입력합니다.

❶
❷ 입력

06 [흐름] 블록 꾸러미를 클릭하고 `2초 기다리기` 블록과 `10번 반복하기` 블록을 연결합니다. '10'을 '20'으로 입력해서 20번 반복할 수 있도록 합니다.

> **쌤 TALK**
> 리스트에 저장된 단어를 20번 보여 주기 위해 `20번 반복하기` 블록을 사용해요.

07 [글상자] 블록 꾸러미를 클릭하고 `엔트리라고 글쓰기` 블록을 가져와 `20번 반복하기` 블록 안에 끼워 넣습니다.

08 [자료] 블록 꾸러미를 클릭하고 `문제리스트의 1번째 항목` 블록을 가져와 '엔트리' 자리에 끼워 넣습니다.

09 [계산] 블록 꾸러미를 클릭하고 `0부터 10 사이의 무작위 수` 블록을 가져와 `문제리스트의 1번째 항목` 블록의 '1' 자리에 넣습니다. '0'을 '1'로 바꿔 줍니다.

> **쌤 TALK**
> 리스트에 10개의 정보만 저장했기 때문에 무작위 수의 범위가 1~10을 넘으면 오류가 생기고 프로그램이 멈춰요.

10 [흐름] 블록 꾸러미에서 `2초 기다리기` 블록을 가져와 `20번 반복하기` 블록 안에 넣고 '2'를 '0.1'로 바꿉니다. [글상자] 블록 꾸러미에서 `엔트리라고 글쓰기` 블록을 가져와 연결하고 '엔트리'를 '끝!'으로 바꿔 입력합니다.

> **쌤 TALK**
> `0.1초 기다리기` 블록의 숫자 값을 바꾸면 단어가 보이는 시간을 길거나 짧게 바꿀 수 있어요.

4교시 / 정답을 입력하고 확인해요

01 [속성] 탭을 클릭하고 [변수 추가하기] 버튼을 클릭합니다. '정답1', '정답2', '정답3' 변수를 각각 만듭니다. 👁 아이콘을 클릭해서 실행화면에서 변수값을 숨깁니다.

쌤 TALK
변수는 1개의 정보만 저장할 수 있기 때문에 3개의 정답을 입력하고 맞게 넣었는지 확인하려면 입력된 3개의 정답을 저장하기 위한 변수 3개를 만들어요.

02 다시 [블록] 탭을 클릭하고 [자료] 블록 꾸러미에서 `안녕!을(를) 묻고 대답 기다리기` 블록을 가져와 연결합니다. '안녕!'을 '정답을 입력해주세요.'로 바꿔 입력합니다.

03 [자료] 블록 꾸러미에서 `정답3를 10(으)로 정하기` 블록을 가져와 연결합니다. '정답3'을 클릭해 '정답1'로 바꾸고 '10' 자리에 `대답` 블록을 가져와 넣습니다.

쌤 TALK
`대답`도 변수 중 하나예요. 다른 입력값을 넣으면 `대답`에 들어 있는 정보가 지워지기 때문에 입력을 받은 후 바로 변수에 저장해요.

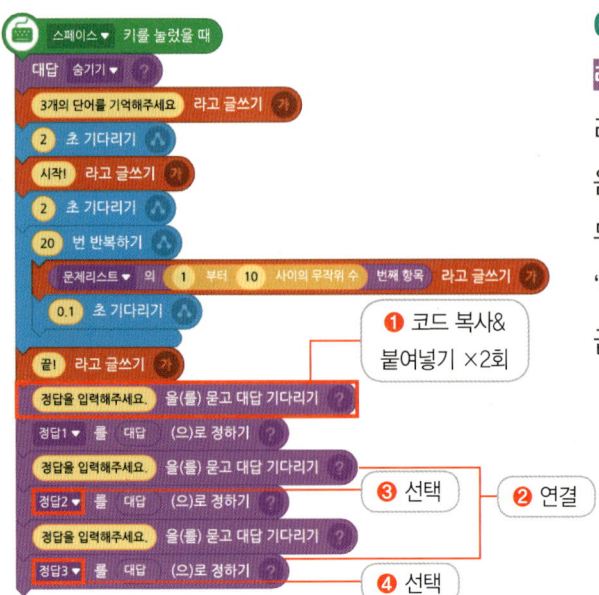

04 정답을 입력해주세요.을(를) 묻고 대답 기다리기 블록을 마우스 오른쪽 버튼으로 눌러 '코드 복사&붙여넣기'를 2번하고 다음의 그림과 같이 연결합니다. 복사된 두 개의 정답1를 대답(으)로 정하기 블록의 '정답1'을 차례로 '정답2', '정답3'으로 바꿉니다.

05 [흐름] 블록 꾸러미에서 만일 참(이)라면 / 아니면 블록을 가져와 연결합니다.

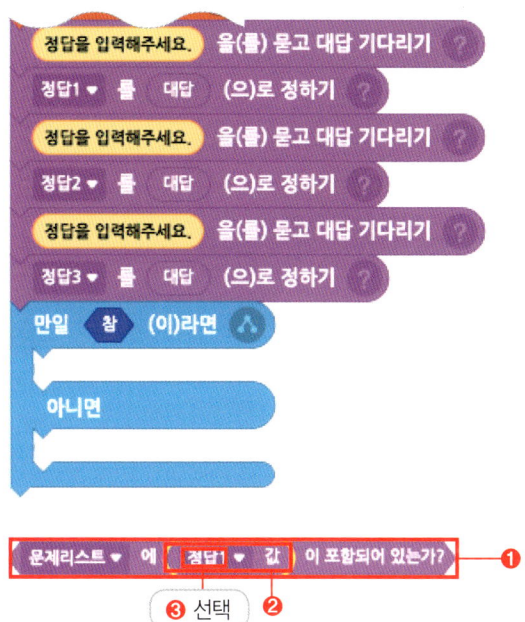

06 [자료] 블록 꾸러미에서 `문제리스트에 10이 포함되어 있는가?` 블록을 가져와 빈 공간에 놓습니다. `정답3 값` 블록을 가져와 '10' 자리에 넣고 '정답3'을 클릭해 '정답 1'로 바꿉니다.

> **쌤TALK**
> `문제리스트에 10이 포함되어 있는가?` 블록은 리스트 안의 모든 정보를 검색해서 10이 포함되어 있다면 참, 아니라면 거짓 값을 가지는 [판단] 블록이에요.

07 [판단] 블록 꾸러미를 클릭해서 `참 그리고 참` 블록을 빈 공간에 가져옵니다. 06에서 만든 `문제리스트에서 정답1 값이 포함되어 있는가?` 블록을 가져와 맨 앞의 '참' 자리에 넣습니다.

> **쌤TALK**
> `참 그리고 참` 블록은 두 개의 판단 블록이 모두 참일 때만 참의 값을 가지는 논리 연산 블록이에요. 논리 연산에 대한 자세한 설명은 115쪽을 참고하세요.

08 `문제리스트에 정답1 값이 포함되어 있는가?` 블록을 마우스 오른쪽 버튼으로 클릭하여 '코드 복사&붙여넣기'를 선택한 다음, 뒤에 있는 '참' 자리에 넣습니다. '정답1'을 클릭해 '정답2'로 바꿉니다.

09 [판단] 블록 꾸러미에서 참 그리고 참 블록을 빈 공간에 가져옵니다. 08에서 만든 블록을 맨 앞의 '참' 자리에 넣습니다. 08을 참고하여 문제리스트에서 정답2 값이 포함되어 있는가? 블록을 한 번 더 복사하고 '정답1'을 '정답3'으로 바꾼 후 뒤에 있는 '참' 자리에 넣습니다.

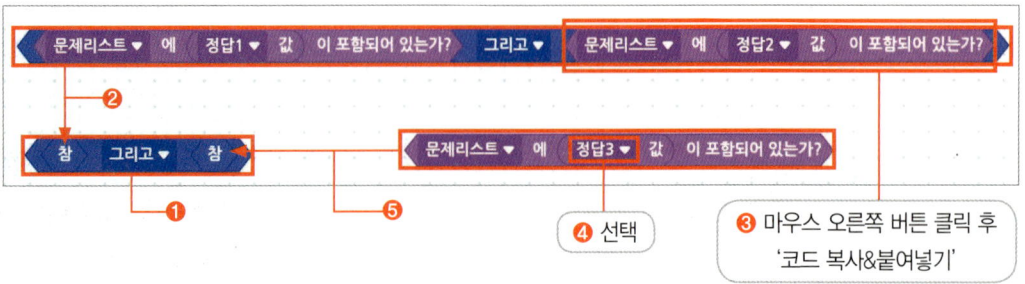

10 만일 참이라면 / 아니면 블록의 참 자리에 09에서 만든 블록을 넣습니다. [글상자] 블록 꾸러미에서 엔트리라고 글쓰기 블록을 가져와 아래 그림과 같이 참과 거짓일 때 실행되는 부분에 각각 넣습니다. '참'에 있는 '엔트리'를 '정답!'으로 바꾸고 '거짓'에는 '땡!'으로 바꿔 입력합니다.

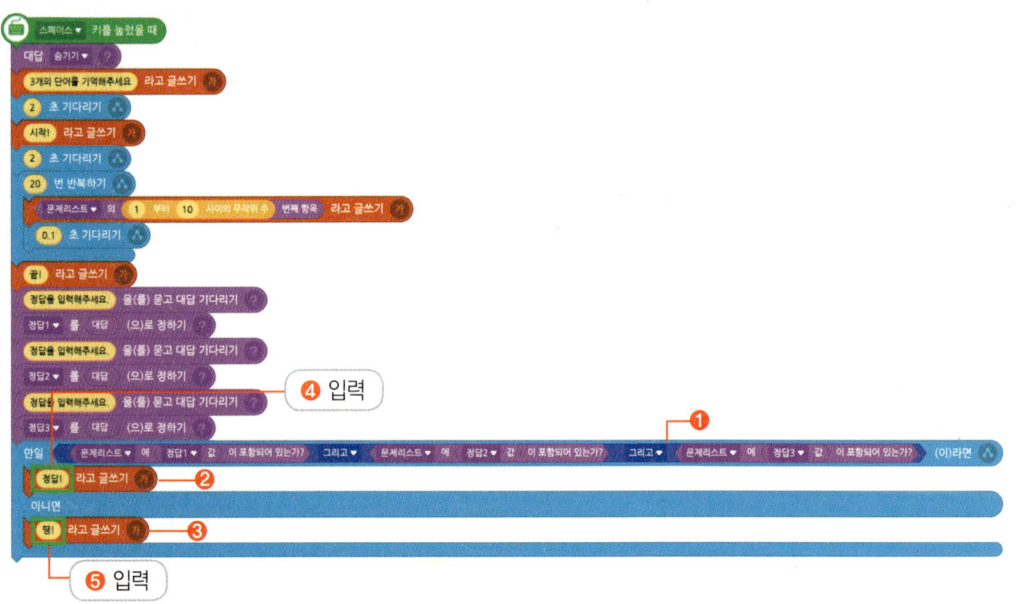

11 ▶를 눌러 프로그램을 실행합니다. 빠른 속도로 리스트의 단어가 지나가고 정답을 묻고 결과를 이야기하는 프로그램을 확인할 수 있습니다.

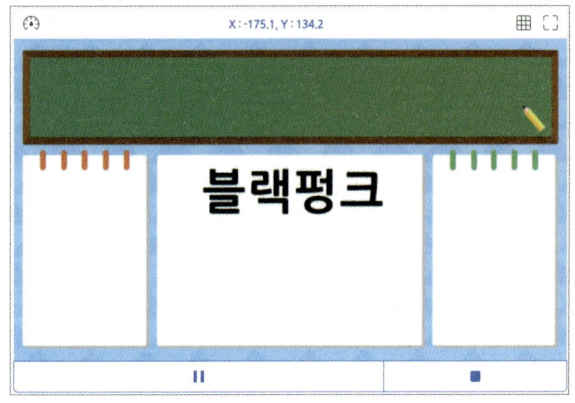

DAY 08에서 사용한 오브젝트와 블록을 정리했으니 살펴보세요. 블록이 조립된 순서를 잘 보고 다른 코딩에도 활용해 보세요.

'글상자' 오브젝트

리스트에 저장된 10개의 정보를 무작위로 20번 보여줘요.

정답을 입력할 때마다 변수에 따로 저장해요.

그리고 블록을 활용해서 3개 모두 리스트 안에 있을 때만 '정답'을 출력하고 틀렸다면 '땡!'을 출력해요.

 **메모장**

완성의 재미

🔵 이번 장에서 배운 중요한 블록을 살펴볼까요? 아래 블록을 보며 각각 어떤 명령어였는지 생각해 봅시다.

종류	설명
참 그리고▼ 참	두 개의 값이 모두 참일 때 참의 값을 가져요.
글상자 준비!▼ 의 내용	글상자 내용의 값을 가져요.
엔트리 라고 글쓰기	입력된 텍스트도 글상자를 바꿔요.
엔트리 라고 뒤에 이어쓰기 엔트리 라고 앞에 추가하기	글상자의 앞이나 뒤에 새로운 텍스트를 연결해요.
텍스트 모두 지우기	글상자를 감춰서 보이지 않도록 해요.

🟡 게임이 너무 어렵다면 난이도를 좀 낮춰 볼게요. 아래의 예시를 참고하여 정답을 2개만 입력하고 둘 중에 하나가 정답이면 글상자에 정답이 나타나도록 나만의 프로그램을 만들어 보세요.

```
스페이스▼ 키를 눌렀을 때
2 초 기다리기
시작! 라고 글쓰기
2 초 기다리기
20 번 반복하기
  문제리스트▼ 의 1 부터 5 사이의 무작위 수 번째 항목 라고 글쓰기
  0.1 초 기다리기
끝! 라고 글쓰기
정답을 입력해주세요. 을(를) 묻고 대답 기다리기
  ?
정답을 입력해주세요. 을(를) 묻고 대답 기다리기
  ?
만일 ( ? 그리고 ? ) (이)라면
  정답! 라고 글쓰기
아니면
  땡! 라고 글쓰기
```

직접 코딩해 보세요.

숨겨진 컴퓨터 과학 찾기

논리 연산, 참과 거짓을 밝혀라!

집중력 게임에서 입력한 정보가 모두 맞는지 확인하기 위해서 입력한 정보가 모두 정답일 때만 참인 정보를 가지는 참 그리고 참 블록을 사용했어요. 이렇게 참과 거짓을 연결해서 다양한 계산을 하는 것을 '논리 연산'이라고 해요. 논리 연산으로 세상의 모든 이야기를 표현할 수 있다면 믿어지나요?

고대 그리스부터 참과 거짓을 판단할 수 있는 논리적 사고는 오직 인간만이 할 수 있다고 생각해 왔어요. 하지만 조지 불(George Boole)이라는 수학자가 논리적 사고를 수학처럼 식으로 표현했고, 클로드 섀넌(Claude Shannon)이라는 컴퓨터 과학자가 조지 불의 논리식을 전기 회로로 표현할 수 있다고 발표했어요. 이러한 연구들 끝에 전기 회로로 구성된 컴퓨터와 같은 디지털 기계들이 다양한 일을 수행할 수 있게 되었어요.

여러 가지 논리 연산이 있지만 사실 논리 연산은 아래와 같이 AND, OR, NOT 3가지의 조합으로 이루어진답니다. 아주 복잡한 논리 연산들도 이 3가지로 모두 표현이 가능해요.

AND
모두 참일 경우에만 참!

융통성이 없어!

AND	참	거짓
참	참	거짓
거짓	거짓	거짓

OR
둘 중 하나만 참이라면 참!

하나면 돼! 하나만!

OR	참	거짓
참	참	참
거짓	참	거짓

NOT
참이라면 거짓, 거짓이라면 참!

청개구리처럼 무조건 반대로!

NOT	
참	거짓
거짓	참

매우 단순해 보이는 논리 연산이지만 이로 인해 세상의 모든 참과 거짓을 전기 신호로 바꿀 수 있게 되었고 전기 신호를 엄청나게 빠른 속도로 처리할 수 있는 컴퓨터가 논리적으로 문제를 해결해 나갈 수 있게 된 것이죠. 아주 복잡할 것이라고 생각하는 인공지능도 사실 이러한 논리 연산과 데이터의 모음이라고 볼 수 있어요.

내일 날씨를 알려줘

날씨 정보를 이용하는 다양한 프로그램을 사용해 본 적 있나요? 최근에는 날씨 정보를 이용해서 집 주변의 날씨를 알려주기도 하고 미세먼지 수치를 이모티콘으로 표현하기도 해요. 또 날씨에 맞는 옷을 추천해주는 애플리케이션도 있어요. 이러한 서비스들은 어디서 날씨 정보를 구했으며 어떻게 활용하고 있는 것일까요? 엔트리에서도 이러한 날씨 정보를 활용할 수 있답니다. 간단한 코딩을 통해 날씨 정보를 불러오고 활용하는 프로그램을 만들어 볼게요.

완성 작품 살펴보기

완성 파일 : 9장_내일날씨.ent

필요한 오브젝트 살펴보기

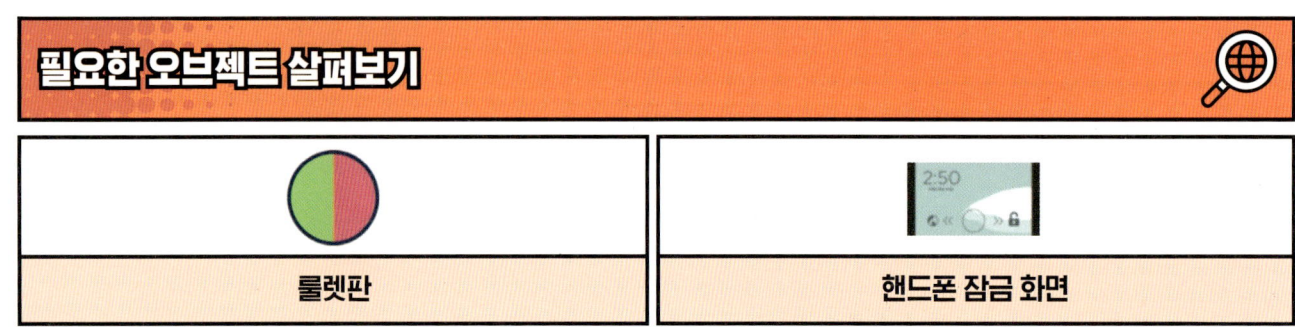

| 룰렛판 | 핸드폰 잠금 화면 |

1교시 / 오브젝트와 배경이 필요해요

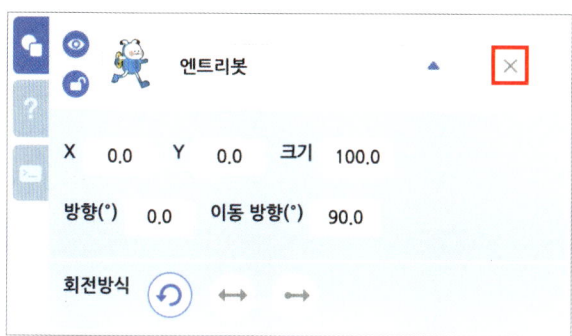

01 화면 왼쪽 아래에 있는 오브젝트 목록에서 엔트리봇 오브젝트의 '삭제' 아이콘(☒)을 눌러 오브젝트를 삭제합니다.

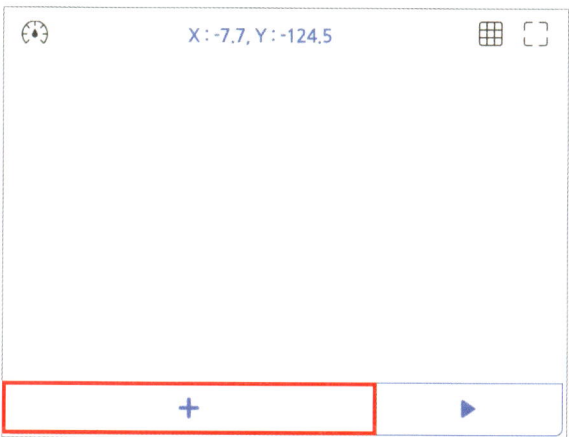

02 오브젝트를 추가하기 위해 ➕를 클릭합니다.

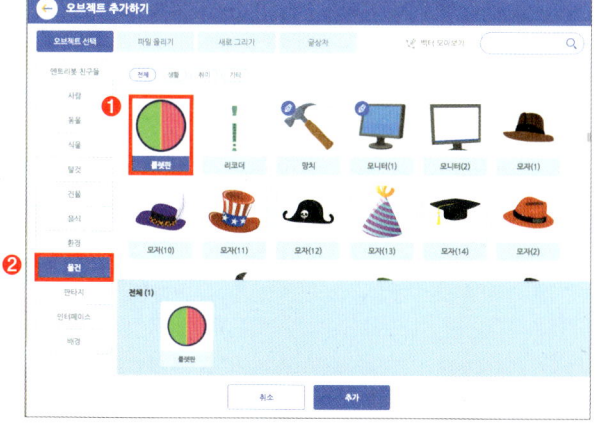

03 '오브젝트 추가하기' 창이 열리면 '물건'을 클릭하여 '룰렛판' 오브젝트를 선택합니다.

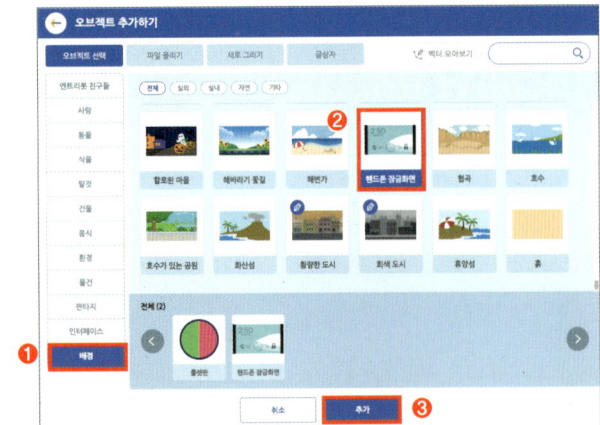

04 '배경'을 클릭하고 '핸드폰 잠금화면' 오브젝트를 선택한 후 [추가] 버튼을 클릭하세요.

05 실행화면에서 '룰렛판' 오브젝트의 크기 조절점을 드래그해서 다음의 그림과 같이 크기를 바꾸고 위치로 옮깁니다.

2교시 / 날씨 정보를 받아서 저장해요

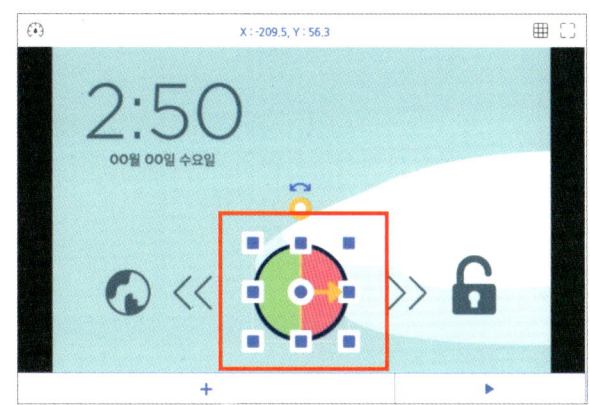

01 '룰렛판' 오브젝트를 클릭합니다.

02 [시작] 블록 꾸러미에서 `시작하기 버튼을 클릭했을 때` 블록을 가져와 놓습니다. [생김새] 블록 꾸러미에서 `안녕!을(를) 말하기` 블록을 끌어와 연결한 다음 '안녕!'을 '날씨 정보가 필요하면 클릭해주세요.'로 바꿔 입력합니다.

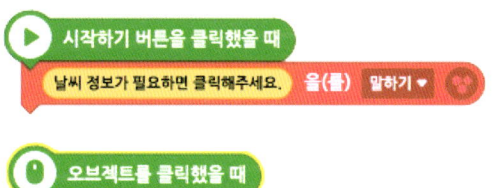

03 [시작] 블록 꾸러미를 클릭하고 `오브젝트를 클릭했을 때` 블록을 가져와 블록 조립소의 빈 공간에 놓습니다.

> **쌤 TALK**
> `오브젝트를 클릭했을 때` 블록 아래에 다른 블록들을 연결해서 '룰렛판' 오브젝트를 클릭했을 때 날씨 정보를 말하도록 할 예정이에요.

04 [확장] 블록 꾸러미를 클릭하고 [확장 블록 불러오기] 버튼을 클릭합니다.

05 '날씨'를 선택하고 [추가] 버튼을 클릭하여 블록을 추가합니다.

> **쌤TALK**
> '확장 블록 불러오기' 창의 각 블록 설명을 보면 어디에서 정보를 가져오는지 알 수 있어요. 예를 들어 '날씨'는 웨더아이(https://www.weatheri.co.kr), '생활안전 국민행동요령'은 국민재난포털(http://www.safekorea.go.kr)에서 정보를 가져와요.

잠|깐|만|요| 다양한 확장 블록 살펴보기

확장 블록은 외부에서 정보를 가져와 엔트리에서 활용하기 때문에 컴퓨터가 인터넷에 연결되어 있어야 활용할 수 있어요.

❶ **날씨** : 전국의 날씨, 미세먼지, 기온, 습도, 강수량, 강수 확률, 풍속 등의 정보를 활용할 수 있어요.
❷ **생활안전 국민행동요령** : 응급처치, 심폐소생술, 소화기 사용법의 세부 사항의 수와 내용을 활용할 수 있어요.
❸ **자연재난 국민행동요령** : 태풍, 홍수와 같은 자연 재해 전, 중, 후의 수칙 수와 내용을 활용할 수 있어요.
❹ **행사** : 전국의 월별 행사 정보를 활용할 수 있어요.

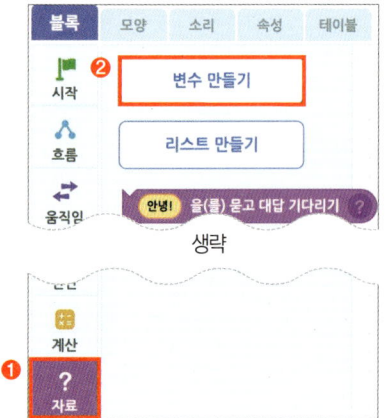

06 [자료] 블록 꾸러미를 클릭하고 [변수 만들기] 버튼을 클릭합니다.

> **쌤TALK**
> [자료] 블록 꾸러미에서 변수를 만들지 않고 바로 블록 조립소의 [속성] 탭을 클릭하고 [변수 추가하기] 버튼을 눌러서 변수를 만들 수도 있어요.

07 '최고기온', '최저기온', '기온차'라는 변수 3개를 만듭니다.

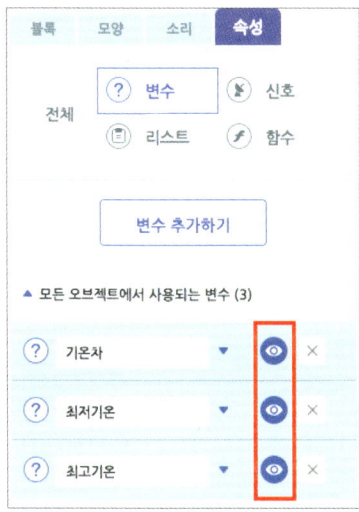

08 3개의 변수 이름 옆에 있는 👁 아이콘을 모두 클릭하여 실행화면에서 숨깁니다.

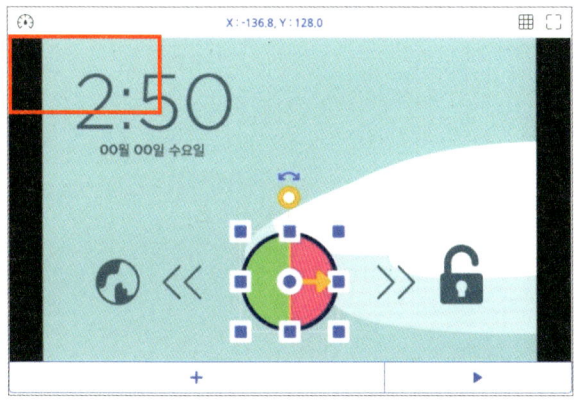

09 실행화면에서 변수 이름이 사라졌는지 확인합니다.

쌤TALK
변수가 실행화면에 있으면 변수값을 바로 확인할 수 있어 편리하지만 실제 앱처럼 만들기 위해 변수를 숨겼어요.

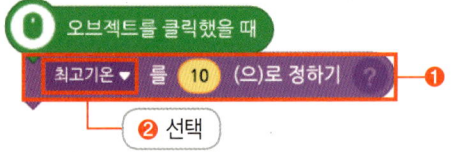

10 [블록] 탭을 클릭하고 [자료] 블록 꾸러미의 `기온차를 10(으)로 정하기` 블록을 가져와 연결하고 '기온차'를 클릭해 '최고기온'으로 바꿉니다.

11 [확장] 블록 꾸러미를 클릭하고 `오늘 서울 전체의 최저기온` 블록을 가져와 `최고기온를 10(으)로 정하기` 블록의 '10' 자리에 끼워 넣습니다.

쌤TALK
날씨 정보는 엔트리의 정보가 아닌 날씨 전문 서비스를 제공하는 웨더아이의 API를 활용하여 엔트리 날씨 라이브러리 형태로 만들어졌어요. API와 라이브러리에 대한 자세한 설명은 129쪽을 참고하세요.

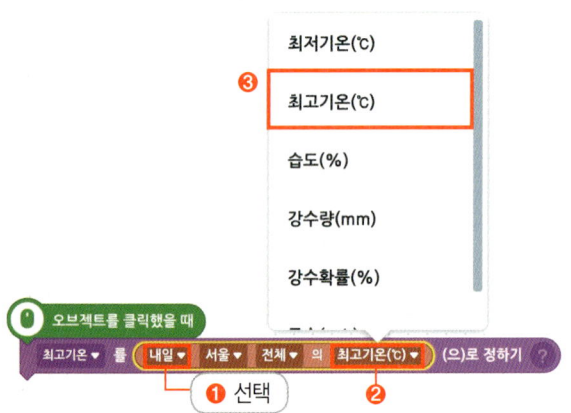

12 '오늘'을 '내일'로 바꾸고 '최저기온(℃)'을 클릭해 '최고기온(℃)'으로 바꿉니다.

쌤TALK
'내일' 대신에 원하는 날을 선택하거나 '서울'과 '전체' 대신에 날씨가 궁금한 다른 지역을 선택할 수도 있어요.

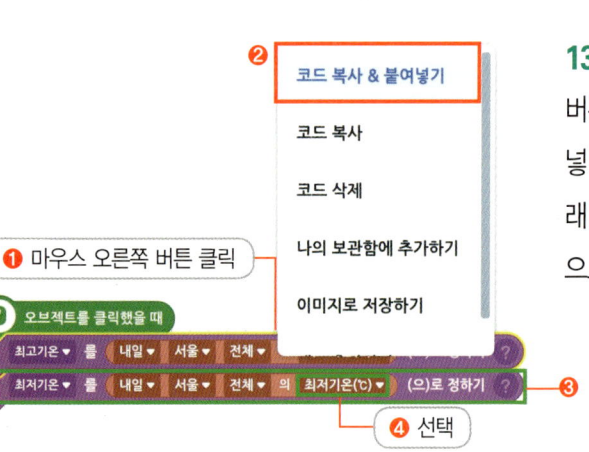

13 12에서 만든 블록을 마우스 오른쪽 버튼으로 클릭합니다. '코드 복사&붙여넣기'를 선택하고 복사한 코드를 맨 아래 연결합니다. '최고기온'을 '최저기온'으로 바꿉니다.

14 [자료] 블록 꾸러미에서 `기온차를 10(으)로 정하기` 블록을 가져와 연결합니다. [계산] 블록 꾸러미를 클릭하고 `10-10` 블록을 가져와 '10' 자리에 넣습니다.

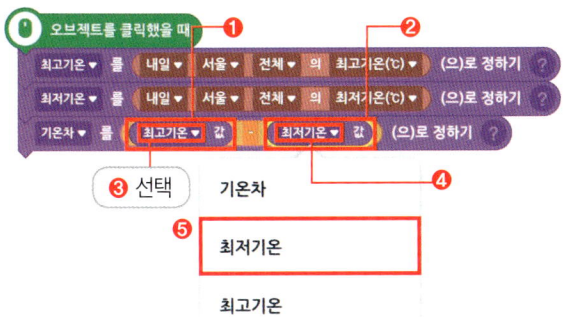

15 [자료] 블록 꾸러미에서 기온차 값 블록을 두 개 가져와서 10-10 의 '10' 자리에 각각 넣어줍니다. 맨 앞의 '기온차'는 '최고기온'으로, 뒤는 '기온차'는 '최저기온'으로 바꿉니다.

쌤 TALK

최고 기온에서 최저 기온를 뺀 값이 기온차입니다. 예를 들어 최고 기온이 25도, 최저 기온이 5도라면 기온차는 20도가 돼요.

3교시 / 날씨 정보를 활용해요

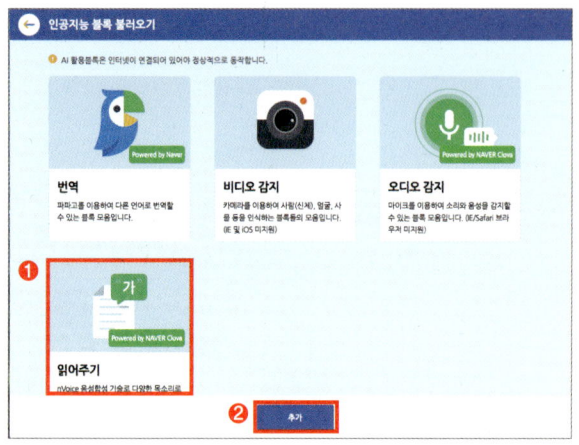

01 [인공지능] 블록 꾸러미를 클릭하여 [인공지능 블록 불러오기] 버튼을 클릭합니다. '읽어주기'를 추가하여 읽어주기 기능 블록을 꾸러미에 추가합니다.

02 엔트리 읽어주고 기다리기 블록을 가져와 연결합니다. [계산] 탭을 클릭하고 안녕!과(와) 엔트리를 합치기 블록을 가져와 '엔트리' 자리에 넣습니다.

03 '안녕!'을 클릭하고 '내일 최고 기온은'이라고 입력합니다. [자료] 블록 꾸러미에서 기온차 값 블록을 가져와 '엔트리' 자리에 넣어 준 다음 클릭하여 '최고기온'으로 바꿉니다.

쌤 TALK
'내일 최고 기온은'이라는 문장과 최고 기온 변수에 저장된 정보를 합쳐서 읽어줘요.

04 03에서 만든 블록을 마우스 오른쪽 버튼으로 클릭해서 '코드 복사&붙여넣기'를 하여 연결합니다. 이 과정을 두 번 하여 복사한 첫 번째 블록은 내일 최저 기온은과(와) 최저기온 값를 합치기 읽어주고 기다리기 블록으로 바꾸고, 두 번째 블록은 기온 차이는과(와) 기온차 값를 합치기 읽어주고 기다리기 블록으로 만듭니다.

쌤 TALK
최고 기온, 최저 기온, 기온차를 각각 말할 수 있도록 문장과 변수값을 바꿔요.

05 [흐름] 블록 꾸러미를 클릭하고 `만일 참(이)라면` 블록을 가져와 연결합니다. [판단] 블록 꾸러미를 클릭하고 `10≥10` 블록을 가져와 '참' 자리에 넣습니다.

06 [자료] 블록 꾸러미에서 `기온차 값` 블록을 가져와 맨 앞의 '10' 자리에 넣습니다.

> **쌤 TALK**
> 기온차가 10보다 큰 경우 알려주기 위해 `기온차 값 ≥ 10` 블록을 활용해요.

07 [인공지능] 블록 꾸러미에서 `엔트리 읽어주고 기다리기` 블록을 가져와 `만일 기온차 값≥10(이)라면` 블록 안에 넣습니다. '엔트리'를 클릭한 후 '감기 조심하세요'를 입력합니다.

08 [흐름] 블록 꾸러미에서 `만일 참(이)라면 / 아니면` 블록을 가져와 연결합니다. [확장] 블록 꾸러미에서 `오늘 서울 전체의 날씨가 맑음인가?` 블록을 가져와 '참' 자리에 넣어줍니다. '오늘'을 '내일'로 바꾸고 '맑음'을 '비'로 바꿉니다.

> **쌤 TALK**
> `내일 서울 전체의 최고기온` 블록은 숫자 값을 가지지만 `내일 서울 전체의 날씨가 비인가?` 블록은 참과 거짓 값을 가지는 블록이에요.

DAY 09 내일 날씨를 알려줘 ■ **125**

09 [인공지능] 블록 꾸러미에서 `엔트리 읽어주고 기다리기` 블록을 두 개 가져와 `만일 내일 서울 전체의 날씨가 비인가? (이)라면 / 아니면` 블록에 각각 다음의 그림과 같이 끼워 넣습니다. 참일 때 실행되는 명령어로 '엔트리' 자리에 '비가 올 수 있으니 우산을 준비해주세요.'를 입력하고, 거짓일 때 실행되는 명령어로 '우산은 준비 안하셔도 됩니다.'를 입력합니다.

> **쌤 TALK**
>
> `내일 서울 전체의 날씨가 비인가?` 블록으로 결과가 참과 거짓인지에 따라 서로 다른 말을 하도록 코딩했어요.

10 ▶를 눌러 프로그램을 실행합니다. '룰렛판' 오브젝트를 클릭하면 날씨를 말하고 기온차와 비 예보를 안내하는 프로그램을 확인할 수 있습니다.

DAY 09에서 사용한 오브젝트와 블록을 정리했으니 살펴보세요. 블록이 조립된 순서를 잘 보고 다른 코딩에도 활용해 보세요.

'룰렛판' 오브젝트

롤렛판을 클릭할 수 있도록 안내하는 역할을 해요.

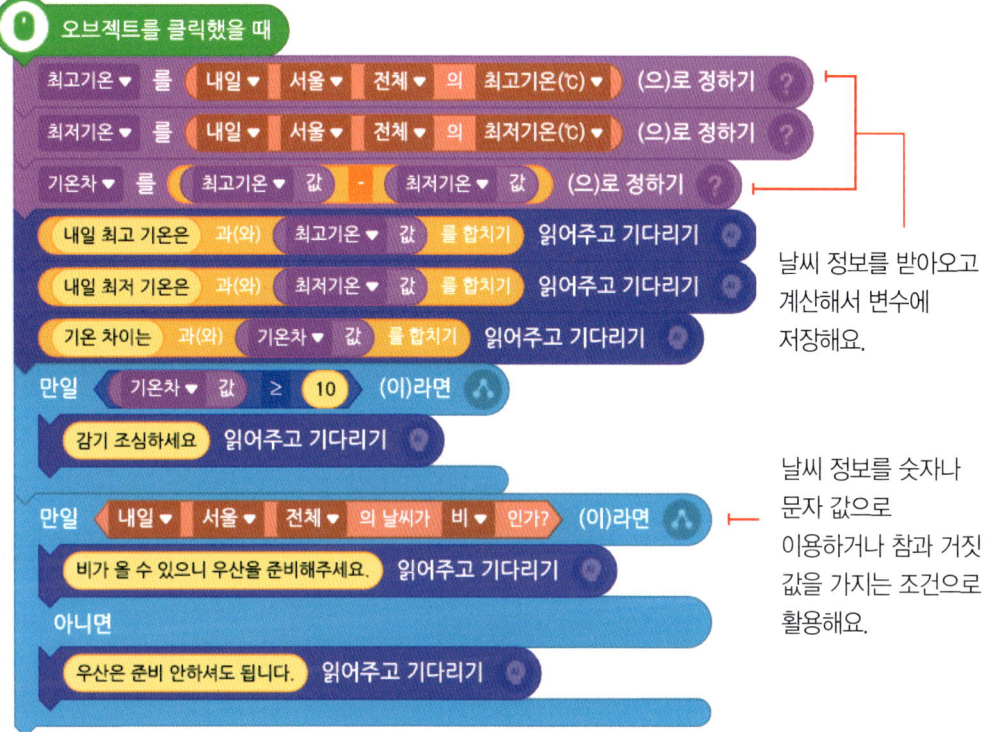

날씨 정보를 받아오고 계산해서 변수에 저장해요.

날씨 정보를 숫자나 문자 값으로 이용하거나 참과 거짓 값을 가지는 조건으로 활용해요.

 **메모장**

🔵 이번 장에서 배운 중요한 블록을 살펴볼까요? 아래 블록을 보며 각각 어떤 명령어였는지 생각해 봅시다.

종류	설명
오늘▼ 서울▼ 전체▼ 의 최저기온(℃)▼	시간, 지역, 날씨의 값을 숫자 값이나 문자 값으로 가져요.
오늘▼ 서울▼ 전체▼ 의 날씨가 맑음▼ 인가?	날씨 조건에 따라 참과 거짓의 값을 가져요.

🟡 날씨가 좋으면 행사를 안내하는 프로그램을 만들어 볼까요? 아래 예시를 참고하여 내일 날씨를 알려주기 전에 오늘 날씨가 맑고 미세먼지 수치가 좋다면 지역에서 열리는 행사를 알려주는 나만의 프로그램을 만들어 보세요.

직접 코딩해 보세요.

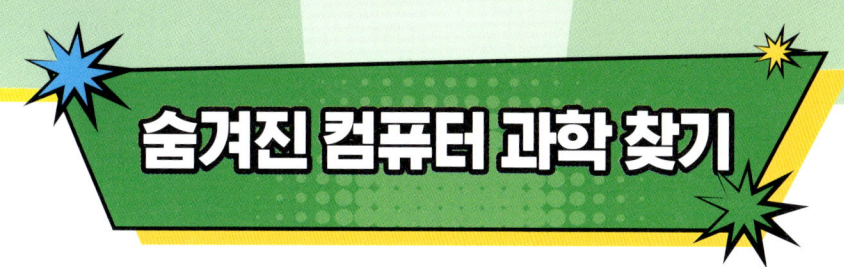

숨겨진 컴퓨터 과학 찾기

API와 라이브러리란?

내일의 날씨 정보를 저장하고 활용하는 프로그램을 만들기 위해서 우린 어떤 블록을 활용했나요? 그리고 블록들은 어떻게 동작하는 걸까요? 그러고 보니 사이트에서 정보를 직접 가져오는 과정은 코딩하지 않았는데 어떻게 엔트리로 가져와서 코딩할 수 있었을까요?

날씨 정보를 알려주는 사이트에서 정보를 가져오는 것은 엔트리 안에서 이루어지는 것이 아니라 엔트리 밖의 날씨 전문 프로그램과 연결되어 있어요. 날씨 전문 프로그램이 다른 프로그램과 연결되어 정보를 보낼 수 있도록 열어 둔 것이라고 할 수 있어요. 이렇게 다른 프로그램에서 그 기능을 활용할 수 있도록 안내하고 열어둔 것을 'API(에이피아이)'라고 해요.

엔트리를 만든 개발자들은 이 API를 이용해서 날씨 정보를 활용할 수 있는 명령어들을 엔트리에 맞게 만들었죠. 그래서 필요할 때 날씨 관련 블록들을 불러올 수 있어요. 이렇게 불러와서 활용 가능한 특별한 기능을 하는 명령어들의 모음을 '라이브러리'라고 해요.

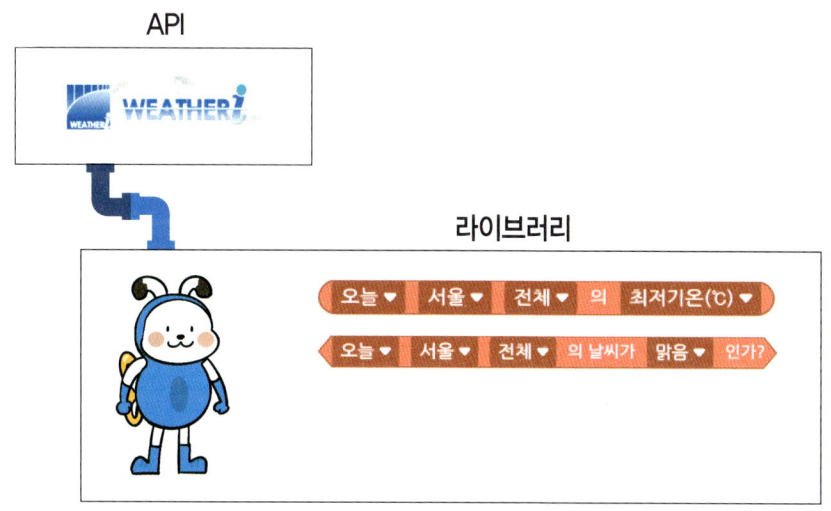

다양한 기능을 하는 프로그램들이 많아지고 프로그램들끼리 서로 기능을 연결하거나 활용하는 경우들이 많아지면서 API를 제공하는 친절한 프로그램들이 많아지고 있어요. 그리고 새로운 명령어들을 하나하나 다 코딩하지 않고 특별한 기능을 하는 라이브러리들을 한꺼번에 불러와서 코딩하면 좀 더 쉽고 편하게 코딩할 수 있게 되었죠.

우리 생활 속에서 꼭 필요하며 자주 사용해야 하는 기능이나 정보들은 어떤 것들이 있나요? 만약 API를 제공한다면 활용해서 어떤 프로그램을 만들고 싶나요? 한번 찾아보세요.

영단어를 한글로 번역해 줘

영어를 전혀 할 줄 몰라도 활용할 수 있는 번역 애플리케이션들! 이 번역 애플리케이션을 엔트리에서 활용한다면 어떤 프로그램을 만들 수 있을까요? 영어 단어장? 번역기? 무엇이든 여러분들이 상상하는 프로그램을 만들 수 있어요. 이번 장에서는 영단어를 한글로 번역하는 프로그램을 코딩해 볼게요.

완성 작품 살펴보기

완성 파일 10장_영어단어.ent

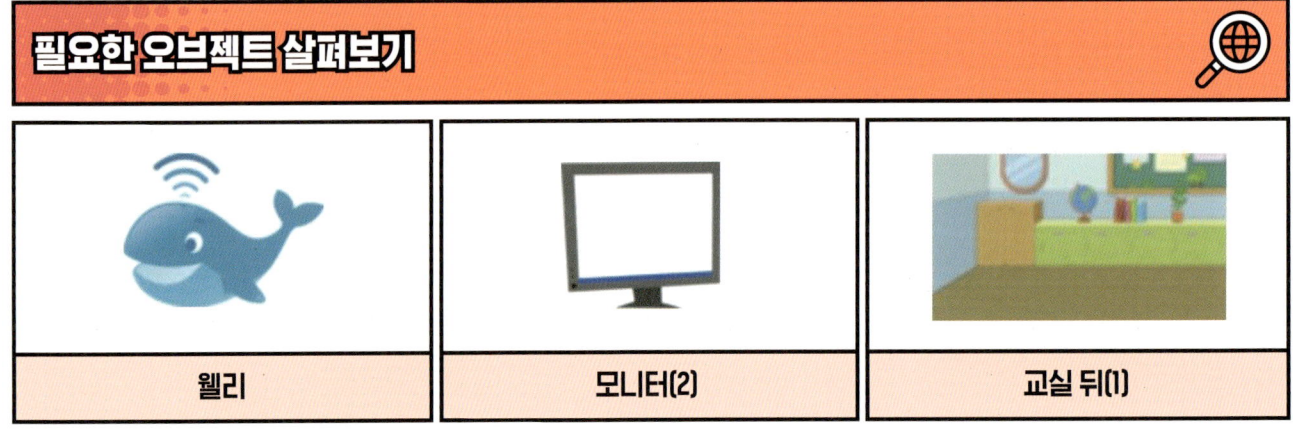

필요한 오브젝트 살펴보기

| 웰리 | 모니터(2) | 교실 뒤(1) |

1교시 오브젝트와 배경이 필요해요

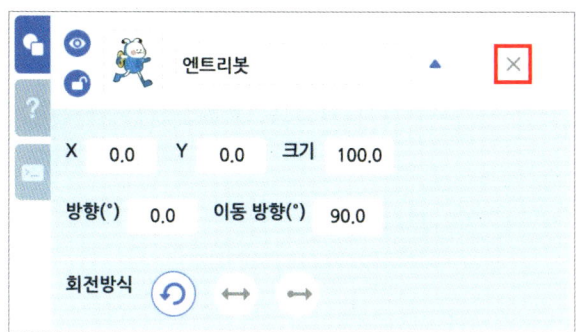

01 화면 왼쪽 아래에 있는 오브젝트 목록에서 엔트리봇 오브젝트의 '삭제' 아이콘(⊠)을 눌러 오브젝트를 삭제합니다.

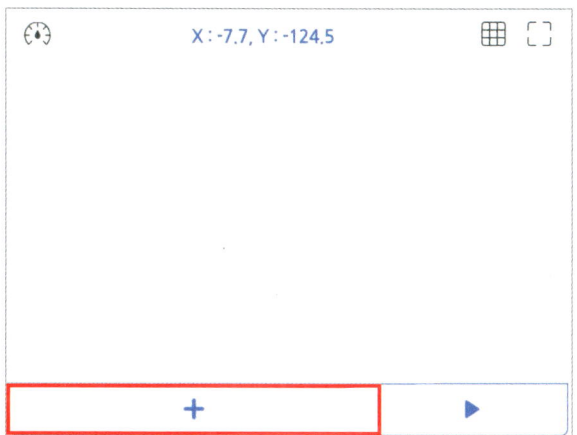

02 오브젝트를 추가하기 위해 ➕를 클릭합니다.

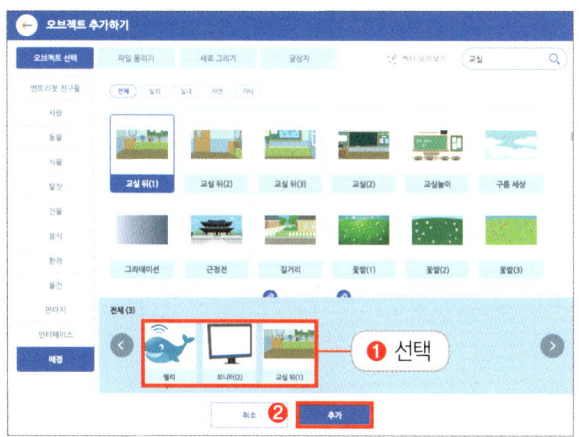

03 '오브젝트 추가하기' 창이 열리면 '동물'을 클릭하고 '웰리' 오브젝트를, '물건'을 클릭하고 '모니터(2)'를, '배경'을 클릭하고 '교실 뒤(1)' 오브젝트를 선택하고 [추가] 버튼을 클릭합니다.

04 오브젝트 목록의 오브젝트를 웰리, 모니터, 교실 뒤(1)순으로 드래그해서 바꿉니다.

쌤TALK

여러 개의 오브젝트를 선택했을 때 오브젝트 목록의 오브젝트 순서대로 실행화면에 겹쳐져 나타납니다. 이 프로그램에선 오브젝트들이 겹쳐지는데, '웰리' 오브젝트가 맨 위에, '교실 뒤(1)' 배경 오브젝트가 맨 아래 위치합니다.

05 다음의 그림과 같이 오브젝트의 크기 조절점을 드래그해서 크기를 바꾸고 다음의 그림과 같이 위치시킵니다.

2교시 / 듣고 쓰고 번역하고 말해요

01 '웰리' 오브젝트를 클릭합니다.

02 [시작] 블록 꾸러미를 클릭하고 `오브젝트를 클릭했을 때` 블록을 가져와 블록 조립소의 빈 공간에 놓습니다.

03 [인공지능] 블록 꾸러미를 클릭하고 [인공지능 블록 불러오기] 버튼을 클릭합니다.

04 '번역', '오디오 감지'와 '읽어주기'를 클릭하여 선택한 다음 [추가] 버튼을 클릭하여 블록을 추가합니다.

|잠|깐|만|요| **비디오 감지 블록에 대해 알아봐요!**

[인공지능] 블록 중에 '비디오 감지' 블록은 컴퓨터의 웹캠을 활용하여 코딩할 수 있는 블록이에요. 웹캠에 인식된 사람이나 사물을 실행화면에서 볼 수 있고 다양하게 활용할 수 있어요.

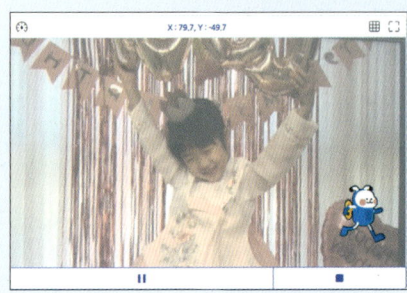

특히 다양한 사물의 종류를 인식할 수 있고 인식된 사람의 수나, 성별, 나이, 감정을 비롯해서 얼굴의 눈, 코, 입의 위치까지 활용할 수 있어요.

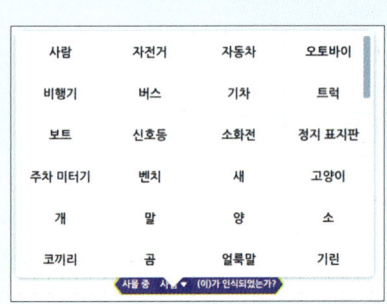 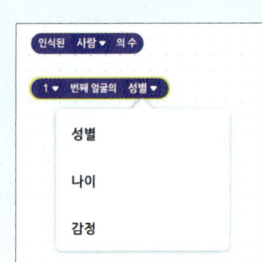 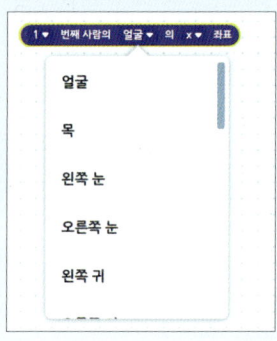

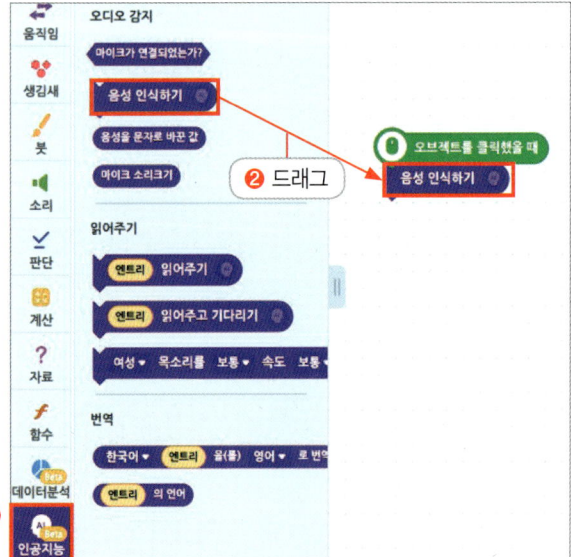

05 [인공지능] 블록 꾸러미를 클릭하고 음성 인식하기 블록을 가져와 연결합니다.

🟡 **쌤TALK**

음성 인식하기 블록은 우리가 말한 음성이 노트북이나 컴퓨터에 연결된 마이크를 통해 전달될 수 있도록 해주는 블록이에요. 노트북에는 대부분 마이크가 내장되어 있고 데스크톱 컴퓨터는 마이크나 마이크 기능이 있는 유선 이어폰을 본체에 꽂아 사용할 수 있어요.

06 [자료] 블록 꾸러미를 클릭하고 [변수 만들기] 버튼을 눌러 '한글'과 '영어' 변수를 추가합니다. 이 변수들의 값이 화면에서 보이지 않도록 👁 아이콘을 클릭하여 숨깁니다.

07 [블록] 탭을 클릭하고 [자료] 블록 꾸러미를 클릭하여 `영어를 10(으)로 정하기` 블록을 가져와 연결하고 '영어'를 클릭해 '한글'로 바꿉니다.

08 [인공지능] 블록 꾸러미를 클릭하고 `음성을 문자로 바꾼 값` 블록을 가져와 '10' 자리에 끼워 넣습니다.

> **쌤TALK**
> `음성을 문자로 바꾼 값` 블록은 마이크를 통해 전달된 음성을 문자로 바꿔서 저장해요. 문자로 저장된 값을 '한글'이란 변수에 넣는 것이죠. 음성 인식에 대한 자세한 설명은 142쪽을 참고하세요.

09 [자료] 블록 꾸러미를 클릭하고 `영어를 10(으)로 정하기` 블록을 가져와 연결합니다. [인공지능] 블록 꾸러미를 클릭하고 `한국어 엔트리을(를) 영어로 번역하기` 블록을 가져와서 '10' 자리에 넣습니다.

> **쌤TALK**
> `한국어 엔트리을(를) 영어로 번역하기` 블록은 엔트리에 입력한 언어나 값을 원하는 언어로 번역해 줘요. 이 블록도 외부의 번역 API를 활용하는 블록이에요. 129쪽에서 설명한 API를 떠올려 봐요.

10 [자료] 블록 꾸러미의 `영어 값` 블록을 '엔트리' 자리에 끼워 넣고 '영어'를 클릭해 '한글'로 바꿉니다.

DAY 10 영단어를 한글로 번역해 줘

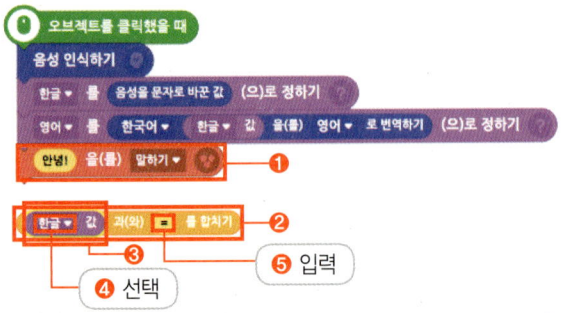

11 [생김새] 블록 꾸러미에서 안녕!을(를) 말하기 블록을 가져와 연결합니다. [계산] 블록 꾸러미에서 안녕!과(와) 엔트리를 합치기 블록을 빈 공간에 끌어온 후 [자료] 블록 꾸러미의 영어 값 블록을 '안녕!' 자리에 넣고 '엔트리'를 '='로 바꿔 입력합니다. 영어 값 블록을 '한글'로 바꿉니다.

쌤 TALK
[자료] 블록 꾸러미의 블록들은 가장 마지막에 만들어진 변수나 리스트의 이름으로 나타나요. 책과 이름이 다르더라도 당황하지 말고 가져와서 이름을 바꿔주세요.

12 [계산] 블록 꾸러미에서 안녕!과(와) 엔트리를 합치기 블록을 하나 더 끌어옵니다. '안녕!' 대신에 빈 공간에 만들어둔 한글 값과(와) =를 합치기 블록을 '안녕!' 자리에 넣고 [자료] 블록 꾸러미에서 영어 값 블록을 '엔트리' 자리에 넣습니다.

쌤 TALK
블록을 여러 개 겹칠 때는 항상 블록의 왼쪽 끝 부분을 기준으로 빈칸에 넣으면 쉬워요.

13 12에서 만든 한글 값과(와)=를 합치기과(와) 영어 값를 합치기 블록을 안녕!을(를) 말하기 블록의 '안녕!' 자리에 넣습니다.

14 [인공지능] 블록 꾸러미에서 엔트리 읽어주고 기다리기 블록을 가져와 연결하고 한글 값과(와)=를 합치기과(와) 영어 값를 합치기 블록을 마우스 오른쪽 버튼으로 클릭한 다음 '코드 복사&붙여넣기'를 클릭해 복사합니다. '='을 '는'으로 바꿔 입력합니다. 엔트리 읽어주기 블록의 '엔트리' 자리에 복사한 블록을 드래그하여 넣습니다.

쌤 TALK
복사를 할 때 블록 안의 동그란 블록만 클릭해서 복사하면 선택한 블록만 복사할 수 있어요.

3교시 / 알파벳을 하나씩 말해요

01 [흐름] 블록 꾸러미의 `2초 기다리기` 블록을 가져와 연결합니다.

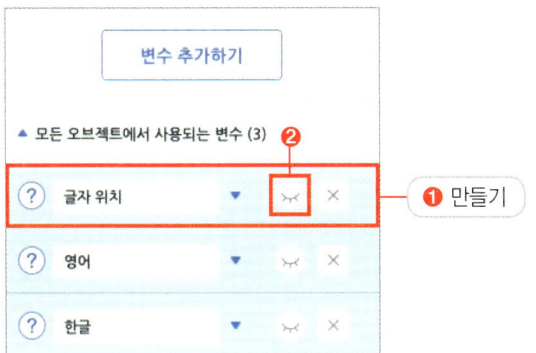
① 만들기

02 [자료] 탭의 [변수 만들기] 버튼을 클릭해 '글자 위치'라는 변수를 만들고 👁 아이콘을 클릭해 화면에서 보이지 않도록 합니다.

03 [블록] 탭을 클릭한 후 [자료] 블록 꾸러미의 `글자 위치를 10(으)로 정하기` 블록을 가져와 연결하고 '10'을 '1'로 입력합니다.

쌤 TALK
'글자 위치' 변수를 '1'로 정해서 영어로 번역된 단어나 문장의 첫 번째 알파벳부터 읽도록 해요.

04 [흐름] 블록 꾸러미의 `10번 반복하기` 블록을 가져와 연결합니다. [계산] 블록 꾸러미의 `엔트리의 글자 수` 블록을 가져와 '10' 자리에 넣습니다.

DAY 10 영단어를 한글로 번역해 줘 ■ 137

05 [자료] 블록 꾸러미에서 `글자 위치 값` 블록을 `엔트리의 글자 수` 블록의 '엔트리' 자리에 넣고 '글자 위치'를 '영어'로 바꿉니다.

> **쌤 TALK**
> 번역된 단어나 문장의 수만큼 반복해야 모든 알파벳을 읽어 줄 수 있어요.

06 [인공지능] 블록 꾸러미에서 `엔트리 읽어주기` 블록을 가져와 `~번 반복하기` 블록 안에 연결합니다. [계산] 블록 꾸러미를 클릭하고 `안녕 엔트리!의 1번째 글자` 블록을 가져와 '엔트리' 자리에 넣습니다.

07 [자료] 블록 꾸러미의 `글자 위치 값` 블록을 가져와 '안녕! 엔트리' 자리에 넣고 '영어'로 바꿉니다. [자료] 블록 꾸러미의 `글자 위치 값` 블록을 가져와 '1' 자리에 넣습니다.

> **쌤 TALK**
> 영어로 번역된 단어나 문장의 1번째 위치의 알파벳을 읽어줘요. 이제 '글자 위치 변수' 값을 바꿔서 알파벳을 차례대로 읽어 줄 수 있어요.

08 [생김새] 블록 꾸러미에서 `안녕을(를) 4초 동안 말하기` 블록을 가져와 연결합니다. '안녕!' 자리에 **07**에서 만든 `영어 값의 글자 위치값 번째 글자` 블록을 복사해서 붙여넣기 하고 '4'를 '1'로 바꿔 입력합니다.

09 [자료] 블록 꾸러미에서 `글자 위치에 10만큼 더하기` 블록을 가져와 `~번 반복하기` 블록 안에 연결합니다. '10'을 '1'로 바꿔 입력합니다.

> **쌤 TALK**
> 반복할 때마다 글자 위치 변수에 1씩 더하면 '영어' 변수에 저장된 단어나 문장의 첫 번째 알파벳부터 차례로 읽어 줄 수 있어요.

10 ▶를 눌러 프로그램을 실행합니다. 웰리 오브젝트를 클릭하고 원하는 말을 하면 프로그램이 번역하고 단어나 문장의 알파벳을 하나씩 말하는 것을 확인할 수 있습니다.

DAY10에서 사용한 오브젝트와 블록을 정리했으니 살펴보세요. 블록이 조립된 순서를 잘 보고 다른 코딩에도 활용해 보세요.

'웰리' 오브젝트

- 엔트리 음성인식 기능을 실행해요.
- 음성인식된 값을 문자로 바꿔 변수에 저장해요.
- 변수에 저장된 문자를 영어로 바꿔요.
- 영어로 바꾼 단어나 문장의 알파벳을 순서대로 읽어줘요.

★ 메모장

○ 이번 장에서 배운 중요한 블록을 살펴볼까요? 아래 블록을 보며 각각 어떤 명령어였는지 생각해 봅시다.

종류	설명
음성 인식하기	컴퓨터의 마이크를 이용해 음성을 인식해요.
음성을 문자로 바꾼 값	인식한 음성의 내용을 문자로 바꾼 값을 가져요.
한국어▼ 엔트리 을(를) 영어▼ 로 번역하기	입력한 정보를 다양한 언어로 번역한 값을 가져요.

○ 듣고 번역하는 프로그램이 아니라 입력한 단어를 번역하는 프로그램을 만들어 볼까요? 아래 예시를 참고하여 음성 인식하기가 아닌 묻고 대답하기를 이용해서 마이크가 아닌 키보드로 입력된 정보를 번역하는 프로그램을 만들어 보세요.

직접 코딩해 보세요.

음성 인식이란?

우리가 한 말을 그대로 받아 적고 그것을 영어로 번역해주는 컴퓨터는 귀도 없고 눈도 없는데 직접 입력하지 않은 문장이나 단어를 어떻게 알아듣고 받아 적을 수 있었을까요? 그리고 어떻게 영어로 바꿀 수 있었을까요?

컴퓨터가 사람의 말을 듣고 그 말을 문자로 바꾸는 '음성 인식'은 인공지능의 중요한 영역 중 하나예요. 먼저 사람이 말을 하면 공기의 떨림(음파)으로 전달되고 그 떨림을 마이크가 입력 받아 컴퓨터가 숫자 정보로 바꿔요. 그리고 사람이 한 말과 인공지능이 공부한 말 중 비슷한 숫자의 문자를 찾는 거예요. 이제 이 문자를 번역하는 인공지능이 이미 학습한 여러 번역된 단어들 중에 가장 비슷한 숫자를 찾는 거죠. 아래의 그림처럼 사과는 여러 가지 뜻을 가질 수 있지만 먹을 수 있는 사과는 apple에 가까우니 그 단어를 선택해서 번역을 마쳐요.

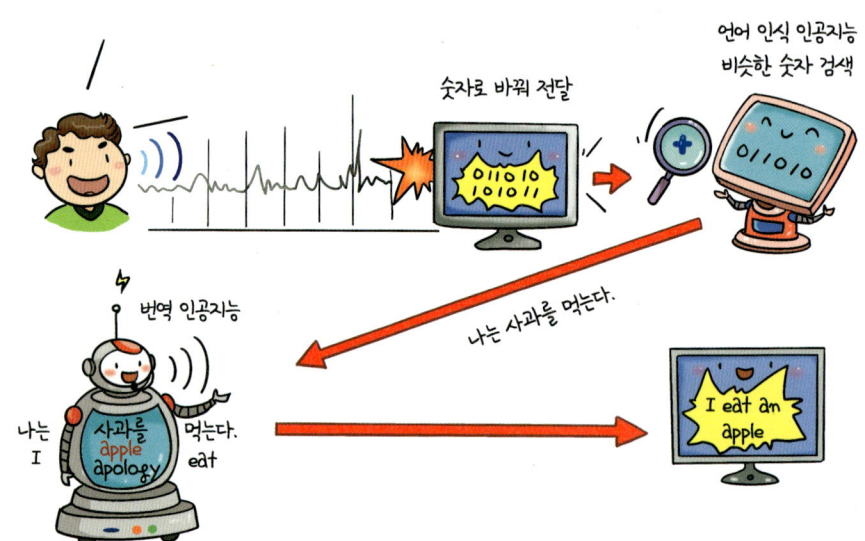

언어인식 인공지능이 발전하면서 컴퓨터가 사람을 대신할 수 있는 것들이 많아지고 있어요. 피자 주문을 사람 대신에 받기도 하고 병원에서 상담을 해 주기도 하죠. 사람과 의사소통이 되는 인공지능은 사람처럼 학습만 잘 한다면 사람이 하는 일을 일부 대신해 줄 수 있게 돼요.

우리의 말을 듣고 받아쓰고 일을 할 수 있는 음성인식 인공지능, 여러분은 음성인식 기능을 이용해서 무엇을 하고 싶나요? 음성인식 인공지능을 좀 더 발전시키기 위한 방법에는 어떤 것들이 있을까요? 인공지능 개발자가 되어서 그 방법을 찾아 보는 것은 어떨까요?

수화를 공부하는 인공지능

컴퓨터가 사람처럼 공부를 할 수 있다면 믿어지나요? 우리가 직접 컴퓨터에게 공부를 시키고 활용할 수 있다면 여러분은 무엇을 만들고 싶나요? 컴퓨터는 무엇을 공부하느냐에 따라 다양한 능력을 발휘할 수 있어요. 그중에 손으로 하는 말 즉, 수화를 해석하는 인공지능 프로그램을 만들어 보는 건 어떨까요? 이번 장에서는 컴퓨터에게 직접 수화를 가르치고 이해하는 인공지능 프로그램을 함께 만들어 볼게요.

완성 작품 살펴보기

완성 파일 11장_수화인공지능.ent

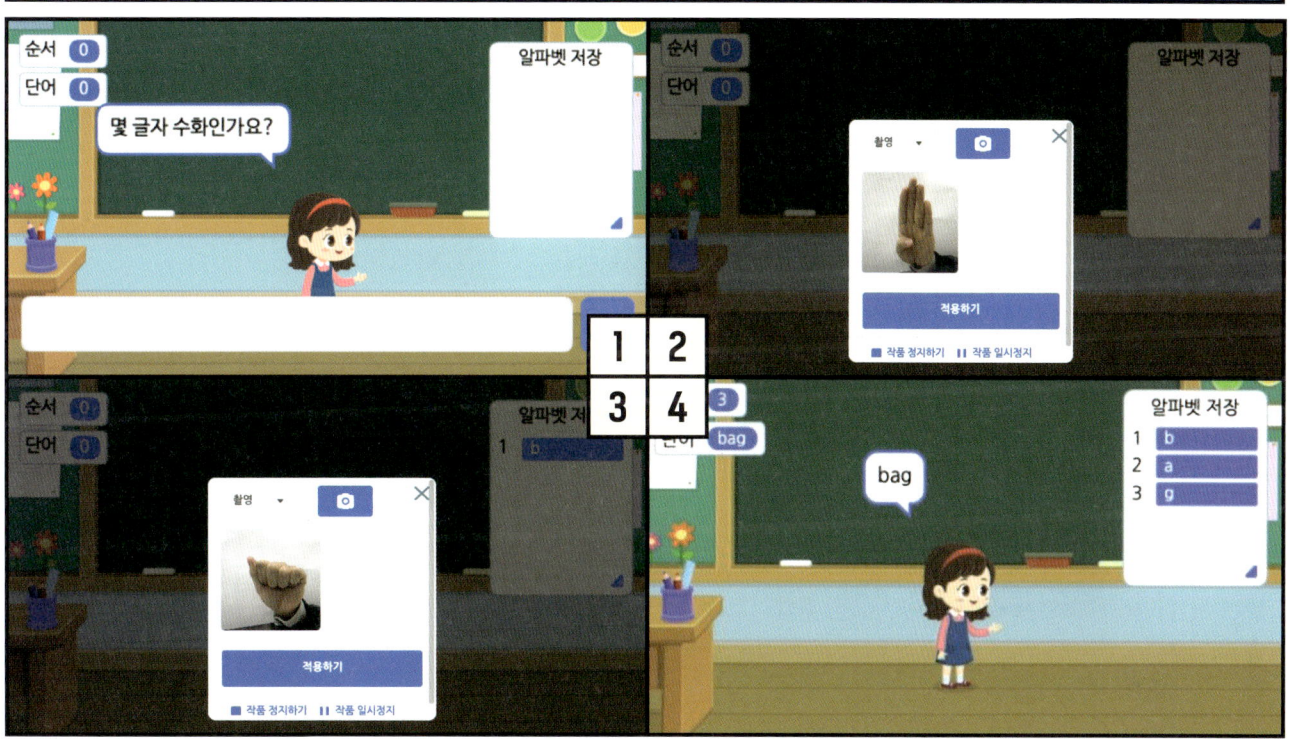

필요한 오브젝트 살펴보기

소녀(2)	칠판(2)

DAY 11 수화를 공부하는 인공지능 ■ 143

1교시 / 오브젝트와 배경이 필요해요

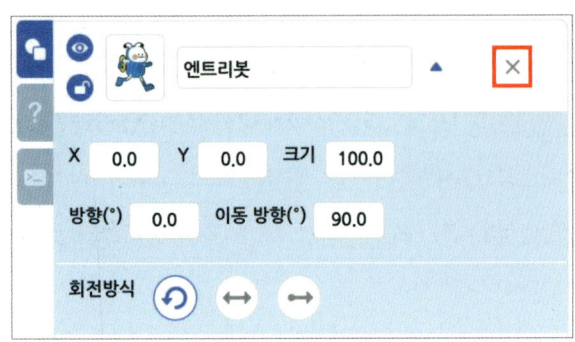

01 화면 왼쪽 아래에 있는 오브젝트 목록에서 엔트리봇 오브젝트의 '삭제' 아이콘(☒)을 눌러 오브젝트를 삭제합니다.

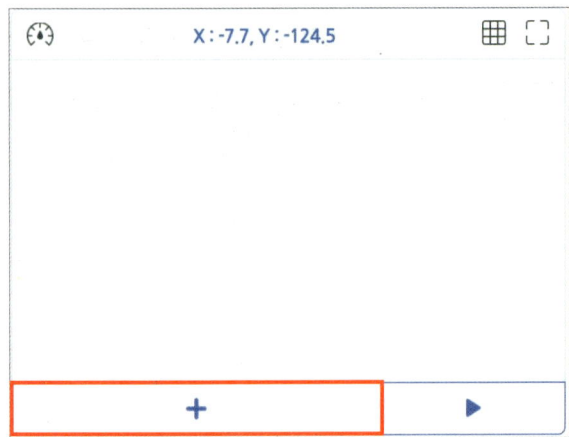

02 오브젝트를 추가하기 위해 ➕를 클릭합니다.

03 '오브젝트 추가하기' 창이 열리면 '사람'을 클릭하고 '소녀(2)' 오브젝트를 선택한 후 '배경'을 클릭하고 '칠판(2)'를 선택하고 [추가] 버튼을 클릭합니다.

04 '소녀(2)' 오브젝트의 크기 조절점을 드래그해서 크기를 바꾸고 다음 그림과 같이 위치를 옮깁니다.

잠|깐|만|요| **이번 장에서는 꼭 온라인 엔트리에서 실습하세요.**

오늘 만들 프로그램에서는 '인공지능 모델 학습하기' 기능을 배웁니다. 이 기능은 엔트리 온라인 버전에서만 실습이 가능하므로 반드시 온라인에서 실습해 주세요.

2교시 / 인공지능을 학습시켜요

01 '소녀(2)' 오브젝트를 클릭합니다. [인공지능] 블록 꾸러미를 클릭하고 [인공지능 모델 학습하기] 버튼을 클릭합니다.

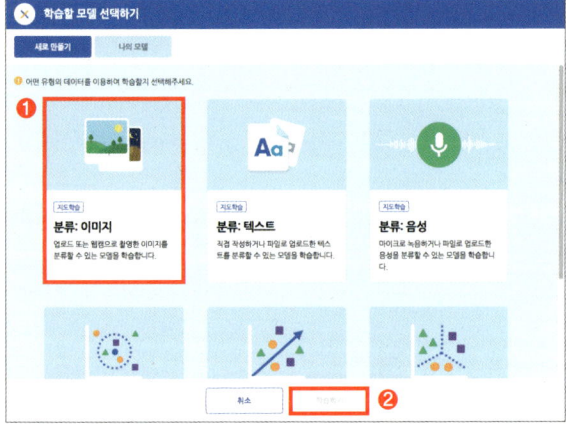

02 '이미지'를 클릭하고 [학습하기] 버튼을 클릭하세요.

> **쌤TALK**
>
> 엔트리에서 인공지능에게 공부시킬 수 있는 것은 이미지(그림 혹은 사진), 텍스트(한글, 영어, 숫자 등), 음성(소리) 3가지와 숫자 데이터를 활용하는 분류, 예측, 군집이 있어요. 모두 파일 형태로 학습시키거나 직접 컴퓨터의 카메라, 키보드, 마이크를 이용해서 입력할 수 있고 엔트리에서 제공하는 데이터를 활용할 수 있어요.

03 모델 이름을 '영어 수화'로 입력합니다. 수화 9개를 가르치기 위해서 [클래스 추가하기] 버튼을 7번 누르고 '클래스 1'에는 'a', '클래스 2'에는 'b'를 입력하는 방법으로 a~i까지 순서대로 9개의 클래스에 입력합니다.

> **쌤TALK**
>
> '클래스'란 인공지능을 학습시키기 위한 정보들의 답과 같은 것이에요. 여러 개의 정보를 입력할 때 입력한 정보는 모두 a라고 말하는 것이죠. 이렇게 인공지능에게 정보와 답을 함께 학습시키는 방법을 '지도학습'이라고 해요.
> 지도학습에 대한 자세한 설명은 157쪽을 참고하세요.

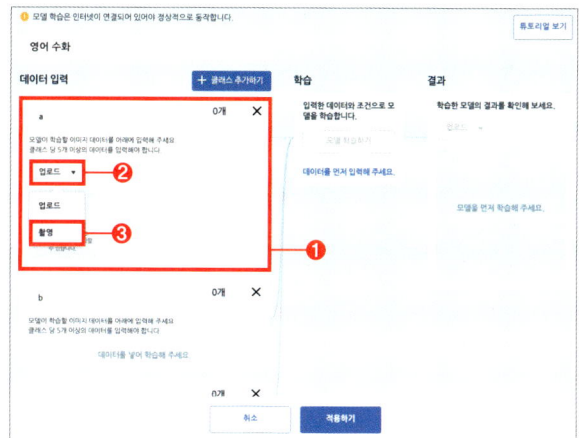

04 'a 클래스'를 클릭하고 '업로드'를 클릭해서 '촬영'을 선택합니다.

쌤 TALK

노트북 내장 카메라나 웹캠이 있다면 카메라를 이용해서 직접 촬영을 할 수 있고, 없다면 그림 파일을 업로드해서 학습시킬 수 있어요.

쌤 TALK

이미지는 jpg, png, bmp 파일을, 텍스트는 txt, csv 파일을, 음성은 wave, mp3 파일을 업로드해서 학습시킬 수 있어요.

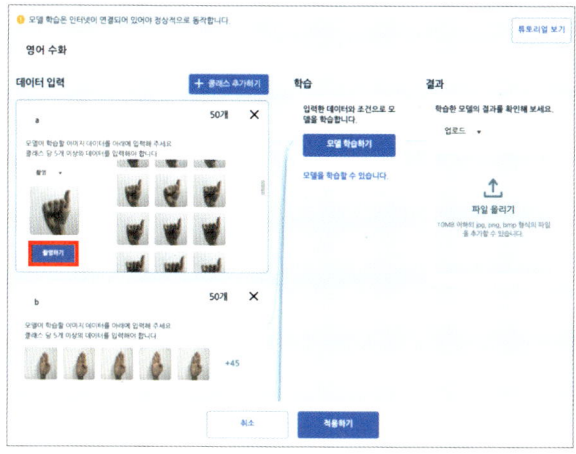

05 248쪽 부록의 수화 a 손 모양을 컴퓨터에 연결된 카메라 앞에서 표현하고 조금씩 움직이면서 20회 이상 [촬영하기] 버튼을 클릭합니다. 카메라를 활용해서 a~i까지 각각의 클래스에 알파벳 수화 이미지를 학습시킵니다.

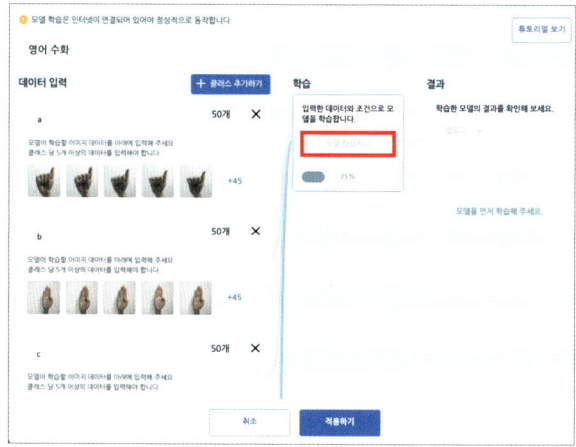

06 [모델 학습하기] 버튼을 클릭하고 완료될 때까지 기다립니다.

쌤 TALK

학습하는 이미지는 완성된 프로그램에서 입력할 이미지와 같은 배경에서 촬영해 주는 것이 더 정확한 결과를 낼 수 있어요. 학습하는 이미지의 숫자는 많을수록 좋고 클래스별로 비슷한 숫자로 학습시킨다면 더 정확한 결과를 낼 수 있어요.

DAY 11 수화를 공부하는 인공지능

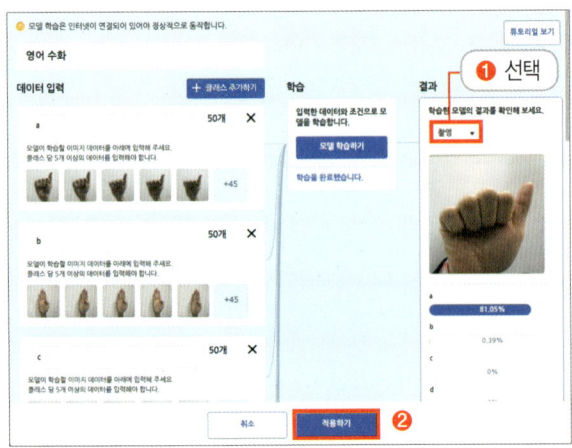

07 학습이 완료되면 '결과' 항목의 '업로드'를 클릭하여 '촬영'을 선택한 다음 카메라 앞에서 컴퓨터를 학습시켰을 때와 같은 환경에서 a~i까지 수화 동작을 해 봅니다. 인식 결과와 인식률을 확인할 수 있습니다. 확인이 모두 끝나면 [적용하기] 버튼을 클릭하세요.

> **쌤 TALK**
> 인공지능이 학습한 결과를 활용할 수 있는 다양한 명령어와 방법을 모두 합쳐서 '모델'이라고 표현해요.

08 학습한 결과를 블록으로 만든 것을 볼 수 있습니다.

생략

잠|깐|만|요| 이미지, 텍스트, 음성에 따라 다른 형태로 실행되는 인공지능 학습 모델

프로그램이 시작되고 [인공지능] 블록 꾸러미의 `학습한 모델로 분류하기` 블록이 실행되면 이미지나 텍스트, 음성 정보를 입력할 수 있는 새로운 창이 나타나요. '데이터 입력' 창에서 카메라나 키보드, 마이크를 이용하거나 파일을 업로드해서 정보를 입력할 수 있어요.

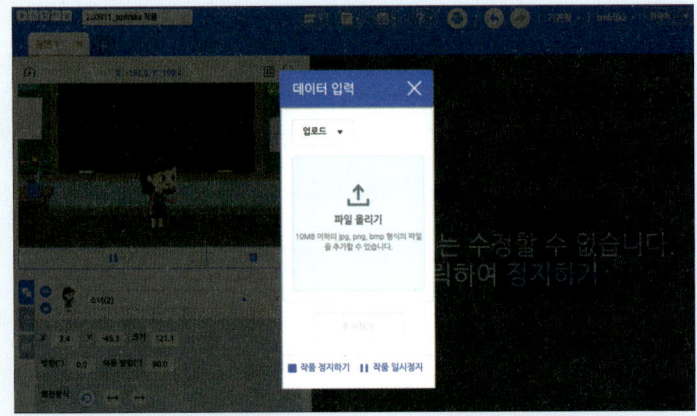

텍스트 학습 모델의 경우 `엔트리을(를) 학습한 모델로 분류하기` 블록을 활용하게 되고 엔트리 부분의 텍스트를 분류해요.

- `분류 결과` 블록 : 입력된 데이터를 통해 확인할 수 있는 가장 신뢰도(확률)가 높은 클래스 값
- `클래스1의 신뢰도` 블록 : 데이터가 입력되었을 때 각 클래스별 신뢰도(확률)
- `분류 결과가 클래스1인가?` 블록 : 입력된 데이터가 선택한 클래스와 가장 비슷하다면 참, 아니라면 거짓 값

3교시 / 수화를 해석해요

01 [시작] 블록 꾸러미를 클릭합니다. `시작하기 버튼을 클릭했을 때` 블록을 가져오고 [자료] 블록 꾸러미에서 `대답 숨기기` 블록을 연결합니다.

02 `안녕!을(를) 묻고 대답 기다리기` 블록을 가져와 연결합니다. '안녕!'을 '몇 글자 수화인가요?'로 바꿔 입력합니다.

03 [흐름] 블록 꾸러미를 클릭하고 `10번 반복하기` 블록을 연결합니다. [자료] 블록 꾸러미에서 `대답` 블록을 가져와 '10' 자리에 넣습니다.

04 [인공지능] 블록 꾸러미를 클릭하고 `학습한 모델로 분류하기` 블록을 가져와 `대답 번 반복하기` 블록 안에 넣습니다.

쌤 TALK

`학습한 모델로 분류하기` 블록이 실행되면서 데이터를 입력할 수 있는 창이 나타나요.

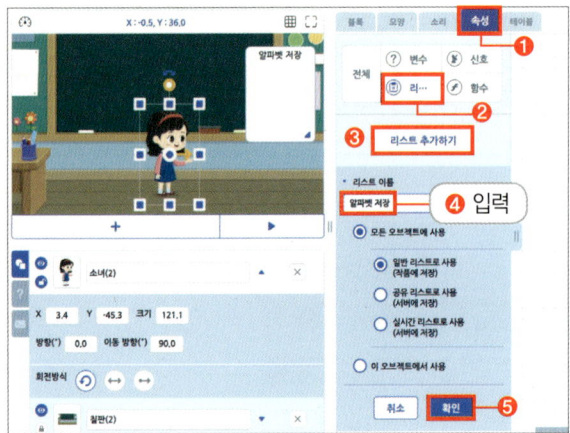

05 [자료] 블록 꾸러미에서 [리스트 만들기] 버튼을 클릭하거나 [속성] 탭에서 '리스트'를 클릭하고 [리스트 추가하기] 버튼을 클릭합니다. '리스트 이름'에 '알파벳 저장'을 입력하고 [확인] 버튼을 클릭해서 리스트를 만듭니다.

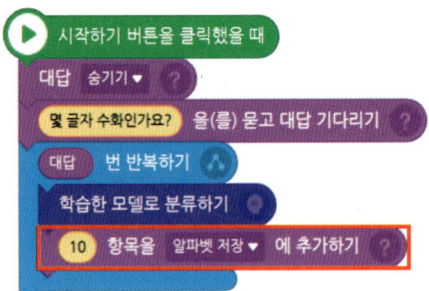

06 [블록] 탭을 클릭하고 [자료] 블록 꾸러미에서 `10 항목을 알파벳 저장에 추가하기` 블록을 가져와 `대답 번 반복하기` 블록 안에 연결합니다.

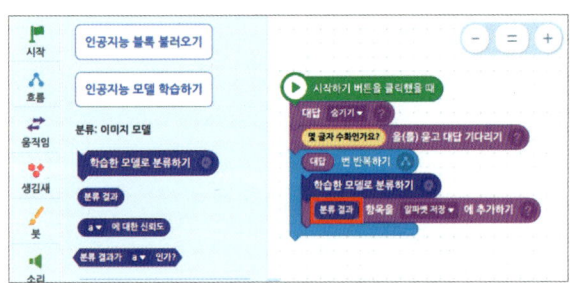

07 [인공지능] 블록 꾸러미에서 `분류 결과` 블록을 가져와 '10' 자리에 넣습니다.

쌤 TALK

분류 결과, 즉 카메라로 입력된 수화 동작에 가까운 클래스가 알파벳 저장 리스트의 1번 위치부터 순서대로 저장돼요.

4교시 / 인공지능이 해석한 단어를 말해 봐요

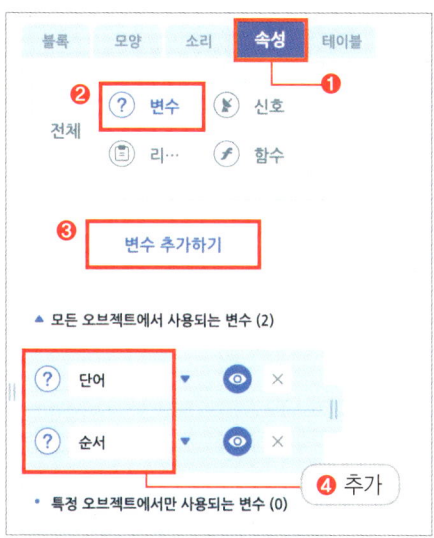

01 [자료] 블록 꾸러미에서 [변수 만들기] 버튼을 클릭하거나 [속성] 탭에서 '변수'를 클릭하고 [변수 추가하기] 버튼을 클릭합니다. '단어', '순서' 변수를 다음 그림과 같이 만듭니다.

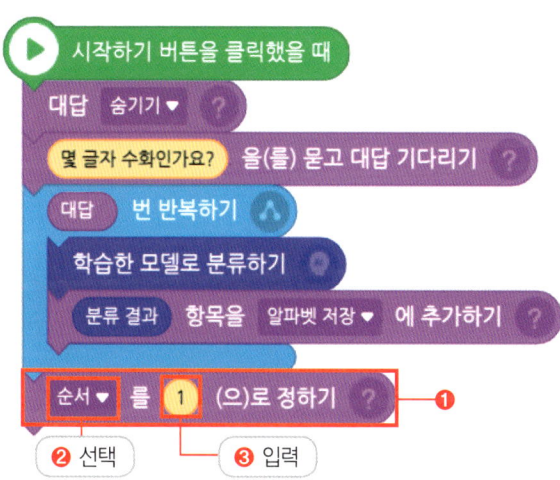

02 [블록] 탭을 클릭하고 [자료] 블록 꾸러미를 클릭하여 `단어를 10(으)로 정하기` 블록을 가져와 `대답 번 반복하기` 블록 아래에 연결합니다. '단어'를 클릭해 '순서'로 바꾸고, '10'을 '1'로 바꿔 입력합니다.

03 [자료] 블록 꾸러미에서 `단어를 10(으)로 정하기` 블록을 가져와 연결합니다. `알파벳 저장의 1번째 항목` 블록을 가져와 '10' 자리에 넣습니다.

> **쌤 TALK**
> '단어' 변수에는 처음에 0이 저장되어 있어요 이 0 대신에 리스트 1번에 저장된 수화 모양의 알파벳을 저장해요.

04 [흐름] 블록 꾸러미에서 `10번 반복하기` 블록을 가져와 연결합니다. [계산] 블록 꾸러미에서 `10-10` 블록을 가져와 '10' 자리에 넣습니다.

05 [자료] 블록 꾸러미에서 `대답` 블록을 가져와 맨 앞의 '10'에 넣고 뒤의 '10'을 클릭해 '1'을 입력합니다.

> **쌤 TALK**
> `대답` 블록은 수화의 길이 즉 알파벳의 개수예요. 리스트의 1번째 알파벳은 이미 단어 변수에 저장했으니 전체의 개수에서 -1(1번째 리스트) 값만큼 반복하면 알파벳의 개수만큼 반복할 수 있어요.

06 [자료] 블록 꾸러미에서 `단어에 10만큼 더하기` 블록을 가져와 `~번 반복하기` 블록 안에 넣고 '단어'를 클릭해 '순서'로 바꾼 다음 '10'을 '1'로 바꿔 입력합니다.

> **쌤 TALK**
> 리스트 첫 번째 위치의 알파벳은 '단어' 변수에 이미 저장했으니 두 번째 위치부터 저장할 수 있도록 순서 변수에 먼저 1을 더해요.

07 [계산] 블록 꾸러미에서 `10+10` 블록을 꺼냅니다. 앞의 '10' 자리에 [자료] 블록 꾸러미의 `단어 값` 블록을 가져와 넣습니다. 뒤의 '10' 자리에 `알파벳 저장의 1번째 항목` 블록을 가져와 넣습니다. '1' 자리에 `단어 값` 블록을 가져와 넣고 '단어'를 '순서'로 바꿉니다.

> **쌤 TALK**
> `문자+문자` 블록을 연결하면 두 문자를 연결할 수 있어요. 만약 '단어' 변수에 a라는 값이 저장되어 있고, '순서' 변수가 2로 두 번째 리스트 값이 b라면 ab라는 값을 갖게 돼요.

08 [계산] 블록 꾸러미에서 `단어를 10(으)로 정하기` 블록 가져와 `대답-1번 반복하기` 블록 안에 넣습니다. **07**에서 만든 블록을 '10' 자리에 넣습니다.

> **쌤 TALK**
> 수화의 길이 만큼 반복하여 단어에 저장된 알파벳 뒤에 리스트에 저장된 알파벳을 순서대로 연결해요.

09 [생김새] 블록 꾸러미에서 `안녕!을(를) 말하기` 블록을 가져와 연결하고 [자료] 블록 꾸러미에서 `단어 값` 블록을 가져와 '안녕!' 자리에 넣습니다.

DAY 11 수화를 공부하는 인공지능

10 [인공지능] 블록 꾸러미를 클릭합니다. [인공지능 블록 불러오기] 버튼을 클릭하고 '읽어주기'를 선택해 블록을 추가합니다. `엔트리 읽어주고 기다리기` 블록을 가져와 연결합니다.

11 [계산] 블록 꾸러미에서 `10+10` 블록을 가져와 '엔트리' 자리에 넣습니다. 맨 앞의 '10'을 '수화는'이라고 바꿔 입력하고 [자료] 블록 꾸러미의 `단어 값` 블록을 가져와 뒤에 있는 '10' 자리에 넣습니다.

12 ▶를 눌러 프로그램을 실행합니다. 수화의 길이를 입력하고 데이터 입력을 '촬영'으로 바꾼 뒤 영어 수화 데이터를 카메라를 통해 반복해서 입력하면 단어를 말하는 프로그램을 확인할 수 있습니다.

DAY 11에서 사용한 오브젝트와 블록을 정리했으니 살펴보세요. 블록이 조립된 순서를 잘 보고 다른 코딩에도 활용해 보세요.

'소녀(2)' 오브젝트

단어의 길이 만큼 반복해서 촬영하고 인공지능이 학습한 결과로 리스트에 저장해요.

리스트에 있는 알파벳을 합쳐서 단어로 만들어요.

 **메모장**

완성의 재미

🔵 이번 장에서 배운 중요한 블록을 살펴볼까요? 아래 블록을 보며 각각 어떤 명령어였는지 생각해 봅시다.

종류	설명
학습한 모델로 분류하기	새로운 정보를 넣어서 인공지능이 학습한 결과와 비교해요.
비디오 화면을 학습한 모델로 분류 시작하기	'인공지능 블록 불러오기' 버튼을 누른 뒤 '비디오감지'에서 '추가하기'를 클릭하면 나오는 비디오 화면 보이기 블록을 활용해서 카메라에 실시간으로 보이는 것을 분류해요.
분류 결과	새로운 정보를 인공지능이 분류한 결과 값을 가져요.
a ▼ 에 대한 신뢰도	인공지능이 분류한 신뢰도(확률) 값을 가져요.
분류 결과가 a ▼ 인가?	결과가 선택한 클래스와 같으면 참, 아니면 거짓 값을 가져요.

🟡 수화를 이해하는 인공지능을 이용해서 수화로 표현했던 영단어를 말하고 한글로 번역한 단어를 말하는 프로그램을 만들어 볼까요? 아래 예시를 참고하여 [인공지능] 블록 꾸러미에서 번역 블록을 추가해서 활용해 나만의 프로그램을 만들어 보세요.

— 직접 코딩해 보세요.

숨겨진 컴퓨터 과학 찾기

지도 학습, 인공지능이 학습하는 방법은?

앞서 인공지능에게 수화를 학습시키는 코딩을 했어요. 이 인공지능 모델을 만들 때 학습시킨 방법이 '지도 학습'이에요. 지도 학습은 인공지능을 학습시키는 다양한 방법 중에 하나로, 수많은 원인과 결과를 함께 입력해서 학습시키고 비슷한 상황에서 어떤 결과가 나올지 예측하는 방법이죠. 한 가지 수화와 뜻을 인공지능에게 여러 번 학습시키고 비슷한 수화 모양을 보여 주면 그 결과를 말할 수 있도록 한 거예요. 그렇다면 인공지능이 학습하는 또 다른 방법에는 어떤 것들이 있을까요?

답을 함께 알려주면서 학습시키는 방법이 '지도 학습'이라면 답을 알려주지 않고 학습시키는 방법이 '비지도 학습'이에요. 컴퓨터에게 많은 정보를 입력하고 그 정보들 사이의 공통점이나 관계를 찾도록 하는 것이죠. 공통점이나 관계를 무엇인지 알려주지 않았지만, 컴퓨터가 많은 계산을 통해 스스로 깨우칠 수 있도록 하는 것이에요.

마지막으로 '강화 학습'은 컴퓨터가 여러 가지 방법을 시도해 보고 좋은 결과가 있다면 상을 주고, 나쁜 결과가 나왔다면 벌을 줘서 계속해서 상을 받도록 유도하는 방법이에요. 사람처럼 상을 받기 위해서 노력하면서 스스로 성장하도록 하는 것이죠.

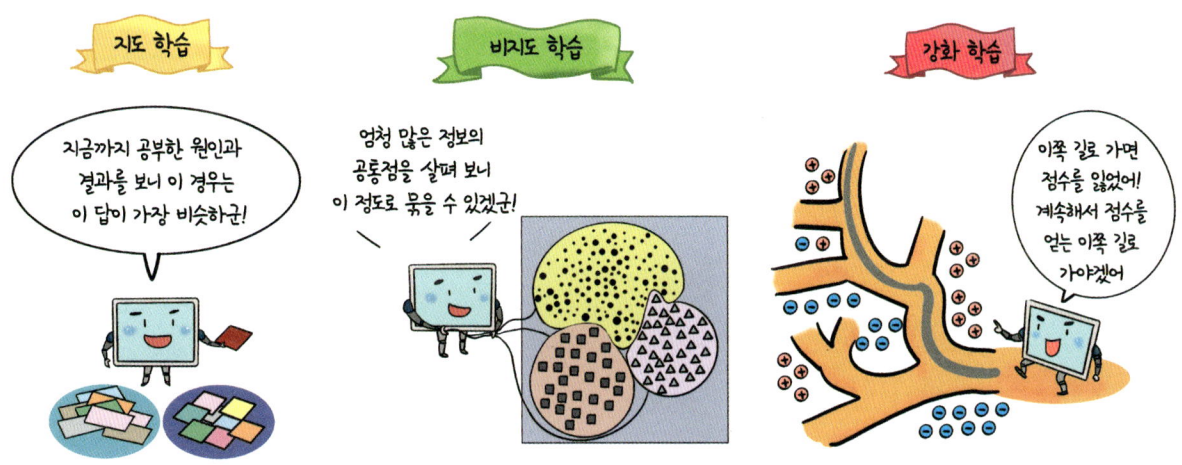

인공지능을 학습시키는 방법이 계속 발전하면서 최근에는 인공신경망, 딥러닝과 같은 방법들이 활용되고 있어요. 프로 바둑기사 이세돌과 바둑을 둔 알파고도 딥러닝을 이용한 인공지능이었어요. 이러한 인공지능의 발달이 우리 생활에 어떤 영향을 줄까요? 미래에는 단순한 인공지능 스피커와 음성 명령을 뛰어 넘어 바로 옆에서 여러분의 삶을 바꿔 줄 수도 있어요.

컴퓨터가 사람처럼 학습하고 예측하는 인공지능, 여러분은 인공지능으로 어떤 프로그램을 만들고 싶나요?

엔트리스타즈 게임 코딩 시작

지금까지 다양한 프로그램을 만들어 봤어요. 애니메이션, 게임, 번역기, 인공지능까지 엔트리로 엄청나게 많은 걸 만들 수 있었어요. 그렇다면 이번엔 좀 더 완성도 높은 게임을 만들어 보면 어떨까요?

게임의 완성도에 따라 아주 간단한 게임부터 휴대폰이나 컴퓨터로 하는 게임처럼 엄청나게 다양한 내용들을 담은 게임까지 개발할 수 있답니다. 완성도가 높은 게임일수록 여러 오브젝트들이 복잡하게 연결되고 코딩이 어려울 수 있어요. 처음부터 찬찬히 하나씩 게임을 만들어 봅시다.

완성 작품 살펴보기

완성 파일 12장_엔트리스타즈(1).ent

필요한 오브젝트 살펴보기

| 엔트리 동전 | 텍스트 상자 | 협곡 | 센서 | (2)엔트리봇 | 식물 | 유적지 | 배터리(2) |

1교시 오브젝트와 배경이 필요해요

01 [장면1] 탭을 더블클릭해서 이름을 '시작'으로 바꿉니다. 오브젝트 목록에서 기본으로 있는 엔트리 오브젝트를 삭제합니다. 오브젝트를 추가하기 위해 ➕를 클릭하고 '엔트리 동전' 오브젝트와 '협곡' 배경 오브젝트를 각각 검색하여 추가합니다.

쌤TALK

지금부터 게임의 각 요소를 차례대로 만들어 볼 거예요. 게임인 만큼 다양한 요소들이 포함되어 있고 좀 복잡할 수 있지만 힘내서 시작해 봐요! 게임 프로그래밍에 대한 자세한 설명은 173쪽을 참고하세요.

02 실행화면에서 ➕를 한 번 더 클릭하고 [글상자] 탭을 클릭합니다. '산돌 용비어천가', '진하게'를 선택하고 '색상'은 원하는 색상으로 바꿉니다. '배경색'을 클릭하고 '색상'에 '0'을 입력하여 배경을 투명하게 만듭니다. '글상자 내용'에 '엔트리스타즈!'를 입력합니다. [적용하기] 버튼을 클릭하세요.

2교시 / 엔트리스타즈 게임 시작 화면을 만들어요

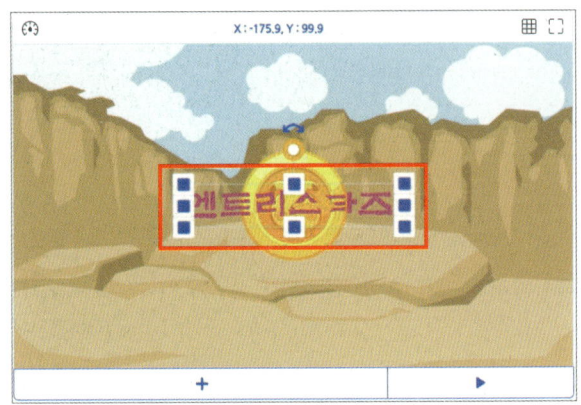

01 '엔트리스타즈!(글상자)' 오브젝트를 클릭합니다.

02 [시작] 블록 꾸러미의 `시작하기 버튼을 클릭했을 때` 블록을 가져옵니다. [움직임] 블록 꾸러미에서 `x: 0 y: 0 위치로 이동하기` 블록을 가져와 연결한 뒤 y 값에 '50'을 입력합니다.

> **쌤 TALK**
> 엔트리스타즈 게임에서는 모든 오브젝트를 [움직임] 블록을 활용해서 코딩으로 직접 위치를 정할게요.

03 [흐름] 블록 꾸러미의 `10번 반복하기` 블록을 가져와 연결하고 '10'을 '50'으로 바꿔 입력합니다. [생김새] 탭에서 `크기를 10만큼 바꾸기` 블록을 가져와 '2'를 입력합니다. `50번 반복하기`를 오른쪽 버튼으로 클릭하여 '코드 복사&붙여넣기'를 선택해 복사한 후 다음의 그림과 같이 연결합니다. 복사된 `크기를 2만큼 바꾸기` 블록의 '2'를 '-2'로 입력합니다.

04 [흐름] 블록 꾸러미의 계속 반복하기 로 모양을 바꾸는 부분을 감싸도록 끌어와 연결하여 크기가 50번 커졌다가 50번 작아지는 애니메이션이 계속 반복되도록 합니다.

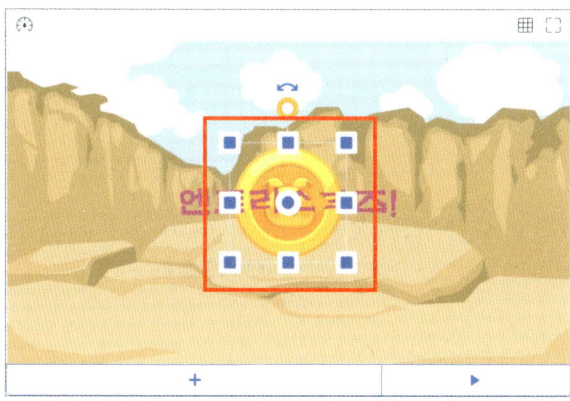

05 실행화면에서 '엔트리 동전' 오브젝트를 클릭합니다.

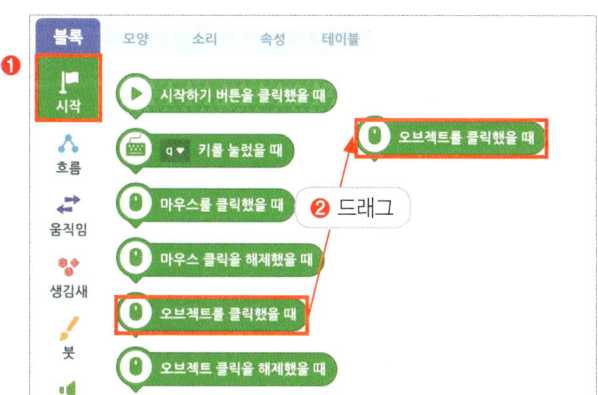

06 [시작] 블록 꾸러미에서 오브젝트를 클릭했을 때 블록을 가져와 연결합니다.

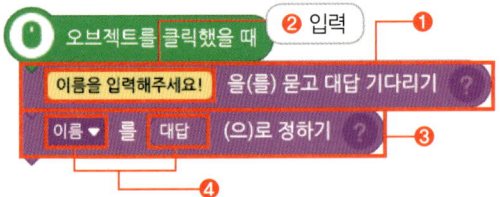

07 게임하는 플레이어의 이름을 입력하기 위해 [자료] 블록 꾸러미에서 `안녕!을(를) 묻고 대답 기다리기` 블록을 가져와 연결하고 '이름을 입력해주세요!'를 입력합니다. 54쪽의 **02**를 참고하여 '이름'이라는 변수를 만들고 `이름를 10으로 정하기` 블록을 끌어와 연결한 후 `대답` 블록을 끌어와 '10'에 넣습니다.

> **쌤 TALK**
> 게임 화면은 다른 정보가 드러나지 않는 것이 좋겠죠? [속성] 탭으로 이동해서 변수를 실행화면에서 보이지 않도록 설정해요.

08 [계산] 블록 꾸러미에서 `초시계 시작하기` 블록을 가져와 연결합니다.

> **쌤 TALK**
> `초시계 시작하기` 블록은 실행과 동시에 초시계처럼 시간을 측정할 수 있어요. '시작하기'를 클릭해 초시계를 시작하거나 정지, 초기화하도록 선택할 수 있어요.

09 [시작] 블록 꾸러미에서 `다음 장면 시작하기` 블록을 가져와 연결합니다.

> **쌤 TALK**
> `다음 장면 시작하기` 블록은 엔트리 실행화면을 다음 장면으로 바꿔 줍니다. 장면이 바뀌면 새로운 오브젝트와 배경에 처음부터 코딩해 주어야 해요.

10 [시작] 블록 꾸러미에서 `시작하기 버튼을 클릭했을 때` 블록을 블록 조립소의 빈 공간에 하나 더 가져옵니다. 엔트리 동전의 처음 위치를 정하기 위해 [움직임] 블록 꾸러미에서 `x: 0 y: 0 위치로 이동하기` 블록을 가져오고 y 값에 '-50'을 입력합니다.

11 게임 실행화면에서 대답 값을 보여주는 표시를 숨기기 위해 [자료] 블록 꾸러미에서 `대답 숨기기` 블록을 가져와 연결합니다.

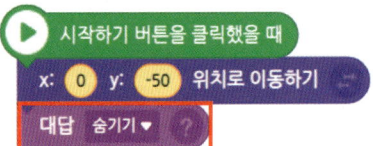

12 게임 실행화면에서 초시계 표시도 숨기기 위해 [계산] 블록 꾸러미에서 `초시계 숨기기` 블록을 가져와 연결합니다.

13 동전이 회전하는 애니메이션을 만들기 위해 [흐름] 블록 꾸러미에서 `계속 반복하기`를 가져오고 [생김새] 블록 꾸러미에서 `다음 모양으로 바꾸기`, [흐름] 블록 꾸러미에서 `2초 기다리기`를 가져와 `계속 반복하기` 블록 안에 연결합니다. '2'를 '0.1'로 바꿔 입력합니다.

> **쌤TALK**
> 변수는 속성에서 👁 아이콘을 클릭하여 화면에서 숨길 수 있지만 대답은 `대답 숨기기` 블록을 활용해야 숨기거나 보이게 할 수 있어요.

3교시 진행 장면의 오브젝트와 배경이 필요해요

01 장면을 추가하기 위해 탭에 있는 ➕를 클릭한 다음 추가된 장면의 이름인 '장면1'을 더블클릭해서 '진행'이라고 탭 이름을 바꿉니다.

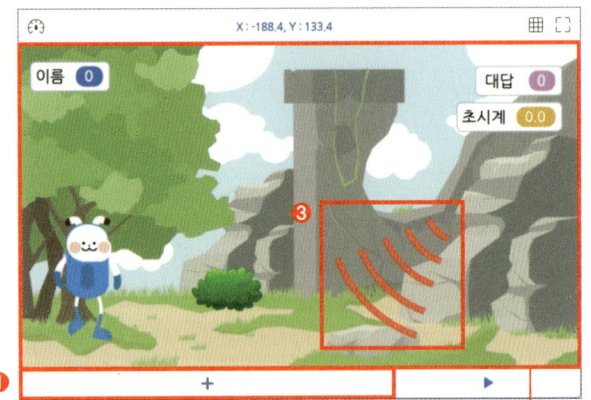

02 ➕를 클릭하고 '오브젝트 추가하기' 창에서 '센서', '(2)엔트리봇', '식물', '유적지' 오브젝트를 추가합니다. 블록을 이용해서 실행될 때의 위치를 정하므로 다음의 그림과 같이 오브젝트를 다루기 좋은 위치로 옮깁니다. '센서' 오브젝트를 클릭합니다.

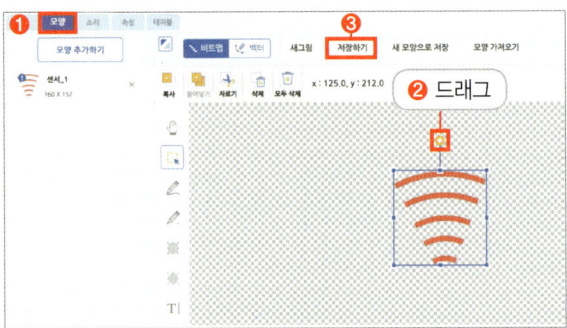

03 [모양] 탭을 클릭합니다. 회전축(⊕)을 클릭하고 드래그해서 센서가 위를 보는 모양이 되도록 만들고 [저장하기] 버튼을 클릭하여 저장합니다.

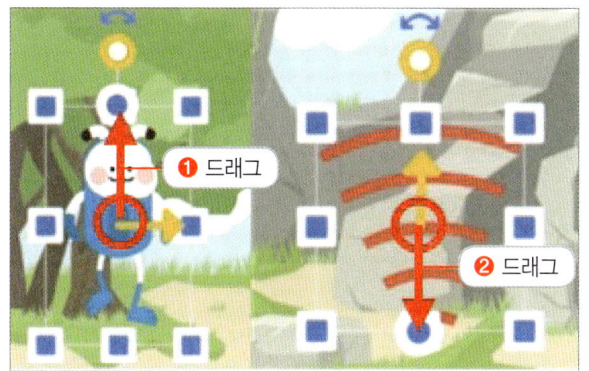

04 '(2)엔트리봇' 오브젝트와 '센서' 오브젝트의 중심점(⊙)을 클릭하고 그림과 같이 각각 옮깁니다.

> **쌤TALK**
> 오브젝트의 중심은 오브젝트의 기준이 되는 점이에요. `오브젝트이름 위치로 이동` 과 같은 블록을 사용하면 오브젝트의 중심점이 있는 곳으로 이동해요.

05 그리고 '센서' 오브젝트의 이동 방향을 '0'으로 바꿉니다.

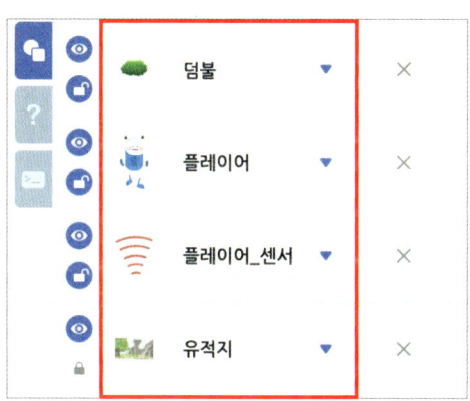

06 코딩하기 편하도록 오브젝트의 이름을 '덤불', '플레이어', '플레이어_센서', '유적지'로 다음의 그림과 같이 변경합니다.

4교시 / 게임 진행의 초기 상태를 코딩해요

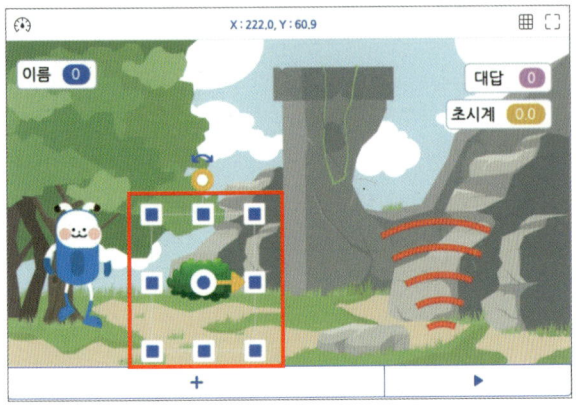

01 '덤불' 오브젝트를 클릭합니다.

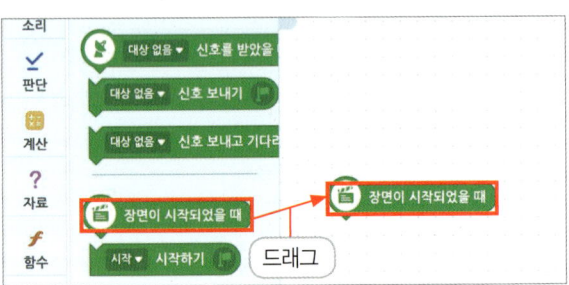

02 [시작] 블록 꾸러미를 클릭하고 `장면이 시작되었을 때` 블록을 가져옵니다.

쌤 TALK
장면이 두 번째 장면으로 바뀌고 명령어가 실행되어야 하기 때문에 `시작하기 버튼을 클릭했을 때` 블록이 아닌 `장면이 시작되었을 때` 블록을 가져왔어요.

02 [생김새] 블록 꾸러미를 클릭하고 `크기를 100으(로) 정하기` 블록을 가져와 연결한 뒤, '80'으로 바꿔 입력합니다. `맨 앞으로 보내기` 블록을 아래에 연결합니다.

쌤 TALK
`맨 앞으로 보내기` 블록은 오브젝트끼리 겹쳐졌을 때 보이는 순서를 바꿀 수 있는 블록이에요. 여러 오브젝트가 겹친다면 앞 혹은 뒤를 이용해서 위치를 자유롭게 바꿀 수 있어요. 오브젝트가 보이는 순서는 오브젝트 목록의 순서와 같아요.

04 [흐름] 블록 꾸러미를 클릭하고 `10번 반복하기` 블록을 가져와 연결하고 '15'로 바꿉니다. [움직임] 블록 꾸러미를 클릭하고 `x:0 y:0 위치로 이동하기` 블록을 가져와 연결합니다. [계산] 블록 꾸러미에서 `0부터 10사이의 무작위 수` 블록을 두 개 가져와 x와 y 값에 넣습니다. x는 '-210'과 '210'으로 바꾸고 y는 '-120'과 '120'으로 바꿔 입력합니다.

> **쌤TALK**
> 덤불의 무작위 좌표를 자유롭게 수정해서 나타나는 범위를 정할 수 있어요.

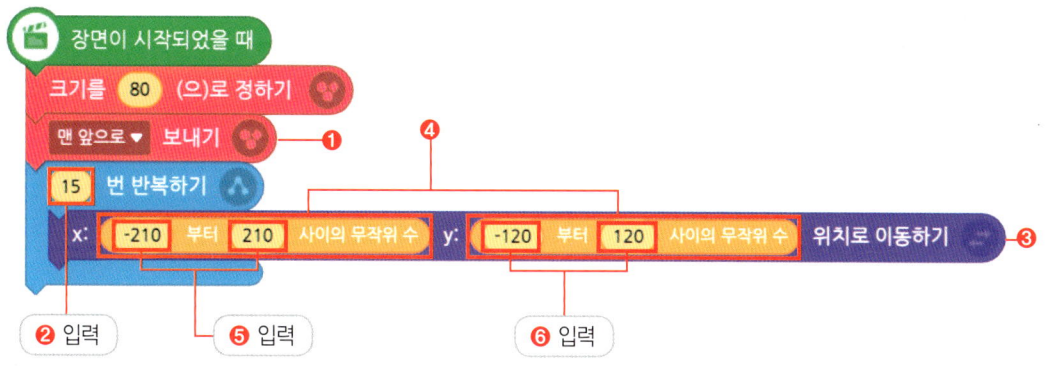

05 [흐름] 블록 꾸러미를 클릭해서 `자신의 복제본 만들기` 블록을 가져와 `~번 반복하기` 블록 안으로 끼워 연결합니다.

> **쌤TALK**
> `~의 복제본 만들기` 블록과 `도장 찍기` 블록의 차이점은 '잠깐만요'를 참고하세요.

잠|깐|만|요| `~의 복제본 만들기` 블록과 `도장 찍기` 블록의 차이점

항목	설명
`자신▼ 의 복제본 만들기`	오브젝트 자체를 복제하는 것으로 복제된 오브젝트는 명령어로 실행할 수 있어요.
`도장 찍기`	단순히 실행 창에 오브젝트의 흔적만 남겨 두는 것이에요. 도장을 찍은 후에는 그 자리에 그림처럼 남아 있고 명령어를 실행할 수 없어요.

오브젝트를 똑같이 여러 개 만들고 코딩으로 활용하기 위해서는 `~의 복제본 만들기` 블록을 활용해야 해요. 하지만 복제본이 많아질수록 컴퓨터가 처리해야 하는 오브젝트가 많아져서 실행 속도가 느려질 수 있어요.

항목	설명
`복제본이 처음 생성되었을때`	복제본이 만들어지면 아래 연결된 블록이 순서대로 실행돼요.
`이 복제본 삭제하기`	이 블록이 마지막에 실행되면 이 블록이 포함된 복제본이 삭제돼요.
`모든 복제본 삭제하기`	프로그램의 모든 오브젝트의 복제본이 삭제돼요.

06 '플레이어' 오브젝트를 클릭합니다.

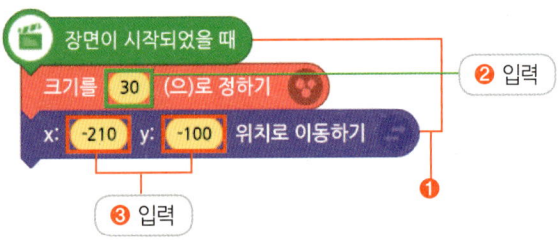

07 '덤불' 오브젝트와 마찬가지로 [시작] 블록 꾸러미에서 `장면이 시작되었을 때` 블록을 가져 옵니다. 그리고 [생김새] 블록꾸러미에서 `크기를 100(으)로 정하기` 블록을 가져와 연결하고 '30'으로 바꿉니다. [움직임] 블록 꾸러미에서 `x: 0 y: 0 위치로 이동하기` 블록을 가져와 x 값은 '-210', y 값은 '-100'으로 입력합니다.

08 실행화면에서 '플레이어_센서' 오브젝트를 클릭합니다.

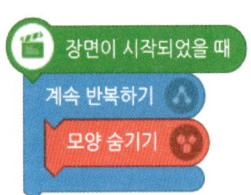

09 [시작] 블록 꾸러미의 `장면이 시작되었을 때` 블록을 가져옵니다. [흐름] 블록 꾸러미에서 `계속 반복하기` 블록을 가져와서 연결하고 [생김새] 블록 꾸러미의 `모양 숨기기` 블록을 가져와 `계속 반복하기` 안에 연결합니다.

10 [움직임] 블록 꾸러미에서 덤불 위치로 이동하기 블록을 가져와 모양 숨기기 블록 아래에 연결합니다. '덤불'을 클릭해서 '플레이어'로 바꾸세요.

쌤 TALK

'플레이어_센서'는 총알이 나가는 방향으로 이동해요. 플레이어 위치로 이동하기 블록 때문에 플레이어 오브젝트의 중심점인 머리 부분을 따라다녀요.

DAY12에서 사용한 오브젝트와 블록을 정리했으니 살펴보세요. 블록이 조립된 순서를 잘 보고 다른 코딩에도 활용해 보세요.

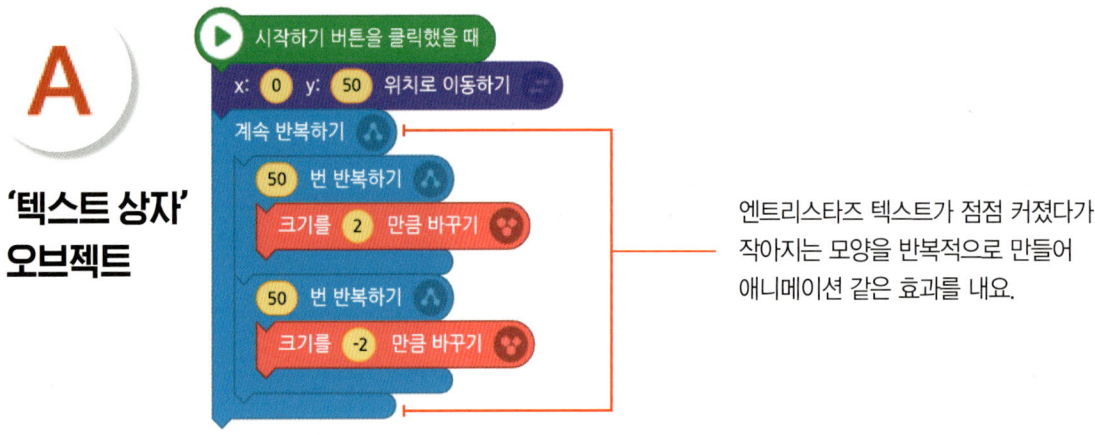

'텍스트 상자' 오브젝트

엔트리스타즈 텍스트가 점점 커졌다가 작아지는 모양을 반복적으로 만들어 애니메이션 같은 효과를 내요.

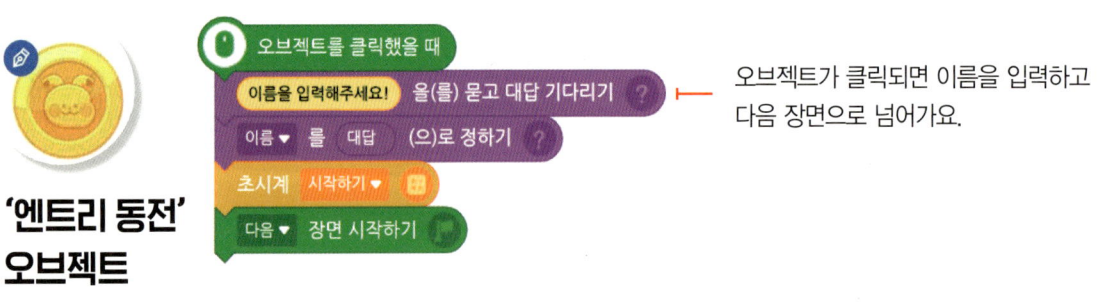

'엔트리 동전' 오브젝트

오브젝트가 클릭되면 이름을 입력하고 다음 장면으로 넘어가요.

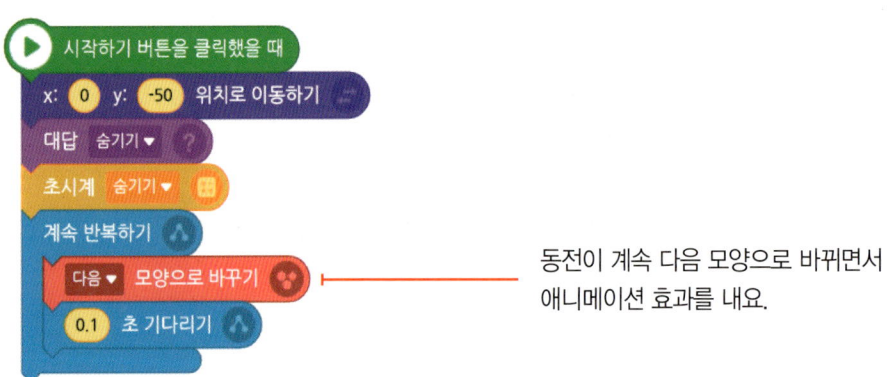

동전이 계속 다음 모양으로 바뀌면서 애니메이션 효과를 내요.

'덤불'
오브젝트

무작위 위치에서 15개가 나타나도록 해요.

'플레이어'
오브젝트

플레이어 오브젝트를 게임의 시작 위치로 이동시켜요.

'플레이어_
센서'
오브젝트

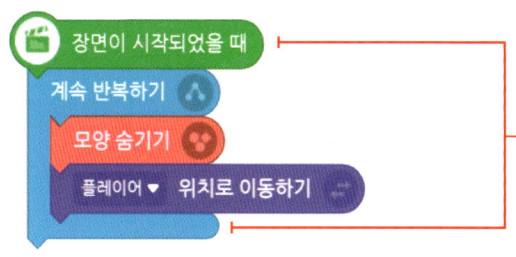

플레이어 센서 오브젝트가 플레이어 오브젝트를 따라다니도록 해요.

완성의 재미

🔵 게임의 일부분을 코딩해보니 어땠나요? 현재의 프로그램에서 어떤 요소를 추가해서 게임을 완성하고 싶은지 생각해 봅시다.

🟡 엔트리봇을 키보드로 움직이며 게임을 진행하는 프로그램을 만들어 볼까요? 아래 예시를 참고하여 W, A, S, D 키를 누를 때 마다 위쪽, 왼쪽, 아래쪽으로 이동하는 엔트리봇을 만들어 보세요.

숨겨진 컴퓨터 과학 찾기

게임을 만드는 데 필요한 다양한 프로그래밍 요소는?

스마트폰이나 컴퓨터 게임에는 엄청나게 많은 요소들이 포함되어 있다는 사실을 알고 있나요? 게임의 규모가 클수록 더 복잡하고 다양한 프로그래밍이 필요해서 수십, 수백 명의 프로그래머가 함께 개발하기도 해요. 게임을 개발하는 데 필요한 프로그래밍으로는 게임 플레이가 어떻게 진행되는지, 어떤 법칙으로 게임이 흘러가고 각각의 캐릭터들은 어떤 관계인지 등 모든 것을 전반적으로 다루는 '게임 플레이 프로그래밍'과 총알의 움직임과 캐릭터의 점프 후 착지와 같이 현실 세계에서 일어나는 현상들을 빠른 속도로 계산해 주는 '물리엔진 프로그래밍', 다양한 캐릭터와 배경을 디자인하는 '그래픽 랜더링 프로그래밍', 마지막으로 여러 사람이 함께 하는 온라인 게임에 필요한 '네트워크 프로그래밍' 등이 있어요.

우리는 이 책에서 엔트리라는 언어를 활용해서 게임을 만들고 있어요. 실제로 게임을 개발하는 데는 어떤 프로그래밍 언어를 사용할까요? 게임의 종류에 따라 다르지만 안드로이드 휴대폰 게임을 만들 때는 'JAVA(자바)', 아이폰의 게임을 만들 때는 'Swift(스위프트)', 컴퓨터 게임을 만들 때는 'C++' 같은 언어를 주로 사용하고 그 외 다양한 프로그래밍 언어도 사용돼요.

재미있게 하던 게임에 이렇게 많은 요소들이 포함되어 있다는 사실에 놀랍지 않나요? 코딩과 게임을 좋아하는 친구들이라면 게임 개발자로서의 꿈을 키워 보는 건 어떨까요?

엔트리스타즈 총알 쏘기

아직 게임적인 요소가 많이 부족하죠? 우리가 조작할 수 있는 플레이어를 코딩하지도 않았고 상대해야 할 적도 나오지 않았어요.

이번 코딩은 바로 플레이어의 움직임부터 총을 발사하는 과정이나 게임의 법칙을 만드는 코딩이에요. 게임이 본격적으로 시작되는 '진행' 화면을 중심으로 코딩해 볼게요.

완성 작품 살펴보기

완성 파일 13장_엔트리스타즈(2).ent

필요한 오브젝트 살펴보기

| 엔트리동전 | 텍스트상자 | 협곡 | 센서 | (2)엔트리봇 | 식물 | 유적지 | 총알 | 배터리(2) |

1교시 오브젝트와 배경이 필요해요

01 실행화면에서 [진행] 탭을 클릭하여 코딩할 화면을 선택합니다. 오브젝트를 추가하기 위해 ➕ 버튼을 클릭하고 '배터리(2)', '총알' 오브젝트를 추가합니다.

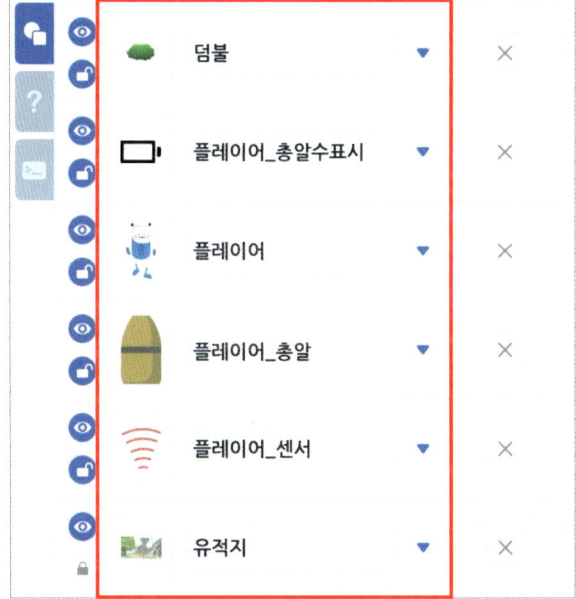

02 추가된 오브젝트를 조작이 편한 위치에 놓고 오브젝트들이 겹쳤을 때 보이는 순서를 정하기 위해 오브젝트 목록에서 오브젝트들의 순서와 이름을 다음 그림과 같이 바꿉니다.

> **쌤TALK**
> 오브젝트의 위치나 크기, 겹쳤을 때의 순서도 블록 명령어를 통해서 정하지만 미리 정리해두면 훨씬 코딩하기 편해져요.

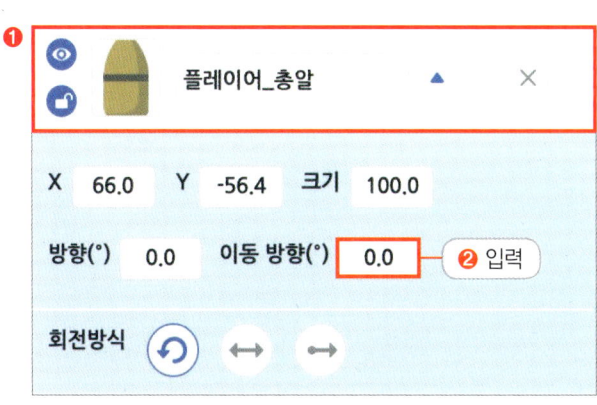

03 오브젝트 목록에서 '플레이어_총알' 오브젝트를 클릭하고 '이동 방향'을 '0'으로 입력합니다.

DAY 13 엔트리스타즈 총알 쏘기 ■ 175

2교시 / 키보드로 플레이어를 움직여요

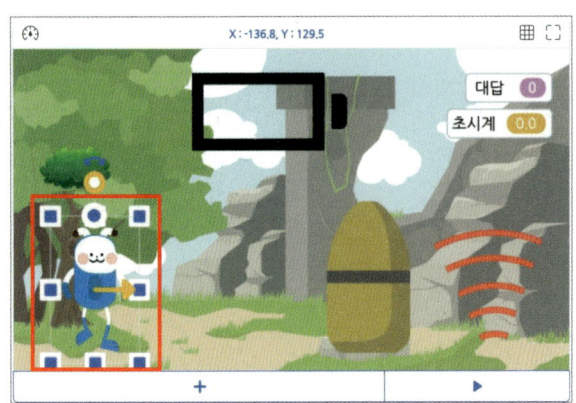

01 '플레이어' 오브젝트를 클릭합니다.

02 [모양] 탭을 클릭하고 [모양 추가하기] 버튼을 누릅니다. '걷는 엔트리봇_옆'과 '걷는 엔트리봇_옆1' 모양을 선택하고 [추가] 버튼을 클릭해 추가합니다. 모양을 정확히 파악하기 위해서 '걷는 엔트리봇_오른쪽1', '걷는 엔트리봇_오른쪽2'로 이름을 바꿉니다.' 나머지 앞, 뒤 모양도 아래 그림과 같이 '(2)엔트리봇'을 모두 '걷는 엔트리봇_방향'으로 이름을 바꿉니다.

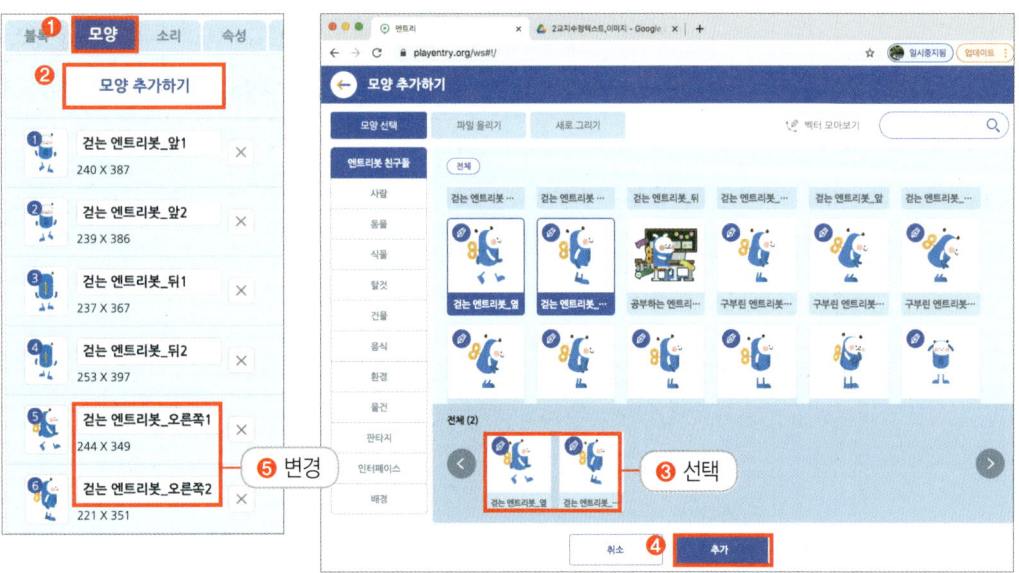

03 '걷는 엔트리봇_오른쪽1' 모양을 클릭하고 '좌우 반전'을 클릭합니다. '새 모양으로 저장'을 클릭한 뒤에 '걷는 엔트리봇_왼쪽1'로 이름을 바꿉니다. '걷는 엔트리봇_오른쪽2'도 같은 방법으로 저장하고 '걷는 엔트리봇_왼쪽2'로 바꿔 줍니다.

> **쌤 TALK**
> 앞, 뒤, 오른쪽, 왼쪽 모양을 바꿔서 엔트리봇이 이동하는 애니메이션을 만들 때 활용해요..

04 [흐름] 블록 꾸러미를 클릭합니다. `계속 반복하기` 블록을 가져와서 연결합니다.

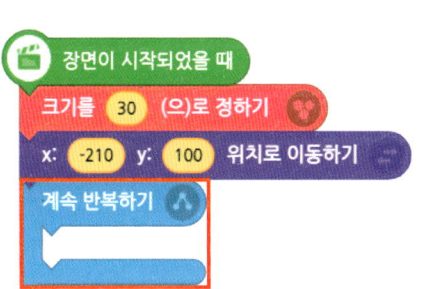

> **쌤 TALK**
> 게임에서는 게임이 진행되는 동안 키가 눌렸는지, 오브젝트끼리 서로 닿았는지 계속해서 선택 구조를 체크해야 하는 경우가 많아요. 그래서 `계속 반복하기` 블록을 많이 써요.

05 [흐름] 블록 꾸러미의 `만일 참이라면` 블록을 가져와 `계속 반복하기` 블록 안에 끼워 넣습니다. [판단] 탭에서 `q키가 눌러져 있는가?` 블록을 가져와 '참' 자리에 넣고 'q'를 클릭해 'w'로 바꿉니다. [움직임] 블록 꾸러미에서 `y좌표 10만큼 바꾸기` 블록을 가져와 연결하고, '10'을 '2'로 바꿔 입력합니다.

> **쌤 TALK**
> W 키를 눌렀을 때 오브젝트를 위로 이동시키려면 y좌표의 값이 계속해서 커지도록 바꿔야 해요.

06 [생김새] 블록 꾸러미의 `걷는 엔트리봇_앞1 모양으로 바꾸기` 블록을 가져와서 연결하고 '걷는 엔트리봇_뒤1'로 변경합니다. [흐름] 블록 꾸러미에서 `2초 기다리기` 블록을 가져와서 '0.01'로 바꾸어 줍니다. `걷는 엔트리봇_뒤1 모양으로 바꾸기` 블록과 `0.01초 기다리기` 블록을 복사하고 붙여넣기하여 한 번씩 더 연결합니다. '걷는 엔트리봇_뒤2'로 바꿉니다.

쌤 TALK

W 키를 눌렀을 때 위로 이동하면서 뒷모습이 보이며 걷는 듯한 애니메이션을 만들어 주기 위해 '걷는 엔트리봇_뒤1', '걷는 엔트리봇_뒤2' 모양을 반복적으로 실행해요.

07 `만일 w 키가 눌려져 있는가? (이)라면` 블록을 마우스 오른쪽 단추로 클릭하고 '코드 복사&붙여넣기'를 클릭해 선택 구조 전체를 복사합니다.

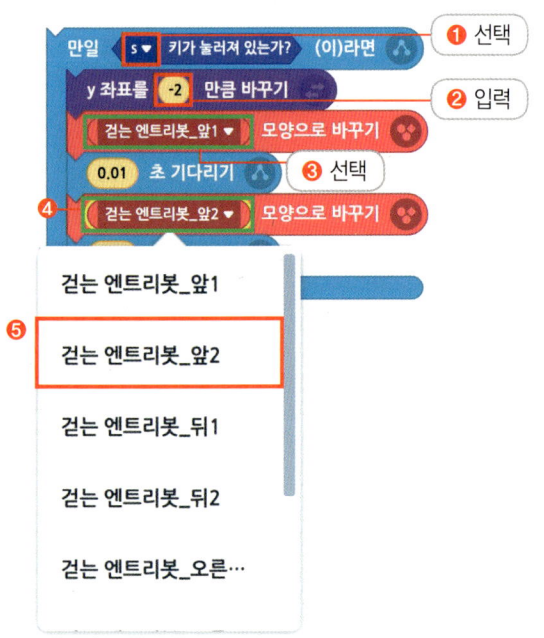

08 복사한 코드에서 'w'를 's'로 바꾸고, y 좌표 '2'를 '-2'로, '엔트리봇_뒤1,2'를 '엔트리봇_앞1,2'로 바꿉니다.

❶ 복사&붙여넣기를 한 뒤 값을 각각 변경

09 07처럼 만일 w키가 눌려져 있는가를 두 번 더 복사합니다. 복사된 선택 구조 블록들을 그림과 같이 바꾸고 복사한 블록을 모두 연결합니다.

쌤TALK

여기까지 코딩했다면 시작 장면을 클릭하고 프로그램을 실행해 보세요! 아래의 그림처럼 키보드 키를 누를 때마다 정해진 방향으로 모양을 바꾸면서 이동하는 엔트리봇이 완성된 것을 확인할 수 있어요.

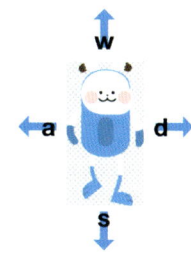

10 [자료] 블록 꾸러미에서 [변수 만들기] 버튼을 클릭하거나 혹은 [속성] 탭에서 '변수'를 선택하여 '발견됨' 변수를 만들고 실행화면에서는 보이지 않도록 합니다.

DAY 13 엔트리스타즈 총알 쏘기 ■ 179

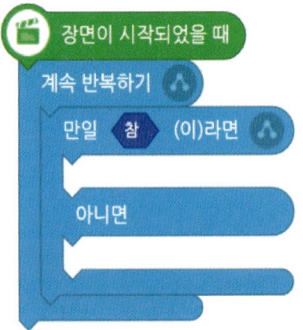

11 덤불에 닿으면 숨은 효과를 내기 위해 [시작] 블록 꾸러미에서 장면이 시작되었을 때 블록을 끌어오고 [흐름] 블록 꾸러미에서 계속 반복하기 와 만일 참이라면 / 아니면 블록을 끌어와 연결합니다.

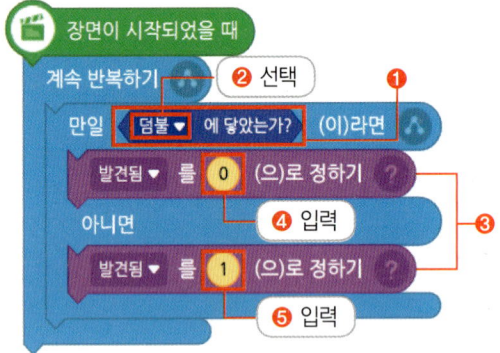

12 [판단] 블록 꾸러미에서 마우스포인터에 닿았는가? 블록을 가져와 '참' 자리에 넣고 '덤불'로 바꿉니다. [자료] 블록 꾸러미를 클릭해서 발견됨를 10(으)로 정하기 블록을 넣고 아니면 에 발견됨를 10(으)로 정하기 블록을 넣습니다. 값을 각각 '0'과 '1'로 바꿉니다.

쌤 TALK

덤불에 닿아서 숨는다면(발견됨 값이 0일 때) 상대방이 플레이어를 찾지 못하도록 해서 게임 요소를 더 풍부하게 해 볼게요.

3교시 센서로 조준 시스템을 만들어요

01 '플레이어_센서' 오브젝트를 클릭합니다.

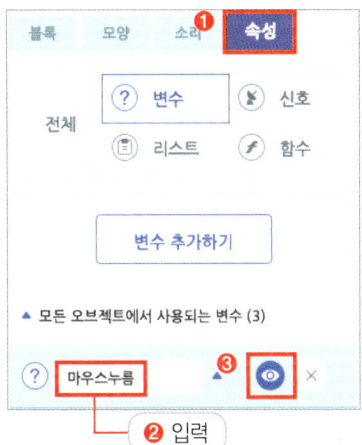

02 [자료] 블록 꾸러미의 [변수 만들기] 버튼을 혹은 [속성] 탭에서 '마우스누름' 변수를 만들고 👁 아이콘을 클릭해 실행화면에서 보이지 않도록 합니다.

03 `마우스누름를 0(으)로 정하기` 블록을 끌어와 `계속 반복하기` 위에 연결합니다.

쌤TALK

마우스를 누른 시간에 따라 총알이 날아가는 거리가 바뀌도록 게임을 만들 거예요. 이 '마우스누름'은 마우스를 누른 시간을 활용하기 위해 만든 변수예요.

04 [흐름] 블록 꾸러미에서 만일 참이라면 / 아니면 블록을 가져와 계속 반복하기 블록 안에 넣습니다. [판단] 블록 꾸러미에서 마우스를 클릭했는가? 블록을 가져와 '참' 자리에 넣습니다. [움직임] 블록 꾸러미에서 덤불쪽 바라보기 블록을 가져와 '덤불'을 '마우스포인터'로 바꾸고 [생김새] 블록 꾸러미에서 모양 보이기 블록을 끌어와 연결합니다.

05 [자료] 블록 꾸러미에서 마우스누름 에 10만큼 더하기 블록을 끌어와 연결하고 '10'을 '1'로 바꿔 입력합니다. 아니면 블록 부분에는 마우스누름를 10(으)로 정하기 블록을 끌어와 연결하고 '10'을 '0'으로 바꿔 입력합니다.

쌤TALK

게임을 실행하고 클릭했을 때 플레이어_센서가 마우스 방향을 보지 않는다면 오브젝트 목록에서 '회전방식' 항목이 🔄인지 확인하세요.

06 [자료] 블록 꾸러미에서 [변수 만들기] 버튼을 클릭하거나 [속성] 탭에서 '총알수'와 '총알거리' 변수를 만들고 실행 화면에서 보이지 않도록 합니다. [흐름] 블록 꾸러미에서 `만일 참이라면` 블록을 가져와 `아니면` 블록 부분에 넣습니다.

> **쌤 TALK**
> [자료] 블록 꾸러미의 블록들은 가장 마지막에 만들어진 변수나 리스트의 이름으로 나타나요. 책과 변수 이름이 다르게 나타나도 가져와서 바꿔 활용하는 데는 문제가 없어요.

07 [판단] 블록 꾸러미의 `10>10` 블록에 [자료] 블록 꾸러미의 `마우스누름 값` 블록을 끌어와 넣고 '10'을 '0'으로 바꿔 입력합니다. 같은 방법으로 `총알수 값>0` 블록을 만듭니다. 이 두 블록을 [판단] 블록 꾸러미의 `그리고` 블록으로 연결합니다. 완성한 블록을 `만일 참이라면`의 '참' 자리에 넣습니다.

> **쌤 TALK**
> 마우스를 누르고 있고 쏠 수 있는 총알이 있다면 블록 안의 두 조건 모두 참인 경우에만 명령어가 실행되도록 했어요.

08 [자료] 블록 꾸러미에서 `총알거리를 10(으)로 정하기` 블록을 끌어와 연결하고, `총알거리 값` 블록을 '10' 자리에 끌어와 연결하고 '마우스누름'으로 바꿉니다. 그리고 `총알거리 10만큼 더하기` 블록을 가져온 다음 '총알거리'를 '총알수'로, '10'을 '-1'로 바꿔 입력합니다.

DAY 13 엔트리스타즈 총알 쏘기 ■ 183

09 [속성] 탭에서 '신호'를 클릭하고 [신호 추가하기] 버튼을 클릭합니다. '신호 이름'에 '발사'를 입력하고 [확인] 버튼을 클릭해 발사 신호를 만듭니다.

10 [시작] 블록 꾸러미에서 발사 신호 보내기 블록을 끌어와 연결합니다.

쌤 TALK
신호를 만들면 [시작] 블록 탭에서 신호를 보내기, 신호를 받았을 때 라는 블록을 사용할 수 있어요. 이 블록은 다른 오브젝트 또는 한 오브젝트 내에서 다른 명령어 모음이 실행될 수 있도록 해요.

11 블록 조립소의 빈 공간에 [시작] 블록 꾸러미에서 장면이 시작 되었을 때 블록을 하나 더 가져오고 [흐름] 블록 꾸러미에서 계속 반복하기 블록을 연결합니다. 만일 참(이)라면 / 아니면 블록을 가져와 계속 반복하기 블록 안에 넣습니다.

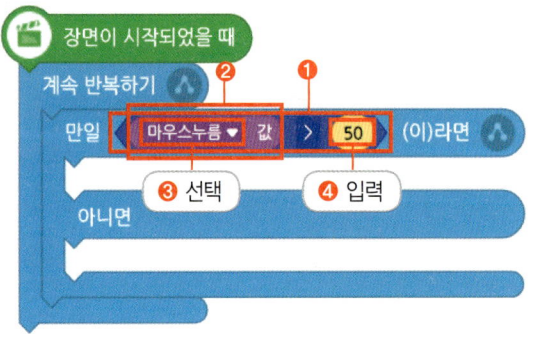

12 [판단] 블록 꾸러미의 10>10 블록에 [자료] 블록 탭의 총알거리 값 블록 넣고 '총알거리'를 '마우스누름'으로 바꿉니다. '0' 자리에 '50'을 입력하고 다음의 그림과 같이 '참' 자리에 넣습니다.

13 [생김새] 블록 꾸러미에서 크기를 10으로 정하기 블록을 끌어와서 넣고 '10'을 '50'으로 바꿔 입력합니다. 크기를 10으로 정하기 블록을 하나 더 가져와서 아니면 블록 부분에 넣고 [자료] 블록 꾸러미에서 총알거리 값 블록을 가져와 '10' 자리에 연결하고 '마우스누름'으로 바꿉니다.

쌤 TALK

'플레이어_센서' 오브젝트가 '마우스누름'의 변수 값 크기대로 계속 커진다면 아래의 그림처럼 너무 커진 센서 때문에 게임을 할 수 없을지도 몰라요. 그래서 만일 마우스누름 값 >50(이)라면 블록에서 오브젝트 크기가 50까지만 커지도록 코딩했습니다.

14 '플레이어' 오브젝트를 클릭하고 덤불에 닿았는지 여부를 판단하는 코드를 확인합니다.

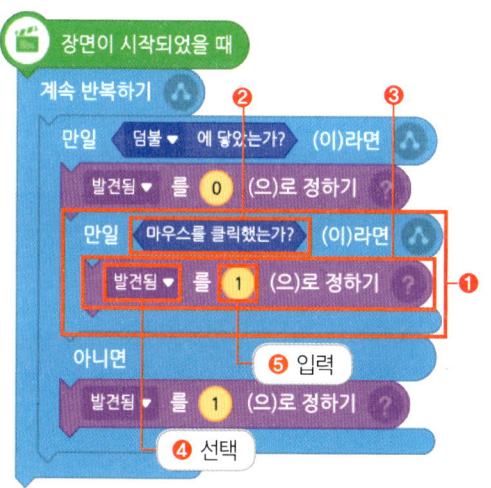

15 [흐름] 블록 꾸러미의 만일 참(이)라면 블록을 가져와 그림과 같이 넣습니다. [판단] 블록 꾸러미에서 마우스를 클릭했는가? 블록을 가져와 '참' 자리에 넣습니다. [자료] 블록 꾸러미에서 총알거리를 10(으)로 정하기 블록을 가져와 '총알거리'를 '발견됨'으로, '10'을 '1'로 바꿔 입력합니다.

쌤 TALK

덤불에 숨었더라도 총을 쏘기 위해 마우스를 클릭하면 '발견됨' 변수값이 1이 되기 때문에 적이 플레이어를 찾을 수 있어요.

4교시 / 날아가는 총알을 코딩해요

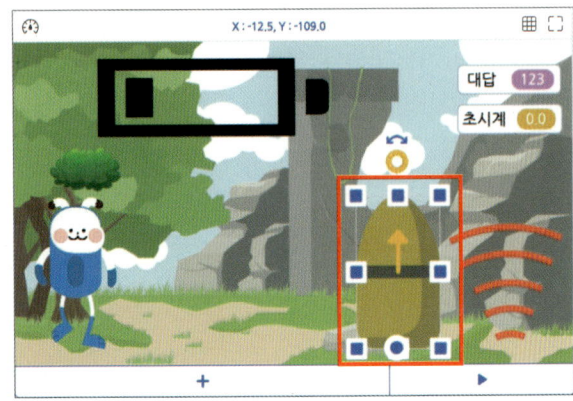

01 '플레이어_총알' 오브젝트를 클릭합니다.

02 [시작] 블록 꾸러미에서 `장면이 시작되었을 때` 블록을 가져옵니다. [생김새] 블록 꾸러미에서 `크기를 10(으)로 정하기` 블록을 끌어와 연결하고 '10'을 '12'로 바꿔 입력합니다. 그리고 `모양 숨기기` 블록을 가져와서 연결합니다.

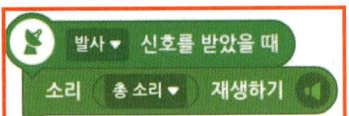

03 [시작] 블록 꾸러미에서 `발사 신호를 받았을 때` 블록을 끌어옵니다. [소리] 탭에서 [소리 추가하기] 버튼을 클릭하고 '총 소리'를 추가하고 [소리] 블록 꾸러미의 `소리 총소리 재생하기` 블록을 연결합니다.

쌤TALK

`발사 신호를 받았을 때` 블록은 '플레이어_센서' 오브젝트에서 `발사 신호 보내기`가 실행되면 그 신호를 받아서 실행되는 명령이에요. 두 오브젝트 간에 서로 연결이 가능한 것이죠. 신호와 같이 사건을 중심으로 코딩하는 것을 '이벤트 기반 프로그래밍'이라고 해요. 이벤트 기반 프로그래밍에 대한 자세한 설명은 195쪽을 참고하세요.

04 [움직임] 블록 꾸러미에서 플레이어_센서 위치로 이동하기 블록을 끌어와 연결하고 방향을 90°로 정하기 블록을 끌어와 연결하고 '90°' 자리에 [계산] 블록 꾸러미의 덤불의 x좌푯값 블록을 가져와 넣고 '플레이어_센서'와 '방향'으로 바꿉니다.

쌤TALK

양 끝이 둥근 모양의 블록은 같은 모양이라면 어디든지 들어 갈 수 있어요. 90°의 경우 숫자만 들어야 가야 할 것 같지만 플레이어_센서의 방향 이라는 블록 자체도 실제 방향 값을 숫자 값으로 가지기 때문에 활용할 수 있어요.

05 [생김새] 블록 꾸러미에서 모양 보이기 블록을 끌어와 연결합니다. [흐름] 블록 꾸러미에서 10번 반복하기 블록을 끌어와 연결하고 [자료] 블록 꾸러미의 총 알거리 값 블록을 끌어와 '10' 자리에 넣습니다.

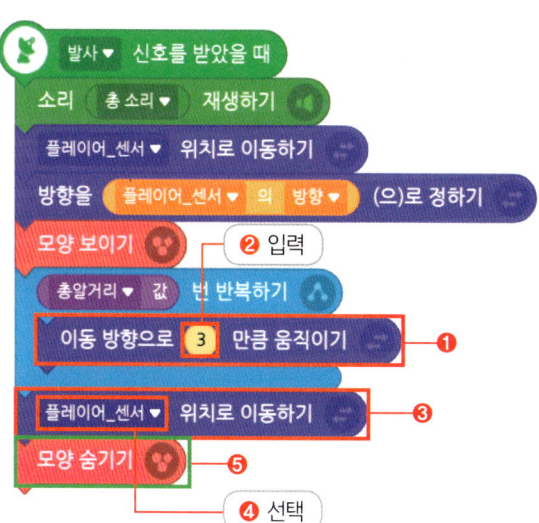

06 [움직임] 블록 꾸러미에서 이동 방향으로 10만큼 움직이기 블록을 끌어와 ~번 반복하기 블록 안에 넣고 '10'을 '3'으로 바꿔 입력합니다. 덤불 위치로 이동하기 블록을 가져와 반복 블록 아래 연결하고 '덤불'을 '플레이어_센서'로 바꿉니다. [생김새] 블록 꾸러미에서 모양 숨기기 블록을 끌어와 연결합니다.

5 교시 / 총알 발사 횟수를 제한해요

01 '플레이어_총알수표시' 오브젝트를 클릭합니다.

02 [시작] 블록 꾸러미에서 장면이 시작되었을 때 블록을 가져옵니다. [생김새] 블록 꾸러미에서 크기를 10(으)로 정하기 블록을 끌어와 연결하고 '10'을 '15'로 바꿔 입력합니다.

03 [자료] 블록 꾸러미의 총알거리를 10 (으)로 정하기 블록을 끌어와 연결하고 '총알거리'를 '총알수'로 바꾸고 '10'을 '4'로 바꿔 입력합니다. 그리고 [흐름] 블록 꾸러미에서 계속 반복하기 블록을 끌어와 아래 연결합니다.

04 [움직임] 블록 꾸러미에서 덤불 위치로 이동하기 블록을 끌어와 계속 반복하기 블록 안에 넣고 '덤불'을 '플레이어'로 바꿉니다. [흐름] 블록 꾸러미의 만일 참이라면 / 아니면 블록을 가져와 연결하고 [자료] 블록 꾸러미의 총알거리 값 블록을 [판단] 블록 꾸러미의 10≥10 블록과 연결하고 '참' 자리에 넣고 '총알거리'를 '총알수'로, '10'을 '4'로 바꿔 입력합니다.

> **쌤 TALK**
> 총알은 4개가 최대입니다. 그래서 4보다 크거나 같으면 '플레이어_총알수' 표시 오브젝트가 가득 차 있는 모양으로 만들고 4보다 작다면 총알의 수와 모양을 같게 해줘요.

05 [생김새] 블록 꾸러미에서 배터리(2)_0% 모양으로 바꾸기 블록을 끌어오고 '배터리(2)_100%'로 바꿉니다. 아니면 블록 부분에도 배터리(2)_0% 모양으로 바꾸기 블록을 가져오고 [계산] 블록 꾸러미의 10+10 블록과 [자료] 블록 꾸러미의 총알거리 값 블록을 연결한 값을 넣습니다. '총알거리'를 클릭한 후 '총알수'를, '10'을 '1'로 바꿔 입력합니다.

> **쌤 TALK**
> 총알수 값+1 블록을 넣고 빠져 나온 '배터리(2)_0%'는 버려도 돼요.

잠|깐|만|요| 컴퓨터는 오브젝트의 모양이나 모든 정보를 숫자로 표현해요!

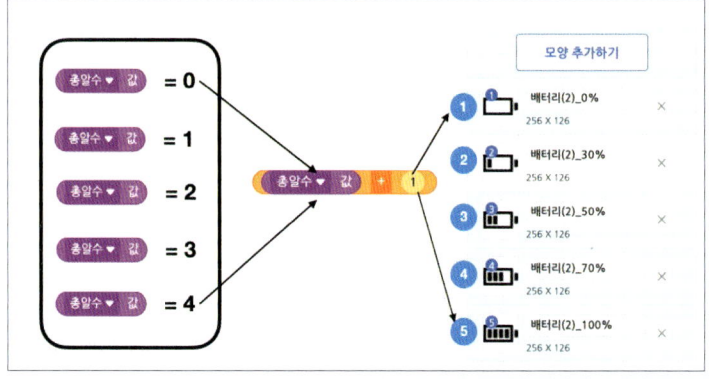

> **쌤 TALK**
> 오브젝트의 모양들도 숫자 값을 가지고 있어서 순서대로 숫자 값에 맞는 모양으로 바꿀 수 있어요. 총알수 변수값이 0이 되면 0+1로 (🔋) 1번째(🔋) 값을 가지게 돼요. 만약 총알수 변수값이 4라면 4+1(🔋)인 5번째 모양(🔋)으로 변하게 돼요. 순서를 바꿀 때는 배터리 이미지 부분을 클릭해서 드래그하면 됩니다.

오브젝트의 모양도 차례차례 숫자 값으로 표현되어 있어요. 총알수 변수값이 0이라면 '총알수 값 + 1'에 의해 1이라는 값을 가지게 되고 첫 번째 모양인 🔋으로 바뀌게 돼요. 변수의 값에 따라 모양을 바꿀 수 있어서 더 효율적으로 코딩할 수 있어요. 이처럼 컴퓨터는 모양, 위치, 문자 등 모든 정보를 숫자로 표현하고 계산해요.

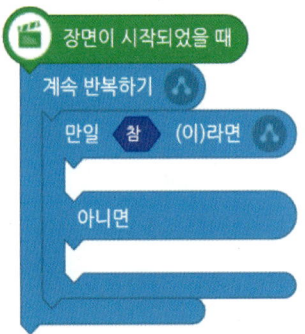

06 [시작] 블록 꾸러미를 클릭하고 장면이 시작되었을 때 블록을 하나 더 가져옵니다. [흐름] 블록 꾸러미에서 계속 반복하기 블록을 끌어와 연결합니다. 만일 참이라면 / 아니면 블록을 가져와 계속 반복하기 블록 안에 넣습니다.

07 [판단] 블록 꾸러미의 10≥10 블록을 참 위치에 넣습니다. 앞의 '10' 대신에 [자료] 블록 꾸러미의 총알거리 값 블록을 넣고 '총알수'로 바꿉니다. 또 뒤의 '10' 대신에 '4'를 입력합니다. [자료] 블록 꾸러미에서 총알거리를 10(으)로 정하기 블록을 가져와 넣고 '총알수', '4'로 바꿔 줍니다.

> **쌤 TALK**
> 총알수가 최대 숫자인 4를 넘어가지 않도록 4보다 크다면 무조건 4로 값을 가지도록 해요.

08 [흐름] 블록 꾸러미에서 2초 기다리기 블록을 가져와 넣고 '2' 대신에 '3'을 입력합니다. [자료] 블록 꾸러미에서 총알거리에 10 만큼 더하기 블록을 가져와 아래 연결하고 '총알수', '1'로 바꿉니다.

> **쌤 TALK**
> 총알수가 4가 아니라면, 즉 총알이 가득 차지 않았다면 3초마다 1씩 추가해서 총알수가 늘어날 수 있도록 해요.

DAY13에서 사용한 오브젝트와 블록을 정리했으니 살펴보세요. 블록이 조립된 순서를 잘 보고 다른 코딩에도 활용해 보세요.

'플레이어' 오브젝트

선택 구조를 활용해서 키보드의 W, A, S, D 키를 누를 때마다 위, 왼쪽, 아래, 오른쪽으로 이동하여 움직이는 애니메이션을 표현해요.

덤불에 숨으면 적이 발견하지 못하고 마우스를 클릭하거나 덤불에 닿지 않으면 발견할 수 있도록 해요.

**'플레이어_
센서'
오브젝트**

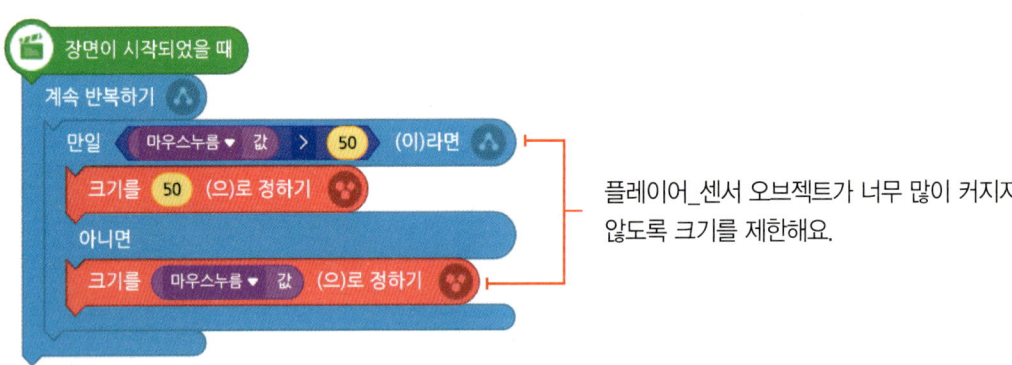

선택 구조를 활용해서 마우스를 눌렀을 때 마우스누름 변수가 커지도록 하고 마우스에서 손을 떼면 누른 값 만큼 발사 신호를 보낼 수 있도록 해요.

플레이어_센서 오브젝트가 너무 많이 커지지 않도록 크기를 제한해요.

'플레이어
_총알'
오브젝트

3의 속도로 플레이어_총알의 방향이 마우스 방향으로 날아가도록 해요.

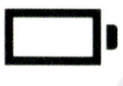

'플레이어
_총알수
표시'
오브젝트

총알수 값을 배터리의 모양으로 표현해요.

총알수를 최대 4까지만 하고 3초에 1씩 더해지도록 해요.

○ 게임의 일부분을 코딩해 보니 어땠나요? 프로그램에서 어떤 요소를 추가해서 게임을 완성하고 싶은지 생각해 봅시다.

_____

_____

_____

_____

○ 게임에서 체력 표시는 꼭 필요하죠. 엔트리봇의 체력을 배터리로 표현해 보면 어떨까요? 전체 체력을 100이라고 했을 때 단계별로 배터리의 양 모양을 활용해 표현해 볼까요? 아래 예시를 참고해서 나만의 프로그램을 만들어 보세요.

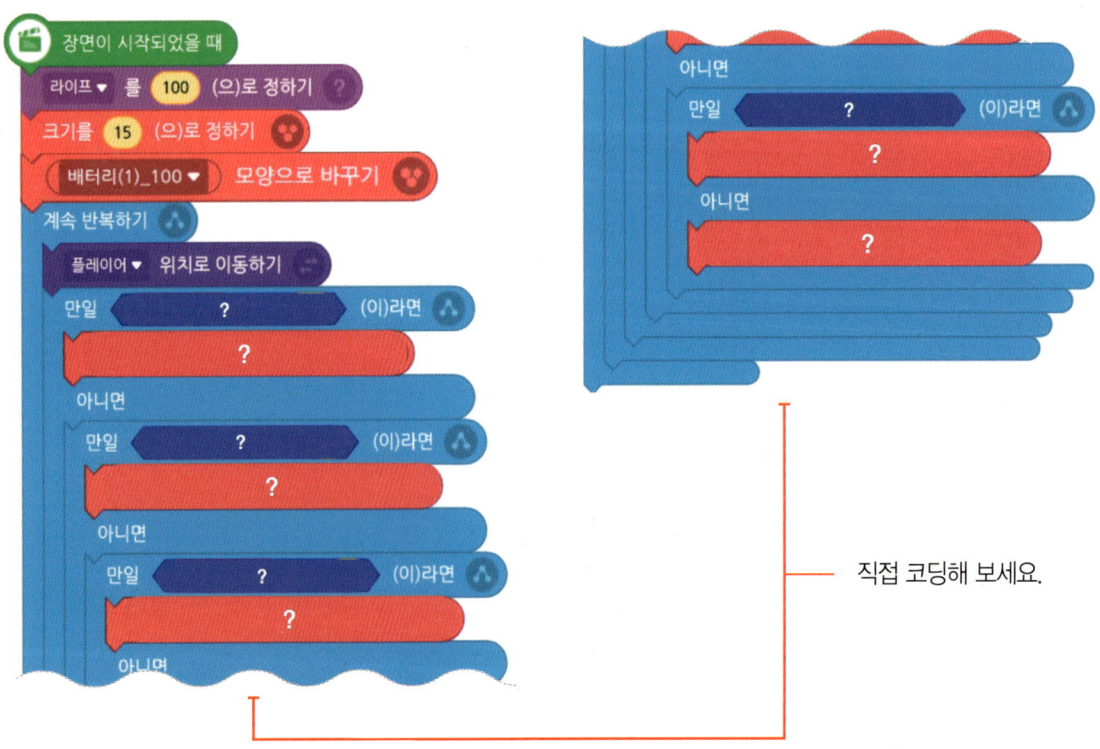

직접 코딩해 보세요.

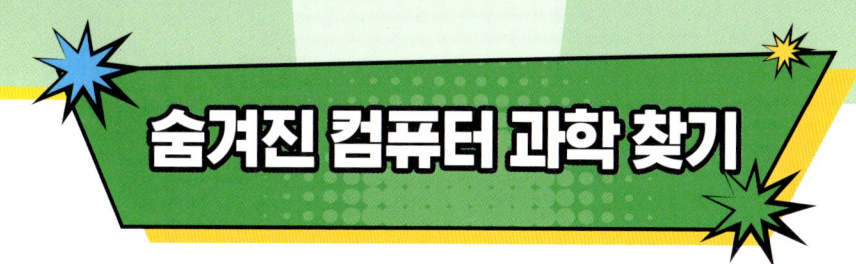

숨겨진 컴퓨터 과학 찾기

이벤트 기반 프로그래밍이란?

엔트리로 복잡한 코딩을 하다 보면 [시작] 블록 꾸러미의 명령어들을 많이 활용하게 돼요. 특히 이번에는 '신호'라는 블록을 활용해서 오브젝트들끼리 정보(신호)를 주고 받을 수 있도록 코딩했어요.

이런 [시작] 블록 꾸러미의 명령어들은 어떤 특징이 있나요? 대부분 자신의 위에는 명령어를 연결할 수 없는 블록 연결의 시작 모양(시작하기 버튼을 클릭했을 때)이고 ~했을 때 라는 이름을 가지고 있죠. 모두 아래 연결되어 있는 명령어들이 키보드나 마우스를 누르는 것 같은 특별한 일이 생겼을 때 실행되도록 해줘요.

우리가 가족이나 친구에게 특별한 기억을 만들어 주고 싶어서 '이벤트'를 해 본 적이 있나요? ==엔트리처럼 코딩에서도 특별한 일이 생기는 것을 기준으로 코딩하는 방식을 '이벤트 기반 프로그래밍'이라고 해요.==

두 명령어들은 결과가 완전히 똑같지는 않지만 비슷한 결과를 다른 방식으로 표현한 거예요.

엔트리뿐만 아니라 여러분이 사용하는 컴퓨터의 프로그램들도 이벤트 기반 프로그래밍으로 만들어진 것들이 많아요. 실제 코딩에 사용되는 언어들은 엔트리처럼 이벤트 기반의 언어도 있고, 한 덩어리의 명령어로 위에서 아래 순서대로만 코딩해야 하는 언어도 있어요. 그리고 여러 오브젝트를 코딩하지만 더 많은 정보를 주고 받을 수 있는 형태의 언어도 있어요. ==어떤 언어가 더 좋은 것이 아니라 만들려고 하는 목표를 더 쉽게 만들 수 있는 언어를 선택하는 것이 중요하죠.==

엔트리스타즈 적 코딩

드디어 플레이어를 완성했어요. 키보드로 움직이고 총알도 쏘니 제대로 된 게임 캐릭터가 만들어진 것 같죠? 하지만 완벽한 게임이 되기 위해서는 적도 있어야겠죠? 적과 함께 경쟁하거나 대결하는 요소들이 있어야 해요. 어떤 요소를 만들면 좋을까요?

이번에는 적을 만들고 적과 경쟁하기 위한 요소로 라이프를 만들어 보도록 할게요. 그리고 게임의 종료 장면을 만들어 게임을 종료할 수 있도록 코딩해 볼 거예요. 어려운 고비를 한번 잘 넘긴 여러분들이라면 쉽고 즐겁게 코딩할 수 있을 거예요! 그럼 코딩을 시작해 볼까요?

완성 작품 살펴보기

완성 파일 14장_엔트리스타즈(3).ent

필요한 오브젝트 살펴보기

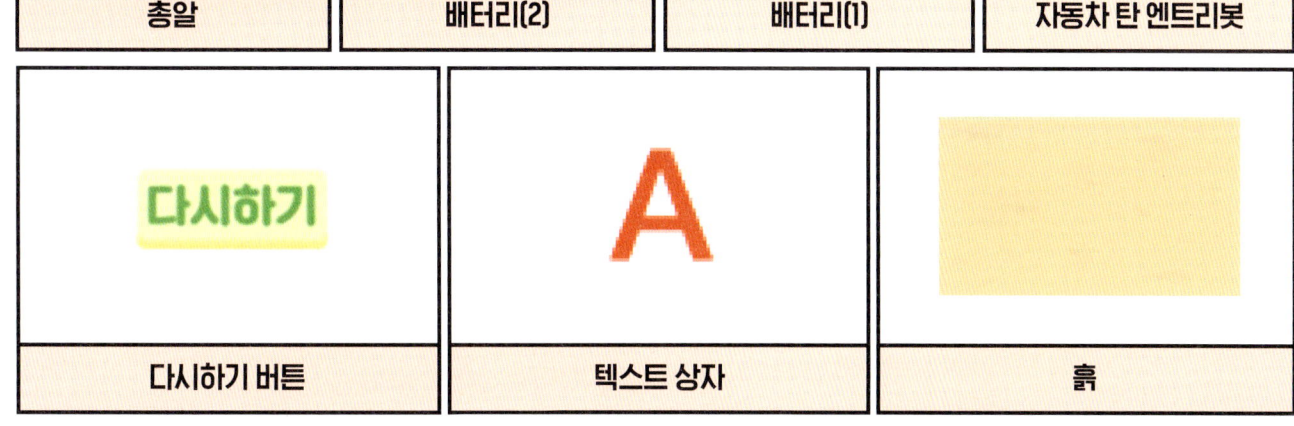

엔트리 동전	텍스트 상자	협곡
센서	(2)엔트리봇	식물	유적지
총알	배터리(2)	배터리(1)	자동차 탄 엔트리봇
다시하기 버튼	텍스트 상자	흙

1교시 / 오브젝트와 배경이 필요해요

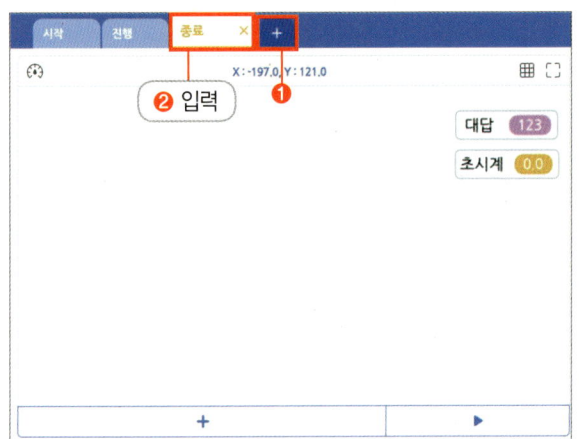

01 실행화면의 탭에서 ➕를 클릭해 장면을 추가하고 추가된 '장면1'을 더블클릭해서 '종료'라고 입력합니다.

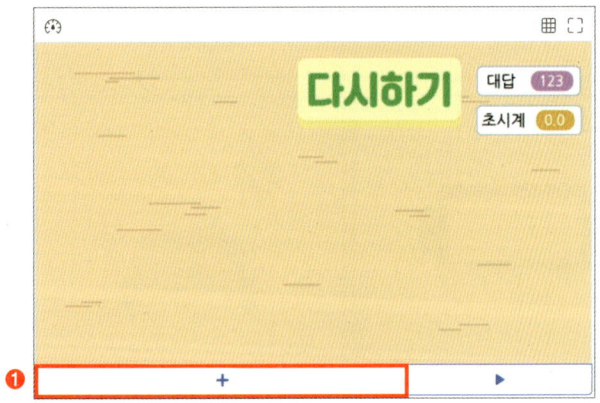

02 오브젝트를 추가하기 위해 ➕를 클릭하고 '다시하기 버튼', '흙' 배경 오브젝트를 추가합니다. '다시하기 버튼' 오브젝트를 실행화면 위로 옮깁니다.

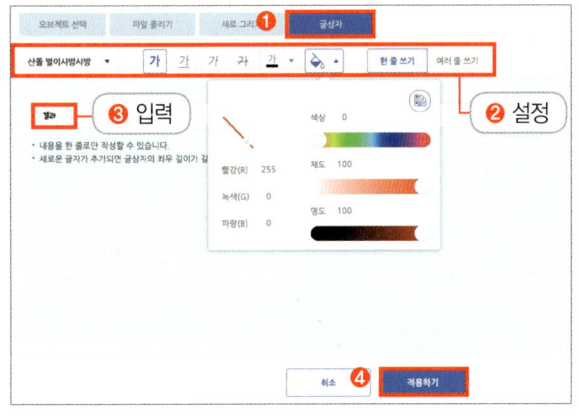

03 '글상자' 오브젝트를 추가하기 위해 실행화면의 ➕를 누르고 [글상자] 탭을 클릭합니다. '산돌별이샤방샤방', '진하게', '검은색', '배경색 없음', '한 줄 쓰기'로 설정하고 글상자 내용에 '결과'를 입력한 뒤 [적용하기] 버튼을 눌러 추가합니다.

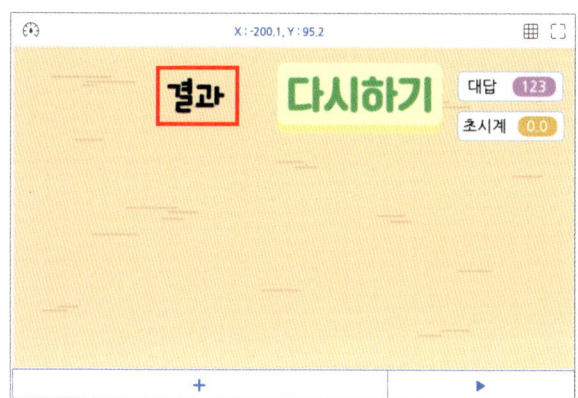

04 '결과' 텍스트 상자 오브젝트를 '다시 하기 버튼' 오브젝트 옆으로 옮깁니다.

쌤TALK

실행화면 중앙에 비어 있는 공간에는 게임의 성적을 저장하는 리스트가 보이도록 할 거예요.

2교시 / 게임의 승패와 결과를 나타내요

01 '결과' 글상자 오브젝트를 클릭합니다.

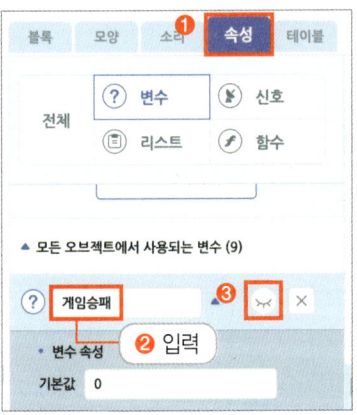

02 [자료] 블록 꾸러미의 [변수 만들기] 버튼을 클릭하거나 [속성] 탭에서 '게임승패' 변수를 만들고 실행화면에서 보이지 않도록 합니다.

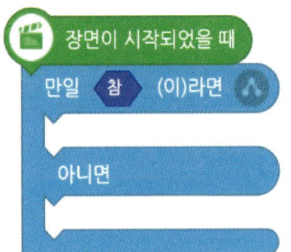

03 [시작] 블록 꾸러미에서 `장면이 시작되었을 때` 블록을 가져옵니다. [흐름] 블록 꾸러미에서 `만약 참(이)라면 / 아니면` 블록을 끌어와 연결합니다.

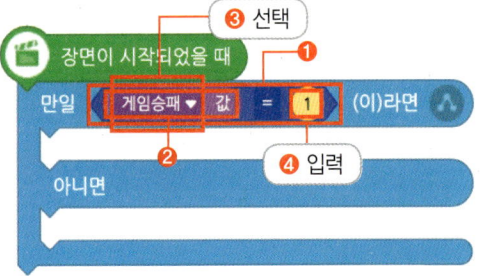

04 [판단] 블록 꾸러미를 클릭하고 `10 = 10` 블록을 끌어와 '참' 위치에 넣습니다. 맨 앞의 '10' 자리에 [자료] 블록 꾸러미에서 `게임승패 값` 블록을 끌어와서 넣고 뒤의 '10'에 '1'을 입력합니다.

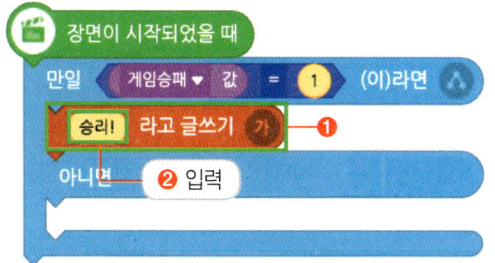

05 [글상자] 블록 꾸러미의 엔트리라고 글쓰기 블록을 가져와 '엔트리'를 '승리!'로 바꿉니다.

> **쌤 TALK**
> [글상자] 블록 꾸러미는 '글상자' 오브젝트에서만 나타나요. 다른 오브젝트를 클릭하면 보이지 않아요.

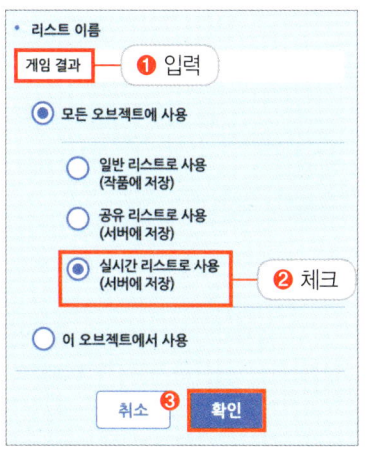

06 [자료] 블록 꾸러미에서 [리스트 만들기] 버튼을 클릭하거나 [속성] 탭에서 [리스트 추가하기] 버튼을 클릭합니다. '리스트 이름'에 '게임 결과'를 입력하고 '실시간 리스트로 사용'에 체크한 뒤 [확인] 버튼을 클릭해 리스트를 만듭니다.

> **쌤 TALK**
> 실시간 리스트나 변수는 서버에 저장해서 프로그램을 사용하는 모든 사람의 정보를 남길 수 있는 기능이에요. 실시간 리스트, 실시간 변수와 서버에 대한 자세한 설명은 219쪽을 참고하세요.

07 리스트를 화면 중앙으로 옮기고 👁 아이콘을 클릭해 리스트를 화면에서 보이지 않도록 합니다.

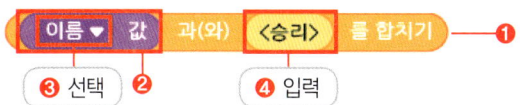

08 [계산] 블록 꾸러미에서 안녕! 과 (와) 엔트리를 합치기 블록을 끌어옵니다. [자료] 블록 꾸러미에서 게임승패 값 을 끌어와 '안녕!' 자리에 넣고 '게임승패'를 '이름'으로 바꿉니다. '엔트리'를 〈승리〉로 바꿔 입력합니다.

09 안녕! 과(와) 엔트리를 합치기 블록을 하나 더 가져와서 '안녕!' 자리에 **08**에서 만든 블록을 넣고 '엔트리' 자리에 [계산] 블록 꾸러미의 초시계 값 블록을 끌어와 연결합니다.

샘 TALK
게임을 시작할 때 입력했던 이름과 게임의 결과인 승리 그리고 게임을 하는 데 걸린 시간을 모두 합쳐 한 문장으로 리스트에 저장해요.

10 [자료] 블록 꾸러미에서 10 항목을 게임결과에 추가하기 블록을 가져와 '10' 자리에 **09**에서 만든 블록을 넣고 [자료] 블록 꾸러미에서 리스트 게임 결과 보이기 블록을 끌어와 연결합니다.

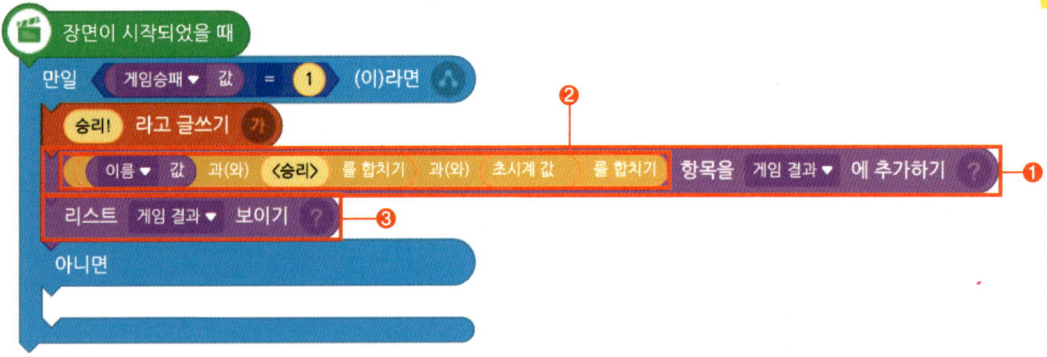

샘 TALK
게임 승패가 참과 거짓일 때 다른 결과를 저장하도록 해요.

11 참일 때 실행되는 블록을 모두 복사해서 거짓일 때 실행되는 곳에 넣습니다. '승리!'를 '패배!'로 바꿔 입력하고 〈승리〉를 〈패배〉로 바꿔 입력합니다.

12 실행화면에서 '다시하기 버튼' 오브젝트를 클릭하고 [시작] 블록 꾸러미의 오브젝트를 클릭했을 때 블록을 블록 조립소로 끌어옵니다. [자료] 블록 꾸러미에서 리스트 게임 결과 숨기기 블록을 연결합니다.

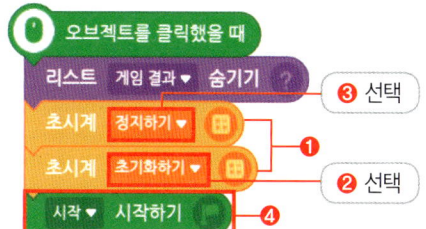

❸ 선택
❶
❷ 선택
❹

13 [계산] 블록 꾸러미를 클릭하고 `초시계 시작하기` 블록을 2개 가져와 연결합니다. 첫 번째 블록을 `초시계 정지하기`, 두 번째를 `초시계 초기화하기`로 바꿉니다. [시작] 블록 꾸러미에서 `시작 시작하기` 블록을 가져와 연결합니다.

쌤TALK
초시계를 정지하고 다음 게임을 시작할 때 다시 0에서부터 시간을 잴 수 있도록 초기화해요.

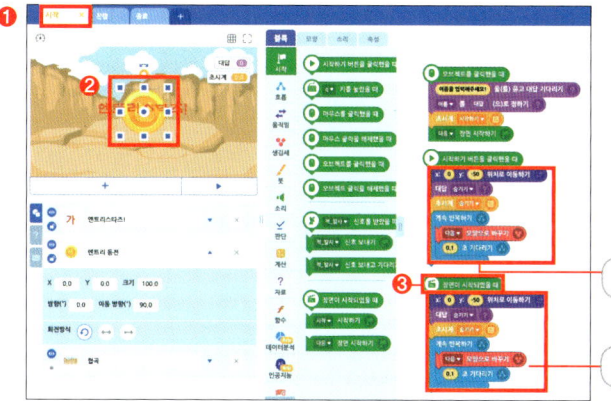

14 실행화면의 [시작] 탭을 클릭하고 '엔트리 동전' 오브젝트를 클릭한 뒤 [시작] 블록 꾸러미에서 `장면이 시작되었을 때` 블록을 가져오고 동전을 회전시키는 블록을 복사해서 연결합니다.

❹ 코드 복사
❺ 붙여넣기

쌤TALK
장면이 시작되었을 때도 동전이 회전하도록 `장면이 시작되었을 때` 블록과 함께 회전하는 블록을 넣어줘요.

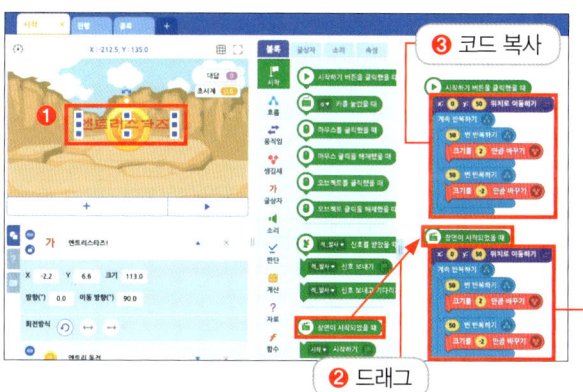

❸ 코드 복사
❹ 붙여넣기
❷ 드래그

15 '엔트리스타즈' 글상자 오브젝트를 클릭하고 [시작] 블록 꾸러미에서 `장면이 시작되었을 때` 블록을 끌어옵니다. 다음의 그림과 같이 '글상자' 오브젝트 크기를 바꾸는 블록을 복사해서 연결합니다.

잠|깐|만|요 이벤트 블록을 잘 활용해야 해요!

엔트리의 [시작] 블록 꾸러미에는 다양한 이벤트와 관련된 블록이 있고 사용법이 조금씩 달라 굉장히 중요해요. 우리가 많이 사용하는 `시작하기 버튼을 클릭했을 때` 블록은 버튼이 클릭되고 프로그램이 시작되면 실행되는 블록이지만 다음 장면으로 넘어가면 더 이상 실행되지 않아요. 그래서 게임을 1번 끝내고 종료 장면에서 다시 시작 장면으로 오면 글상자와 동전이 회전하지 않는 것이죠. [시작] 블록 꾸러미의 블록들은 어떤 기능을 하는지 더 살펴볼까요?

종류	설명
마우스를 클릭했을 때	마우스 포인터가 어디에 있건 마우스가 클릭이 되거나 클릭을 해제했을 때 명령어가 실행돼요.
마우스 클릭을 해제했을 때	

종류	설명
오브젝트를 클릭했을 때 오브젝트 클릭을 해제했을 때	마우스 포인터를 오브젝트 위에 놓고 클릭하거나 클릭을 해제했을 때 명령어가 실행돼요.
적_발사▼ 신호 보내기 적_발사▼ 신호 보내고 기다리기 적_발사▼ 신호 보내고 기다리기	신호를 만들고 보내거나 신호를 받았을 때 명령어를 실행해요. 신호 보내고 기다리기 블록은 ~ 신호를 받았을 때 블록에 연결된 명령어가 다 실행될 때까지 기다린 후 다음 명령어를 실행해요.
시작▼ 시작하기 다음▼ 장면 시작하기 장면이 시작되었을 때	장면을 바꾸거나 장면이 시작되었을 때 명령어를 실행시켜요.

3교시 / 게임에 필요한 적 오브젝트를 추가해요

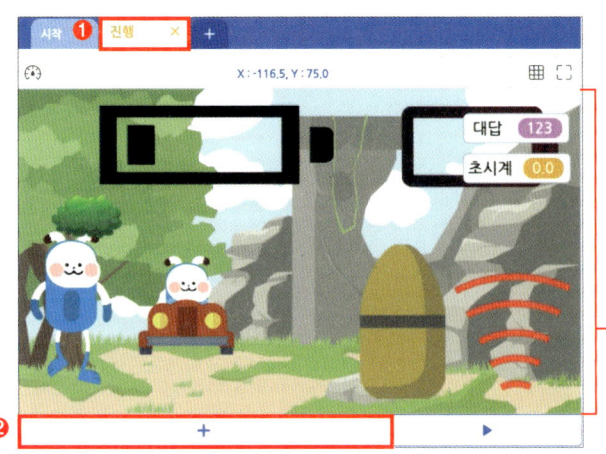

01 실행화면의 [진행] 탭을 클릭하여 코딩할 화면을 선택합니다. 오브젝트를 추가하기 위해 ➕을 클릭하고 '자동차 탄 엔트리봇', '배터리(1)' 오브젝트를 추가합니다.

02 추가된 오브젝트를 드래그하여 조작하기 편한 위치에 놓고 오브젝트들이 겹쳤을 때 보이는 순서를 정하기 위해 오브젝트 목록에서 '덤불' 오브젝트의 순서를 가장 위로 두고 '배터리(1)'와 '자동차 탄 엔트리봇' 오브젝트를 다음 순서로 바꿔 줍니다. '배터리(1)'은 '적_라이프표시'로, '자동차 탄 엔트리봇'은 '적'으로 이름을 바꿉니다.

> **쌤 TALK**
> '적' 오브젝트도 덤불과 겹쳐지면 덤불 아래로 갈 수 있도록 '덤불' 오브젝트를 가장 위로 올려줘요.

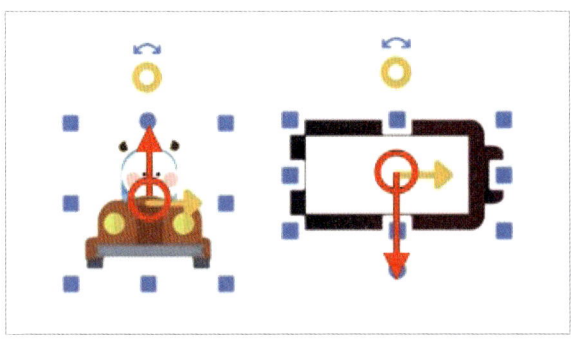

03 '적' 오브젝트를 클릭하고 중심을 오브젝트 위로, '적_라이프표시' 오브젝트를 클릭해서 중심을 오브젝트 아래로 바꿉니다.

04 '적' 오브젝트의 회전 방향을 좌우 형태로 바꾸기 위해 오브젝트 목록에서 '회전방식'의 ↔ 아이콘을 클릭합니다.

4교시 / 적 오브젝트 처음 상태를 정해요

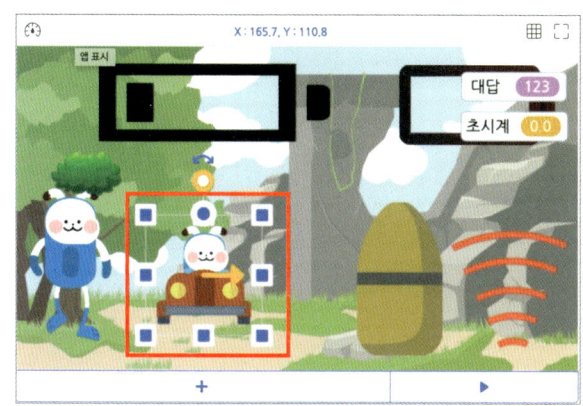

01 '적' 오브젝트를 클릭합니다.

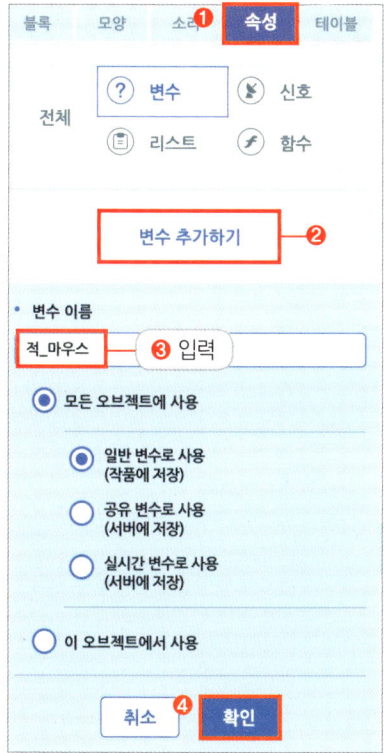

02 [자료] 블록 꾸러미의 [변수 만들기] 버튼을 클릭하거나 혹은 [속성] 탭을 클릭해 '적_마우스' 변수를 만들고 👁 아이콘 클릭해 실행화면에서는 보이지 않도록 합니다.

쌤 TALK
'플레이어' 오브젝트의 클릭해서 총알이 날아가는 거리를 설정했던 '마우스누름' 변수와 똑같은 역할을 적 오브젝트에서 하도록 해요.

03 [블록] 탭을 클릭한 후 [시작] 블록 꾸러미에서 `장면이 시작되었을 때` 블록을 끌어와서 연결합니다. [자료] 블록 꾸러미를 클릭하고 `적_마우스를 10(으)로 정하기` 블록을 끌어와 연결하고 '10'을 '0'으로 바꿉니다.

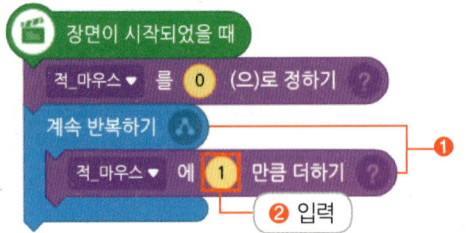

04 [흐름] 블록 꾸러미의 `계속 반복하기` 블록을 끌어와 연결합니다. [자료] 블록 꾸러미에서 `적_마우스에 10만큼 더하기` 블록을 가져와 `계속 반복하기` 블록 안에 연결하고 '10'을 '1'로 입력합니다.

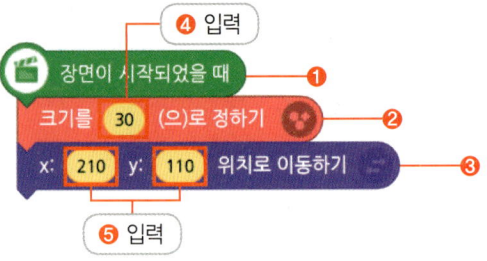

05 [시작] 블록 꾸러미를 클릭하고 `장면이 시작되었을 때` 블록을 하나 더 끌어와 블록 조립소의 빈 공간에 놓습니다. [생김새] 블록 꾸러미에서 `크기를 100(으)로 정하기` 블록을 끌어와 연결하고 '100'을 '30'으로 입력합니다. [움직임] 블록 탭에서 `x: 0 y: 0 위치로 이동하기` 블록을 끌어와 연결하고 x에는 '210', y에는 '110'을 입력합니다.

> **쌤 TALK**
> '플레이어' 오브젝트는 왼쪽 아래에서 '적' 오브젝트는 오른쪽 위의 위치에서 게임을 시작하도록 해요.

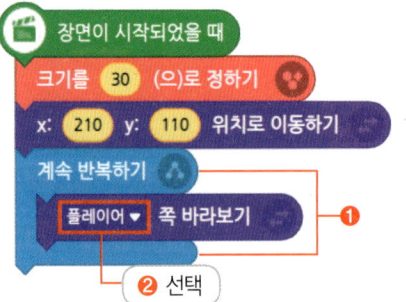

06 [흐름] 블록 꾸러미에서 `계속 반복하기` 블록을 가져와 연결하고 [움직임] 블록 꾸러미에서 `덤불쪽 바라보기` 블록을 가져와 `계속 반복하기` 블록 안에 넣고 '덤불'을 '플레이어'로 바꿔 줍니다.

> **쌤 TALK**
> '적' 오브젝트는 게임이 진행되는 동안 플레이어쪽만 바라 보도록 해요.

5교시 / 적의 라이프를 코딩해요

01 '적_라이프표시' 오브젝트를 클릭합니다.

02 [자료] 블록 꾸러미에서 [변수 만들기]를 클릭하거나 혹은 [속성] 탭에서 '적_라이프' 변수를 만들고 👁 아이콘을 클릭해 실행화면에서 보이지 않도록 합니다.

03 [시작] 블록 꾸러미에서 `장면이 시작되었을 때` 블록을 가져옵니다. [자료] 블록 탭에서 `적_라이프를 10(으)로 정하기` 블록을 끌어와 연결하고 '10'에 '100'을 입력합니다.

04 [생김새] 블록 꾸러미에서 `크기를 100 (으)로 정하기` 블록을 가져와 연결하고 '10'을 '15'로 입력합니다. `배터리(1)_0% 모양으로 바꾸기` 블록을 가져와 연결하고 '배터리(1)_0%'를 '배터리(1)_100%'로 바꿔 줍니다.

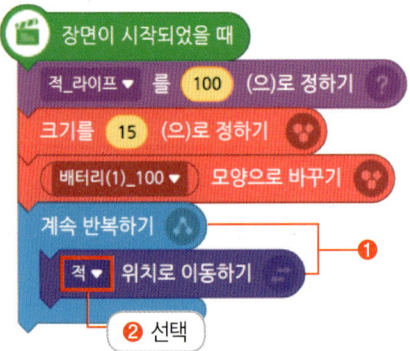

05 [흐름] 블록 꾸러미에서 `계속 반복하기` 블록을 가져와 연결하고 [움직임] 블록 꾸러미에서 `덤불 위치로 이동하기` 블록을 가져와 `계속 반복하기` 블록 안에 넣습니다. '덤불'을 클릭해 '적'으로 바꿔 줍니다.

쌤 TALK

'적_라이프표시' 오브젝트가 '적' 오브젝트의 중심을 따라 움직이게 돼요. 오브젝트의 위치는 오브젝트의 중심의 좌표라는 사실을 꼭 알고 있어야 해요.

06 [흐름] 블록 꾸러미에서 `만약 참(이)라면 / 아니면` 블록을 가져와 `계속 반복하기` 블록 안에 연결합니다. [판단] 블록 꾸러미에서 `10≥10` 블록을 가져와 '참' 자리에 넣습니다. '10' 자리에 [자료] 블록 탭에서 `적_라이프 값` 블록을 가져와 넣고 '100'으로 바꿉니다.

07 [생김새] 블록 꾸러미의 `배터리(1)_0% 모양으로 바꾸기` 블록을 가져와 참일 때 실행되는 부분에 넣고 '배터리(1)_0%'를 '배터리(1)_100%'로 바꿔 줍니다.

08 계속 반복하기 블록 안의 선택 구조를 복사해서 아니면 블록 부분이 실행될 부분에 넣습니다. 아니면 블록 안에 들어 있는 선택 구조의 조건을 적_라이프 값≥70으로 실행되는 블록은 배터리(1)_70% 모양으로 바꾸기 블록으로 바꿔 줍니다.

쌤 TALK

적_라이프 값이≥100이 아닐 때 또 다른 조건에 따른 선택 구조가 실행돼요. 선택 구조 안에 계속해서 선택 구조를 넣을 수 있어요.

09 적_라이프값≥70 조건의 선택 구조를 복사해서 아니면 블록 부분에 넣고 한 번 더 복사해서 다음 선택 구조의 아니면 블록 부분에 넣습니다. 조건을 적_라이프값≥50, 적_라이프값≥30으로 바꿔주고 모양 바꾸기도 각각 '50%', '30%'로 바꿔 줍니다. 마지막 조건에 [생김새] 블록 꾸러미의 배터리(1)_0% 모양으로 바꾸기 블록을 넣어 줍니다.

잠|깐|만|요! 조건에 따라 모양을 바꿔요!

조건을 만족하지 않으면 다음 조건을 확인하고 또 만족하지 않으면 다음 조건을 확인해요. 여러 조건을 거쳐서 아래와 같은 범위로 모양을 바꿔요.

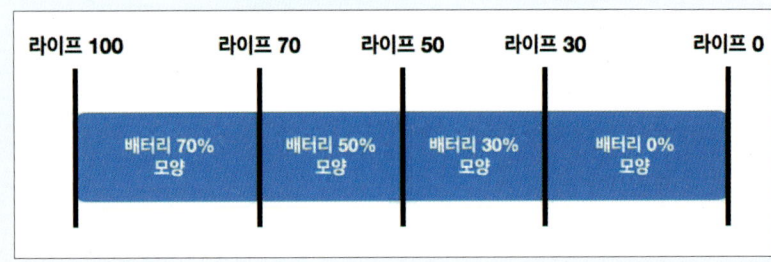

10 [시작] 블록 꾸러미에서 `장면이 시작되었을 때` 블록을 하나 더 가져오고 [흐름] 블록 꾸러미에서 `계속 반복하기` 블록을 연결합니다. `만일 참(이)라면 / 아니면` 블록을 가져와 `계속 반복하기` 블록 안에 넣습니다.

> **쌤TALK**
> 시간에 따라 적 라이프가 자동으로 채워지는 코딩을 해요.

11 [판단] 블록 꾸러미의 `10≥10` 블록을 가져오고, '10' 자리에 [자료] 블록 꾸러미의 `적_라이프값` 블록 연결하고 뒤의 '10' 자리에 '100'을 입력합니다.

12 [자료] 블록 꾸러미에서 `적_라이프를 10(으)로 정하기` 블록을 가져와서 '참' 자리에 넣고 '10'을 '100'으로 입력합니다. [흐름] 블록 탭에서 `2초 기다리기` 블록을 끌어와 연결하고 '2'를 '10'으로 바꿔 입력합니다. [자료] 블록 꾸러미에서 `적_라이프에 10만큼 더하기` 블록을 가져와 연결합니다.

> **쌤TALK**
> 라이프가 10초마다 10씩 늘어나도록 하고 100보다 커진다면 항상 100으로 만들어서 최대 라이프값을 100으로 고정해요.

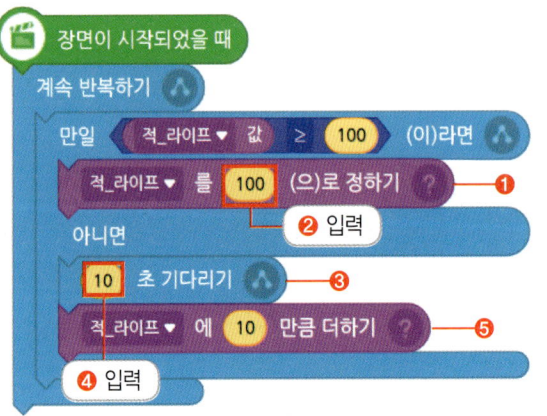

6교시 / 플레이어 라이프를 코딩해요

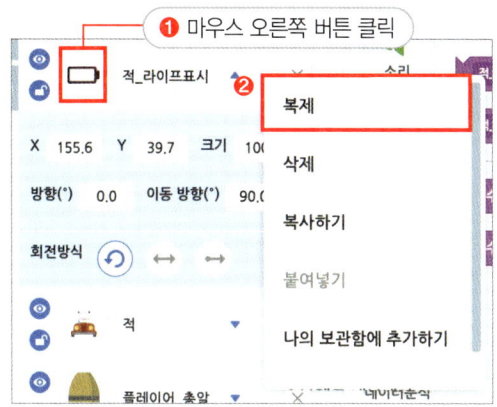

01 오브젝트 목록의 '적_라이프표시' 오브젝트를 마우스 오른쪽 버튼으로 클릭하고 '복제'를 누릅니다.

쌤 TALK

오브젝트를 복사하면 오브젝트와 포함된 명령어가 그대로 복사돼요. 비슷한 기능을 하는 오브젝트들을 많이 만들 때 사용하면 편해요.

02 복제된 오브젝트는 '플레이어_라이프표시'로 이름을 바꿉니다.

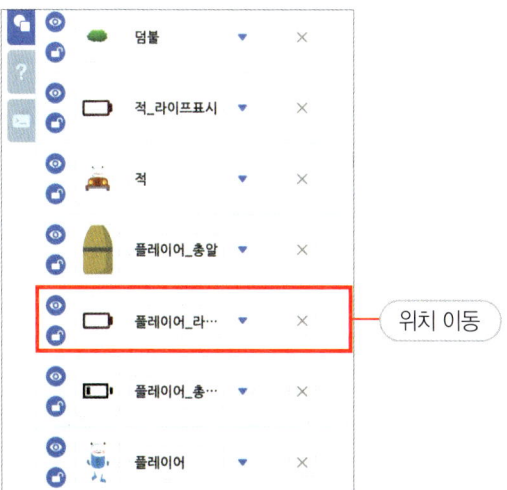

03 오브젝트 목록에서 '플레이어' 오브젝트들이 있는 쪽으로 위치를 바꿉니다.

04 실행화면에서 오브젝트를 끌어서 위치를 바꾸고 오브젝트의 중심을 아래쪽으로 내려 '플레이어' 오브젝트 머리 위로 갈 수 있도록 합니다.

> **쌤TALK**
> '플레이어' 오브젝트에는 '플레이어_총알수표시' 오브젝트도 같이 따라 다녀요. 그 위에 자리 잡기 위해서는 '플레이어_라이프표시' 오브젝트는 오브젝트의 중심을 더 많이 내려주어야 해요.

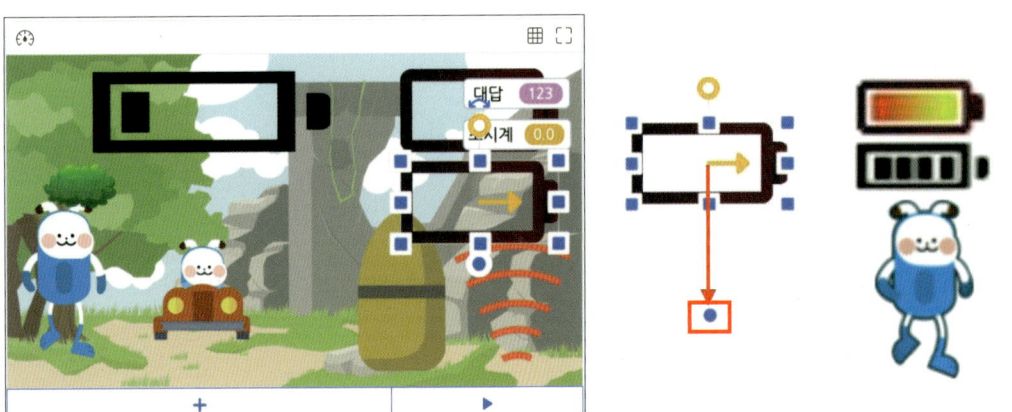

05 [자료] 블록 꾸러미 혹은 [속성] 탭에서 '라이프' 변수를 만들고 👁 아이콘을 클릭해 실행화면에서 보이지 않도록 합니다. 변수와 관련된 명령어들을 다음 그림과 같이 모두 '적_라이프'에서 '라이프'로 바꿉니다.

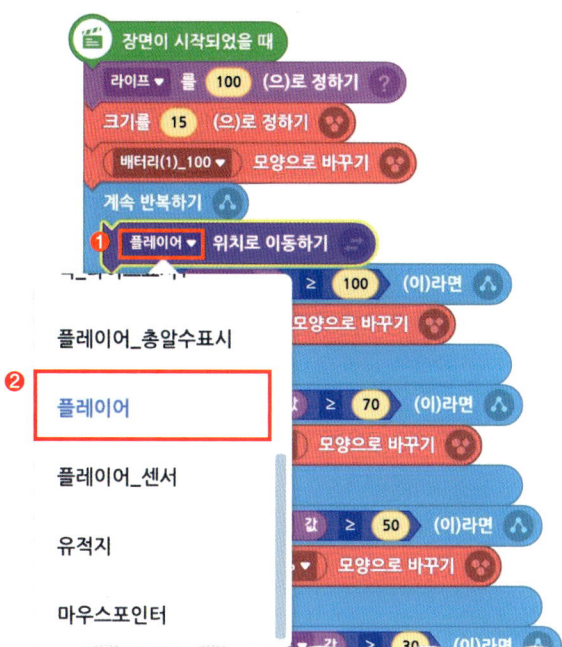

06 '적' 오브젝트가 아닌 '플레이어' 오브젝트를 따라 움직일 수 있도록 적 위치로 이동하기 블록을 플레이어 위치로 이동으로 바꿉니다.

DAY14에서 사용한 오브젝트와 블록을 정리했으니 살펴보세요. 블록이 조립된 순서를 잘 보고 다른 코딩에도 활용해 보세요.

'엔트리 동전' 오브젝트

게임이 다시 시작되어 장면이 새로 시작될 때도 회전하는 애니메이션이 나올 수 있도록 해요.

A

'텍스트 상자' 오브젝트

플레이어의 이름과 게임 결과를 합쳐서 리스트에 저장해요.

'적' 오브젝트

적 오브젝트의 처음 상태를 정해요

플레이어와 마찬가지로 마우스를 누른 거리만큼 총알을 쏠 수 있는 효과를 줘요.

'배터리'
오브젝트

적 오브젝트나 플레이어 오브젝트 위에 위치하고 라이프 값을 배터리 모양으로 보여줘요.

라이프 최대값은 100으로 하고 10초마다 10씩 더해지도록 해요.

다시하기

'다시하기 버튼'
오브젝트

게임을 처음부터 다시 시작하도록해요

● 점점 게임의 모습을 갖추고 있어요! 현재의 프로그램에서 어떤 요소를 추가해서 게임을 완성하고 싶은지 생각해 봅시다.

_____
_____
_____
_____
_____
_____
_____
_____

● 적이 쏘는 총알은 게임의 재미 요소나 난이도에 큰 영향을 줍니다. 아무 제약 없이 총알을 쏠 수 있다면 게임이라고 할 수 없겠죠? 어떤 조건이 필요하고 어떤 조건을 추가해서 총알을 발사해야 할지 아래 예시를 참고해서 프로그램을 만들어 보세요.

```
장면이 시작되었을 때
계속 반복하기
  만일 ?  그리고 ?  그리고 ?  (이)라면     ← 직접 코딩해 보세요.
    적_마우스 ▼ 를 0 (으)로 정하기
    적_폭탄수 ▼ 에 -1 만큼 더하기
    적_발사 ▼ 신호 보내고 기다리기
```

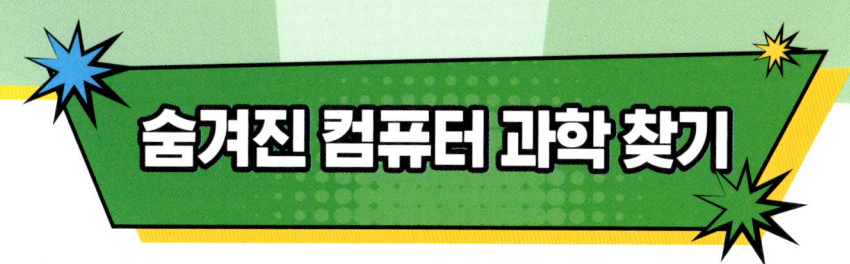

실시간 리스트와 서버란?

변수나 리스트는 정보를 저장하는 공간이에요. 그런데 실시간 변수나 실시간 리스트는 무엇이 다른 걸까요? 다른 사람들의 정보도 저장할 수 있다니? 어떻게 가능한 걸까요?

일반 변수와 리스트는 정보를 여러분이 만든 프로그램 안에 저장하지만 실시간 변수와 리스트는 서버라는 공간에 저장한답니다. 그래서 서버에 접속만 하면 누구든 정보를 확인하고 저장할 수 있는 것이죠.

'서버'도 컴퓨터예요. 하지만 누구나 주소를 안다면 인터넷을 통해서 접속할 수 있다는 사실! 여러분이 저장한 정보 즉, 게임의 결과는 엔트리 서버에 저장돼요. 그리고 여러분뿐만 아니라 이 게임 프로그램을 하는 사람 누구나 서버에 접속해서 정보를 확인하고 저장할 수 있는 것이죠.

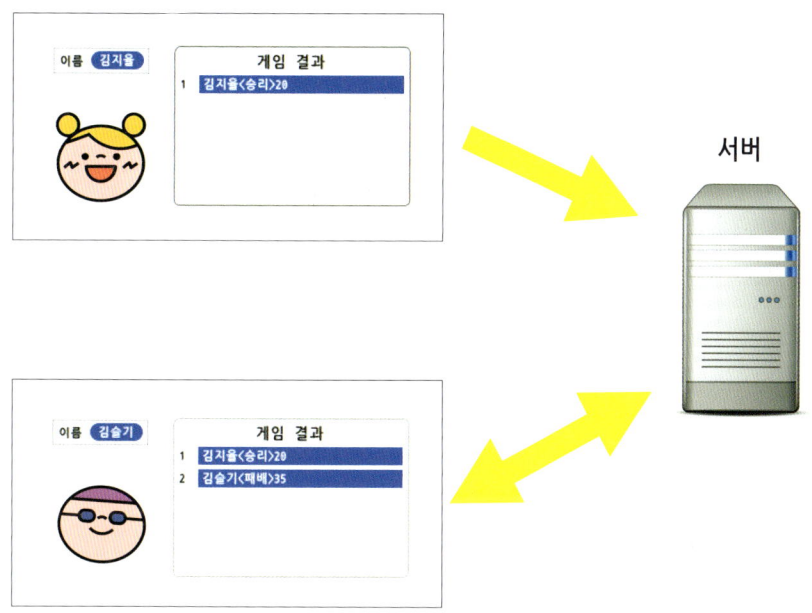

실시간 변수 리스트뿐만 아니라 우리는 생활 속에서 서버를 많이 사용하고 있어요. 우리가 인터넷을 통해서 다운로드 받거나 업로드하는 클라우드나 모든 웹사이트들이 서버에 저장되어 있는 정보를 우리에게 보여주는 것이죠. 여러분이 코딩하는 엔트리 자체도 서버에 저장되어 있고, 서버에 저장된 엔트리를 우리가 하는 것이랍니다. 서버에 저장하는 실시간 변수, 리스트를 활용한다면 다른 사람과 소통을 할 수도 있겠죠?

엔트리스타즈 게임 완성

엔트리스타즈 개발의 마지막 시간! 이제 정말 얼마 남지 않았어요! 게임 종료 화면도 만들고 적도 만들었는데 아직 남은 것은 무엇일까요? 적 오브젝트가 움직이고 총알을 쏘도록 하면 게임이 완료될 수 있을 것 같아요. 움직임을 어떤 요소를 통해 만들면 좋을까요?

게임에서 적의 움직임은 예상할 수 없어야 하는 것이 매우 중요해요. 게임을 하는 사람이 예상할 수 없는 형태로 움직이고 플레이어를 이기기 위해 최선을 다해서 총알을 쏘는 적을 코딩해 볼 거예요. 조금만 더 힘낸다면 엔트리스타즈가 완성될 테니 지금 바로 코딩해 볼까요?

완성 작품 살펴보기

완성 파일 15장_엔트리스타즈(4).ent

필요한 오브젝트 살펴보기

엔트리 동전	텍스트 상자	협곡
센서	(2)엔트리봇	식물
유적지	총알	배터리(2)
배터리(1)	자동차 탄 엔트리봇	폭탄
다시하기 버튼	텍스트 상자	흙

1교시 / 적의 폭탄과 오브젝트의 모양을 추가해요

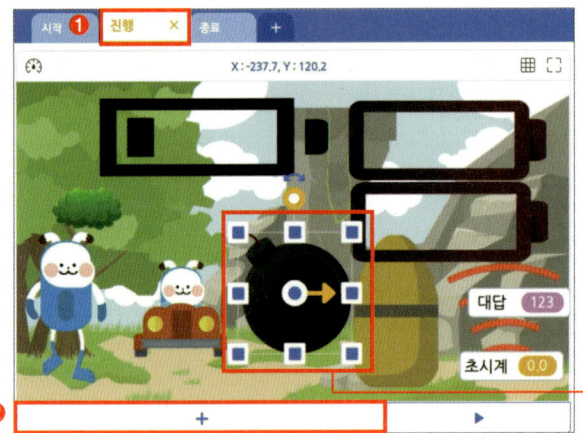

01 실행화면에서 [진행] 탭을 클릭하여 코딩할 화면을 선택합니다. 오브젝트를 추가하기 위해 ➕ 버튼을 클릭하고 '폭탄' 오브젝트를 추가합니다. '폭탄' 오브젝트의 이름을 '적_폭탄'으로 바꿉니다.

02 '플레이어' 오브젝트를 클릭하고 [모양] 탭을 클릭합니다. [모양 추가하기] 버튼을 클릭합니다.

03 검색창에 '전기충격'을 검색해 '전기충격 엔트리봇_1' 모양을 추가합니다.

04 플레이어 오브젝트의 여러 모양 중에서 '걷는 엔트리봇_앞1'을 클릭해 모양을 추가하며 바뀌었던 모양을 처음 모양으로 바꿔줍니다.

> **쌤 TALK**
> 전기충격 엔트리봇은 폭탄과 총알에 맞았거나 게임 화면 밖으로 이동해서 데미지를 입은 모습을 표현하기 위해 사용해요.

05 '적' 오브젝트를 클릭하고 02와 같이 똑같은 방법으로 '전기충격 엔트리봇_3' 모양을 추가합니다. '자동차 탄 엔트리봇_앞' 모양을 클릭해 처음 모양으로 바꿔 줍니다.

2교시 / 적의 폭탄을 이동시켜요

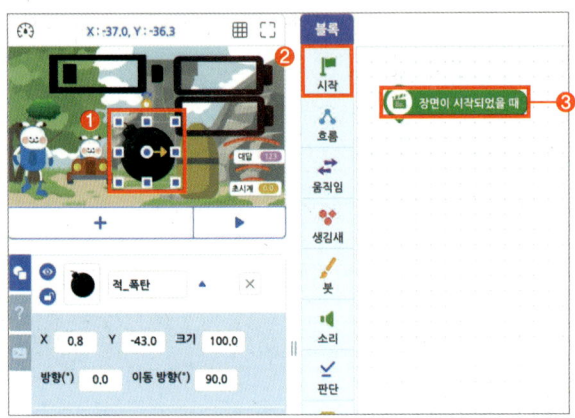

01 '적_폭탄' 오브젝트를 클릭하고 [시작] 블록 꾸러미에서 `장면이 시작되었을 때` 블록을 가져옵니다.

02 [생김새] 블록 꾸러미에서 `크기를 100(으)로 정하기` 블록을 가져와 '100'을 '12'로 입력하고 `모양 숨기기` 블록을 끌어와 연결합니다.

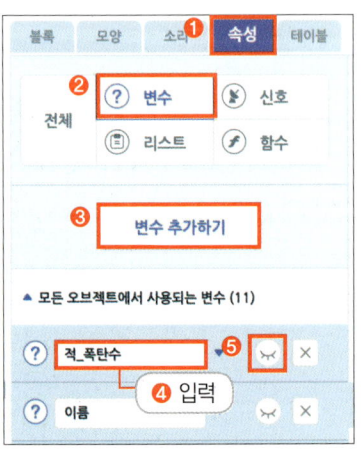

03 [자료] 블록 꾸러미 혹은 [속성] 탭에서 '적_폭탄수' 변수를 만들고 👁 아이콘을 클릭해 실행화면에서는 보이지 않도록 합니다.

> **쌤 TALK**
>
> [자료] 블록 꾸러미의 블록들은 가장 마지막에 만들어진 변수나 리스트의 이름으로 나타나요. 책과 변수 이름이 다르게 나타나도 가져와서 바꿔 활용하는 데는 문제가 없어요.

04 [자료] 블록 꾸러미를 클릭하고 `적_폭탄수를 10(으)로 정하기` 블록을 가져와 연결하고 '10'을 '4'로 입력합니다.

05 [흐름] 블록 꾸러미의 `계속 반복하기` 블록을 가져와 연결하고 `만약 참(이)라면 / 아니면` 블록을 가져와 `계속 반복하기` 블록 안에 넣어 줍니다.

06 [판단] 블록 꾸러미에서 `10≥10` 블록을 가져와서 앞의 '10' 자리에는 [자료] 블록 꾸러미의 `적_폭탄수 값` 블록을 끼워 넣고 뒤의 '10' 자리에는 '4'를 입력합니다. 이 블록을 '참' 위치에 넣어 줍니다.

07 [자료] 블록 꾸러미에서 `적_폭탄수 10 (으)로 정하기` 블록을 가져와 참일 때 실행되는 곳에 넣고 '10'을 '4'로 입력합니다.

DAY 15 엔트리스타즈 게임 완성 ■ **225**

08 [흐름] 블록 꾸러미에서 `2초 기다리기` 블록을 가져와 거짓일 때 실행되는 곳에 넣고 '2'를 '3'으로 바꿔 입력합니다. [자료] 블록 꾸러미에서 `적_폭탄수 10만큼 더하기` 블록을 가져와 `3초 기다리기` 블록 아래 연결하고 '10'을 '1'로 바꿔 입력합니다.

쌤 TALK

3초마다 적_폭탄수가 1씩 늘어나지만 4보다 클 때는 항상 4가 되도록 해서 항상 0~4사이의 값만 갖도록 해요.

09 [속성] 탭을 클릭하고 '신호', [신호 추가하기] 버튼을 차례로 클릭합니다. '적_발사'를 입력하고 [확인] 버튼을 클릭해 신호를 만듭니다.

쌤 TALK

'적_폭탄' 오브젝트는 다른 오브젝트를 통해 적_발사라는 신호를 받았을 때 이동하도록 할게요.

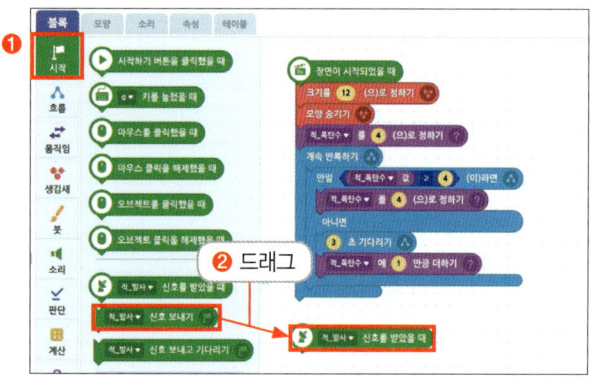

10 [시작] 블록 꾸러미에서 `적_발사 신호를 받았을 때` 블록을 가져다 놓습니다.

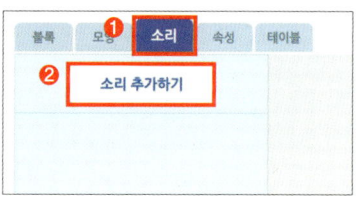

11 [소리] 탭의 [소리 추가하기] 버튼을 클릭하세요.

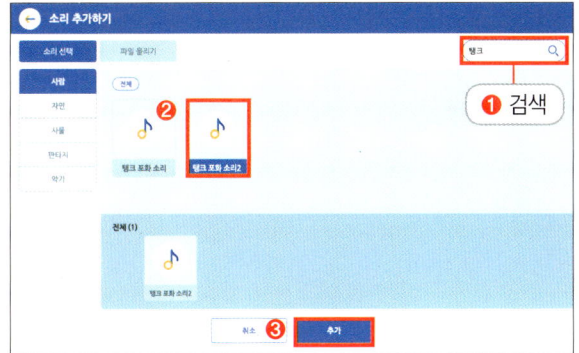

12 '탱크'를 검색해서 '탱크 포화 소리2'를 추가합니다.

> **쌤 TALK**
> [소리] 탭에서는 다양한 소리를 추가할 수 있고, [소리] 블록 꾸러미에는 소리를 활용할 수 있는 블록들이 있어요. 블록 꾸러미와 탭을 꼭 구별하여 활용하세요!

13 [소리] 블록 꾸러미에서 `탱크 포화 소리2 재생하기` 블록을 끌어와 연결합니다. [움직임] 블록 꾸러미를 클릭하고 `적_폭탄 위치로 이동하기` 블록을 가져와 '적_폭탄'을 '적'으로 바꿉니다. `적_폭탄 쪽 바라보기` 블록을 가져와 '적_폭탄'을 '플레이어'로 바꿉니다.

> **쌤 TALK**
> 적의 폭탄은 적 위치에서 출발해서 플레이어쪽으로 이동해야 해요. 그래서 적 위치에서 플레이어쪽을 바라 볼 수 있도록 해요.

14 [생김새] 블록 꾸러미에서 `모양 보이기` 블록을 끌어와 연결하고 [흐름] 블록 꾸러미에서 `10번 반복하기` 블록을 끌어와 연결합니다. '10' 자리에 [계산] 블록 꾸러미에서 `10/10` 블록을 끌어와 넣고 앞의 '10' 자리에는 `적_폭탄까지의 거리` 블록을 가져와 '플레이어까지의 거리'로 바꾸고 뒤의 '10' 자리에는 '2'를 입력합니다.

> **쌤 TALK**
> '적_폭탄' 오브젝트는 이동 방향으로 3만큼 이동시키도록 할 예정이에요. 이동 방향으로 3만큼 이동하는 것을 플레이어까지의 거리 만큼 반복하면 너무 먼 거리를 이동하기 때문에 2를 나눈 값만큼만 이동해요.

15 [움직임] 블록 꾸러미에서 `이동 방향으로 10만큼 움직이기` 블록을 가져와 `플레이어까지의 거리/2번 반복하기` 블록 안에 넣습니다. '10'을 '3'으로 입력하고 `폭탄 위치로 이동하기` 블록을 끌어와 연결한 다음 '폭탄'을 '적'으로 바꿉니다. [생김새] 블록 꾸러미의 `모양 숨기기` 블록을 끌어와 연결합니다.

> **쌤 TALK**
> 이동 방향으로 3만큼 움직이기에 더 큰 숫자 값을 입력하면 폭탄이 빨라지고 작은 숫자 값을 넣어 주면 천천히 날아가게 돼요. 반복만큼 이동이 끝나면 다시 적 위치로 가서 숨겨요.

3교시 / 적 오브젝트가 총알을 쏘아요

01 '적' 오브젝트를 클릭하고 [시작] 블록 꾸러미에서 장면이 시작되었을 때 블록을 가져옵니다.

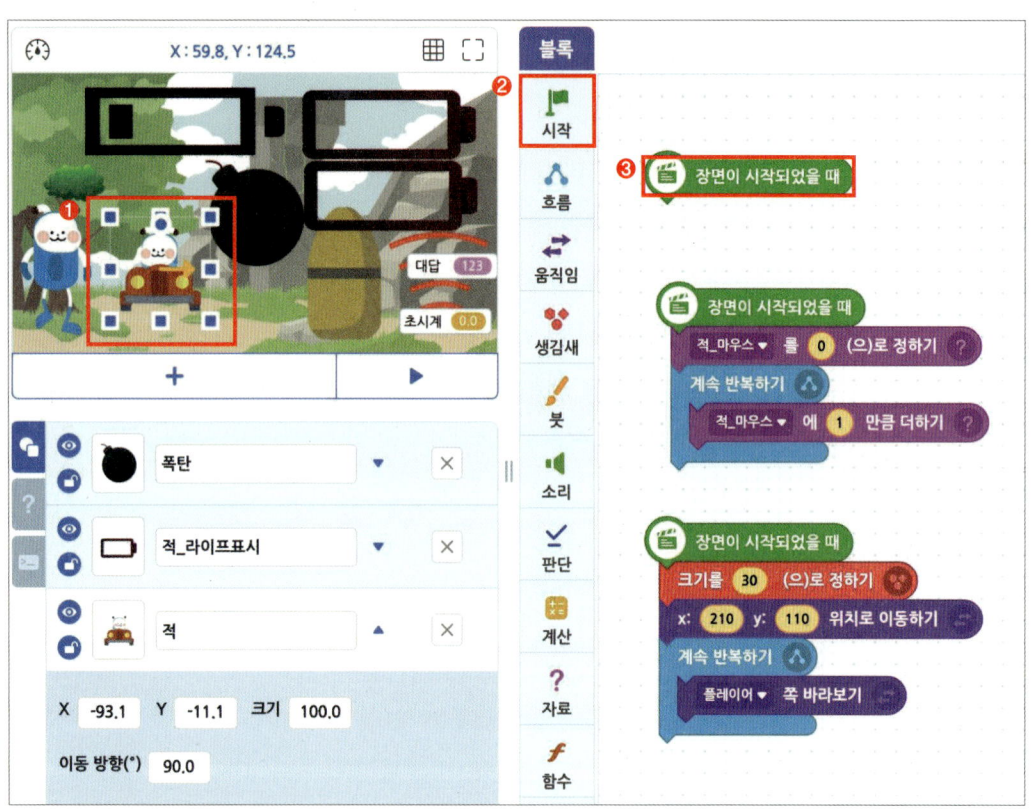

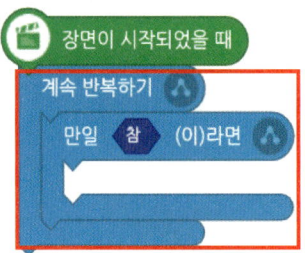

02 [흐름] 블록 꾸러미에서 계속 반복하기 블록을 가져와 연결하고 만일 참(이)라면 블록을 가져와 넣습니다.

03 [판단] 블록 꾸러미에서 10>10 블록을 가져옵니다. 앞의 '10' 자리에 [자료] 블록 꾸러미에서 적_폭탄수 값 블록을 끌어와 넣고 '적_마우스'로 바꿉니다. 뒤의 '10' 자리에는 [계산] 블록 꾸러미에서 폭탄까지의 거리 블록을 가져와 '플레이어'로 바꿉니다.

04 03의 블록을 복사하고 복사한 첫 번째 블록의 적_마우스값 을 적_폭탄수 값 으로 바꾸고 '0'을 입력합니다. 적_폭탄수 값 >0 블록을 복사해서 적_폭탄수 값 대신에 발견됨 값 으로 바꾸고 ')'를 클릭해서 '='으로 바꿔 줍니다. 마지막으로 '0'을 '1'로 바꿔 입력하여 조건 블록 3개를 완성합니다.

05 04에서 완성한 3개의 조건 블록을 모두 [판단] 블록 꾸러미의 그리고 블록으로 연결하고 '참' 위치에 넣습니다. [자료] 블록 꾸러미에서 적_폭탄수 10(으)로 정하기 블록을 가져와 참일 때 실행되는 부분에 넣고 '적_폭탄수'를 클릭해 '적_마우스'로 바꾸고 '10'을 0으로 바꿔 줍니다. 적_폭탄수에 10 만큼 더하기 블록을 가져와 연결하고 '10'을 '-1'로 바꿔 줍니다. [시작] 블록 꾸러미에서 적_발사 신호 보내고 기다리기 블록을 가져와 연결합니다.

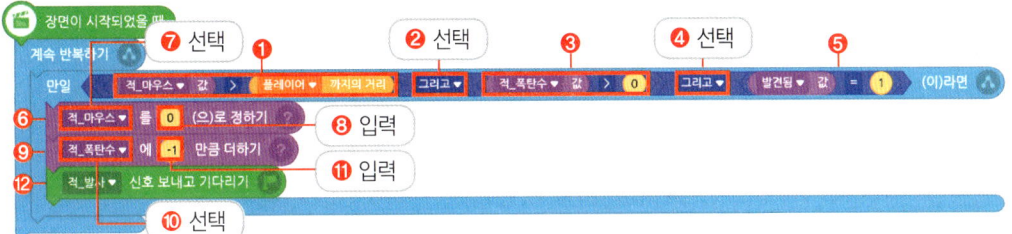

쌤 TALK

적_마우스 값이 플레이어와의 거리값 보다 클 때, 폭탄이 1개라도 남아 있을 때, 플레이어를 발견했을 때, 이 3가지 조건을 모두 만족할 때만 폭탄을 발사해요.

쌤 TALK

적_발사 신호 보내고 기다리기 블록은 폭탄 오브젝트에 있는 적_발사 신호를 받았을 때에 연결된 모든 블록이 다 실행될 때까지 기다려요.

4교시 / 적 오브젝트를 움직여요

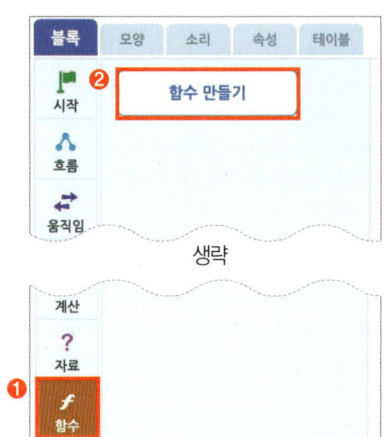

01 '적' 오브젝트를 클릭합니다. [함수] 블록 꾸러미를 클릭하고 [함수 만들기] 버튼을 클릭합니다.

> **쌤 TALK**
>
> 함수는 어떤 기능을 하는 명령어들의 모임을 말해요. 적이 데미지를 입었을 때 실행되어야 하는 블록을 모아서 함수로 만들어요. 함수에 대한 자세한 설명은 247쪽을 참고하세요.

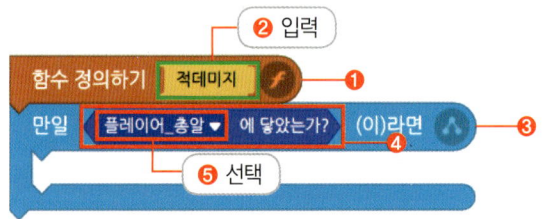

02 `함수 정의하기` 블록의 '함수' 대신에 '적데미지'를 입력합니다. [흐름] 블록 꾸러미에서 `만일 참(이)라면` 블록을 연결합니다. [판단] 블록 꾸러미에서 `마우스포인터에 닿았는가?` 블록을 가져와 '참' 자리에 넣고 '마우스포인터'를 '플레이어_총알'로 바꿉니다.

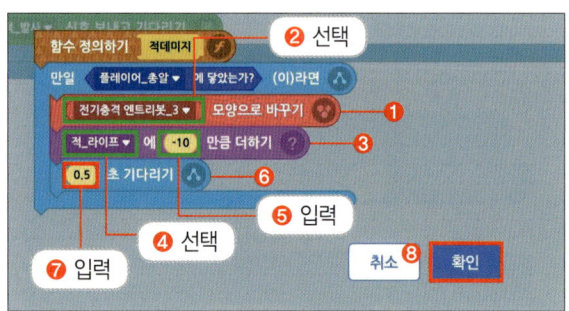

03 [생김새] 블록 꾸러미에서 `자동차 탄 엔트리봇_앞1 모양으로 바꾸기` 블록을 가져와 넣고 '전기충격 엔트리봇_3'으로 바꿉니다. [자료] 블록 꾸러미에서 `적_폭탄수에 10 만큼 더하기` 블록을 가져와 연결하고 '적_폭탄수'를 '적_라이프'로 바꿔 주고 '-10'으로 바꿔 줍니다. [흐름] 블록 꾸러미에서 `2초 기다리기` 블록을 가져와 연결하고 '2'를 '0.5'로 바꿔 입력합니다. [확인] 버튼을 클릭해 함수 블록을 만듭니다.

04 [함수] 블록 꾸러미에 적데미지 라는 블록이 생겼는지 확인합니다.

> **쌤 TALK**
> 이제 적데미지 라는 함수 블록을 사용하면 그 안에 포함된 블록이 모두 실행돼요.

잠|깐|만|요 기다리기 블록은 쓰임이 다양해요!

기다리기 블록은 다음 명령어가 실행되기 전에 입력된 시간 동안 기다리도록 하는 블록이에요. 기다리기 블록은 특히 반복되는 상황에서도 많이 활용돼요.

애니메이션을 만들기 위해 모양 바꾸는 블록을 반복할 때, 너무 빨리 바뀌어서 애니메이션처럼 보이지 않을 때도 사용할 수 있어요.

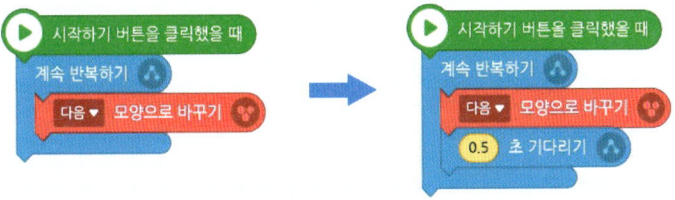

또 적데미지 함수가 반복될 때 총알 오브젝트가 적 오브젝트에서 닿고 지나가는 동안 계속 실행되어 함수 안에 적_라이프에 -10만큼 더하기 블록으로 적_라이프를 너무 많이 줄여버릴 수 있어요.

0.5초 기다리기 블록을 사용하면 적_라이프를 -10한 이후에 총알이 적 오브젝트를 지나는 동안(0.5초) 기다릴 수 있어요. 만약 오브젝트가 너무 커서 지나가는 데 시간이 오래 걸린다면 더 긴 시간 동안 기다리면 되겠죠?

05 [생김새] 블록 꾸러미에서 자동차 탄 엔트리봇_앞1 모양으로 바꾸기 블록과 [흐름] 블록 꾸러미에서 만일 참이라면 / 아니면 블록을 가져와서 **DAY14**에서 만든 아래와 같은 블록인 계속 반복하기 블록 안에 넣습니다.

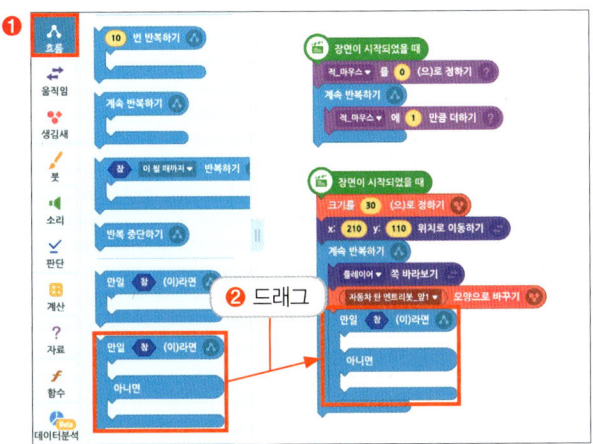

06 [판단] 블록 꾸러미에서 `10>10` 블록을 가져와 '참' 위치에 넣고 앞의 '10' 자리에 `적_폭탄수값` 블록을 가져와 넣고 '적_폭탄수'를 '적_라이프'로 바꿉니다. 뒤의 '10'을 '80'으로 입력합니다.

07 06에서 만든 `만일 적_라이프값>80 (이)라면` 블록을 2번 복사해서 `아니면` 부분에 순서대로 넣고 '80'을 각각 '50', '20'으로 바꿔 줍니다.

> **쌤TALK**
> 적의 라이프 값마다 오브젝트가 다른 움직임을 보일 수 있도록 각각의 값을 조건으로 하는 선택 구조를 만들었어요.

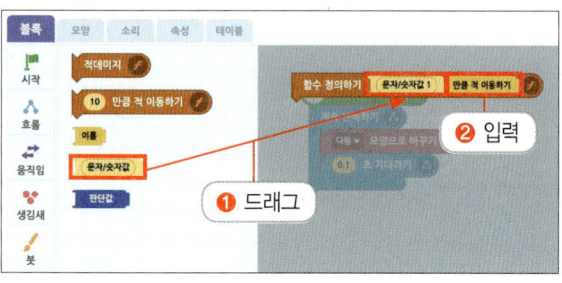

08 [함수] 블록 꾸러미에서 [함수 만들기]를 클릭하고 `함수 정의하기` 블록에 `문자/숫자값1` 블록을 넣습니다. 함수를 지우고 '만큼 적 이동하기'를 입력합니다.

> **쌤TALK**
> '만큼 적 이동하기'라고 입력하면 함수 블록에도 똑같이 '만큼 적 이동하기'가 표현되는 걸 볼 수 있어요. 어떤 함수인지 알기 쉽게 써 주세요.

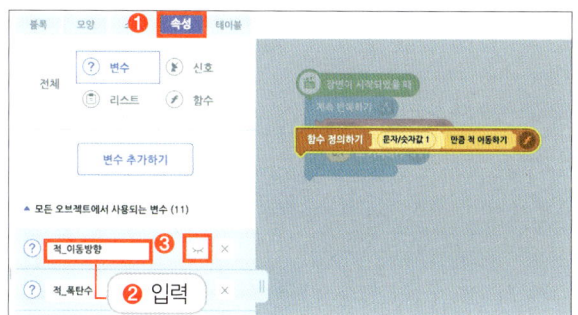

09 [자료] 블록 꾸러미 혹은 [속성] 탭에서 '적_이동방향' 변수를 만들고 👁 아이콘을 클릭해 실행화면에서는 보이지 않도록 합니다.

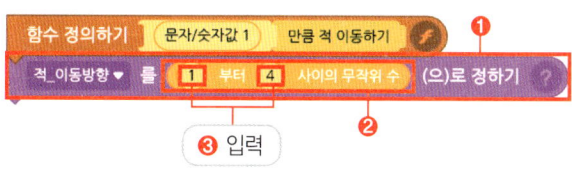

10 [자료] 블록 꾸러미의 적_이동방향를 10(으)로 정하기 블록을 가져와 연결하고 '10' 자리에 [계산] 블록 꾸러미의 0부터 10 사이의 무작위 수 블록을 가져와 넣고 '1부터 4 사이'로 바꿔줍니다.

> **쌤TALK**
> '적_이동방향' 변수에는 1~4 사이의 수가 무작위로 저장되고 1은 오른쪽, 2는 왼쪽, 3은 위, 4는 아래로 움직이도록 함수를 만들어요.

11 [판단] 블록 꾸러미에서 10=10 블록을 가져와 첫 번째 '10' 대신 적_이동방향 값 블록을 넣고 뒤의 '10' 대신에 1을 입력합니다. 10<10 블록을 가져와서 넣고 앞의 '10' 대신에 [계산] 블록 꾸러미의 폭탄의 X좌푯값 블록을 가져와 넣고 '적의 x좌푯값'으로 바꿉니다. 뒤의 '10' 대신 '200'을 입력합니다. [판단] 블록 꾸러미에서 그리고 블록을 가져와 두 블록을 연결합니다.

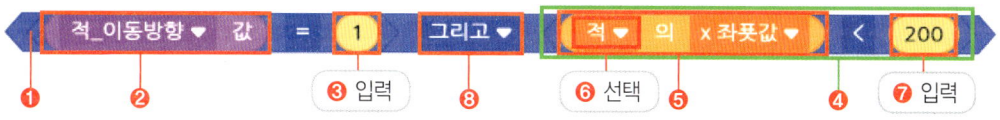

> **쌤TALK**
> 적_이동방향 변수값이 1이고 오브젝트가 오른쪽 끝에 위치하지 않았을 때 오른쪽으로 움직이도록 조건을 만들어요.

12 [흐름] 블록 꾸러미에서 만일 참(이)라면 블록을 가져와 연결하고 11에서 완성한 블록을 '참' 위치에 넣습니다.

DAY 15 엔트리스타즈 게임 완성 ■ 233

13 [흐름] 블록 꾸러미에서 `10번 반복하기` 블록을 가져와 `만일 ~(이)라면` 블록 안에 넣습니다. '10' 대신에 [함수 정의하기]의 `문자/숫자값1`을 가져와 넣습니다.

> **쌤 TALK**
> `문자/숫자값` 블록은 완성된 함수 블록 10만큼 이동하기 블록의 10의 위치에 입력되는 숫자 값을 가지게 돼요.

14 [함수] 블록 꾸러미에서 `적데미지` 블록을 가져와 `문자/숫자값 1번 반복하기` 블록 아래와 `아니면` 블록 안에 각각 넣어 줍니다.

> **쌤 TALK**
> 적_이동방향 변수값에 의해 움직일 때나 움직이지 않을 때 모두 플레이어의 총알에 맞으며 데미지를 받도록 하기 위해 두 군데에 적데미지 함수를 넣어요.

15 [움직임] 블록 꾸러미의 `x 좌표 10만큼 바꾸기` 블록을 끌어와 연결하고 '10'을 '2'로 바꿔 줍니다. [흐름] 블록 꾸러미에서 `2초 기다리기` 블록을 가져와 연결하고 '2'를 '0.01'로 바꿔 줍니다.

> **쌤 TALK**
> `x 좌표를 2만큼 바꾸기` 블록이 적 오브젝트의 이동 속도를 결정해요.

16 만든 블록의 선택 구조를 3번 복사하고 순서대로 연결해서 4개의 선택 구조를 만듭니다. `적_이동방향=1 그리고 적의 x좌푯값<200` 블록과 `x 좌표를 2만큼 바꾸기` 블록을 아래와 같이 각각 수정하고 [확인] 버튼을 클릭해 함수를 완성합니다.

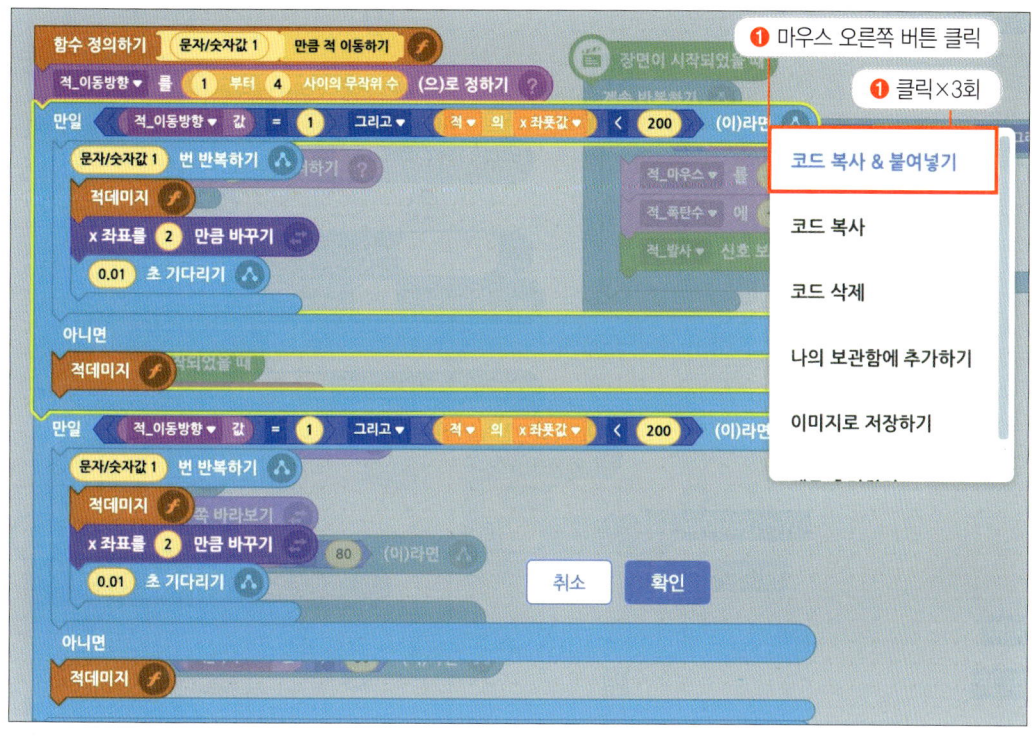

② 2번째 선택 구조

적_이동방향이 2이고 왼쪽 끝에 위치하지 않았을 때 왼쪽으로 이동

③ 3번째 선택 구조

적_이동방향이 3이고 위쪽 끝에 위치하지 않았을 때 위로 이동

④ 4번째 선택 구조

적_이동방향이 4이고 아래쪽 끝에 위치하지 않았을 때 아래로 이동

17 [함수] 블록 꾸러미의 `10 만큼 적 이동하기` 블록을 다음 그림과 같이 넣고 나머지 선택 구조에도 같이 넣어 줍니다.

18 `10 만큼 적 이동하기` 블록의 '10' 대신에 [계산] 블록 꾸러미에서 `0부터 10 사이의 무작위 수` 블록을 가져와 넣습니다. 각각 '1부터 10', '10부터 15', '15부터 20', '20부터 30'으로 바꿔 줍니다.

잠|깐|만|요| 함수 안에서 반복하는 횟수 입력

입력되는 숫자는 함수 안에서 반복하는 횟수로 들어가게 돼요. 숫자 값이 클수록 반복을 많이 하기 때문에 더 멀리 움직이게 되는 거죠. 적_라이프가 적을수록 더 멀리 움직여서 잘 피할 수 있도록 해요. 예를 들어 20보다 라이브가 적다면 함수 속의 이동 명령어를 20~30번 반복하게 돼요.

▲ 적라이프가 80보다 클 때 1~10번 반복해서 움직임

19 [흐름] 블록 꾸러미의 `만일 참(이)라면` 블록을 가져와 마지막 `아니면` 블록 부분에 넣어 줍니다. `10≤10` 블록을 '참' 위치에 넣어주고 앞의 '10' 대신 `적_라이프 값` 블록을, 뒤의 '10' 대신에 '0'을 입력합니다.

쌤TALK
라이프가 0보다 작아져서 게임이 종료되는 조건이에요.

20 [자료] 블록 꾸러미에서 `적_이동방향을 10(으)로 정하기` 블록을 끌어와 연결하고 '적_이동방향'을 '게임승패'로 바꾸고 '10'을 '1'로 입력합니다. [시작] 블록 꾸러미에서 `다음 장면 시작하기` 블록을 가져와 연결합니다.

쌤 TALK

다음 장면은 '종료' 장면이에요. 게임을 종료하는 화면으로 넘어가요.

5교시 플레이어 패널티를 만들어요

01 '플레이어' 오브젝트를 클릭하고 위, 아래, 좌, 우로 이동하기 위한 블록 전체를 코드 복사를 클릭해 복사합니다.

> **쌤TALK**
> 플레이어가 벽에 닿거나 적_폭탄에 닿았을 때 라이프 값을 빼주는 코딩을 시작해요.

02 [함수] 블록 꾸러미의 함수 만들기 를 클릭하고 '플레이어 이동'이라는 함수를 만듭니다. 마우스 오른쪽 버튼을 눌러 '붙여넣기'를 하고 함수 정의하기에 연결하고 [확인] 버튼을 클릭합니다.

> **쌤TALK**
> 플레이어가 이동하는 명령어의 모음을 함수로 만들면 플레이어 오브젝트의 전체 명령어들이 어떤 구조로 코딩되었는지 알아보기 쉬워져요.

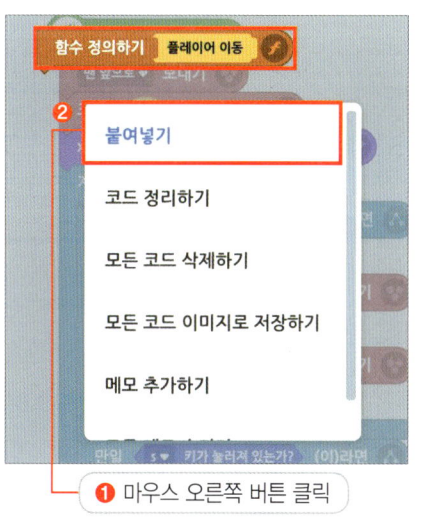

03 `계속 반복하기` 블록 안의 플레이어를 이동시키는 명령어 블록을 삭제하고 [흐름] 블록 꾸러미에서 `만일 참(이)라면 아니면` 블록을 가져와 `계속 반복하기` 블록 안에 넣습니다. [판단] 블록 꾸러미의 `마우스포인터에 닿았는가?` 블록을 '참' 위치에 넣고 '마우스포인터'를 '벽'으로 바꿔 줍니다.

04 [생김새] 블록 꾸러미에서 `걷는 엔트리봇_앞1 모양으로 바꾸기` 블록을 가져와 넣고 '전기충격 엔트리봇_1'로 바꿔 줍니다. [자료] 블록 꾸러미에서 `적_이동방향에 10 만큼 더하기` 블록을 가져와 '적_이동방향'을 '라이프'로 바꾸고 '10'을 '-10'으로 바꿔 줍니다.

05 [소리] 탭에서 위험 경고 소리를 추가하고 [소리] 블록 꾸러미에서 `소리 위험 경고 재생하기` 블록을 가져와 연결합니다. [움직임] 블록 꾸러미에서 `x: 0 y: 0 위치로 이동하기` 블록을 연결하고 [흐름] 블록 꾸러미에서 `2초 기다리기` 블록을 가져와 '2'를 '0.5'로 바꿔 줍니다.

> **쌤 TALK**
> 화면의 벽에 닿았을 때 라이프 값을 빼주고 경고음 이후에 화면 중앙으로 이동하도록 해요. 화면 중앙으로 이동하지 않으면 벽에서 빠져 나올 때까지 계속해서 라이프에 영향을 줘요.

06 만일 벽에 닿았는가?(이)라면 선택 구조 전체를 복사해서 거짓일 때 실행되는 부분에 넣어 줍니다.

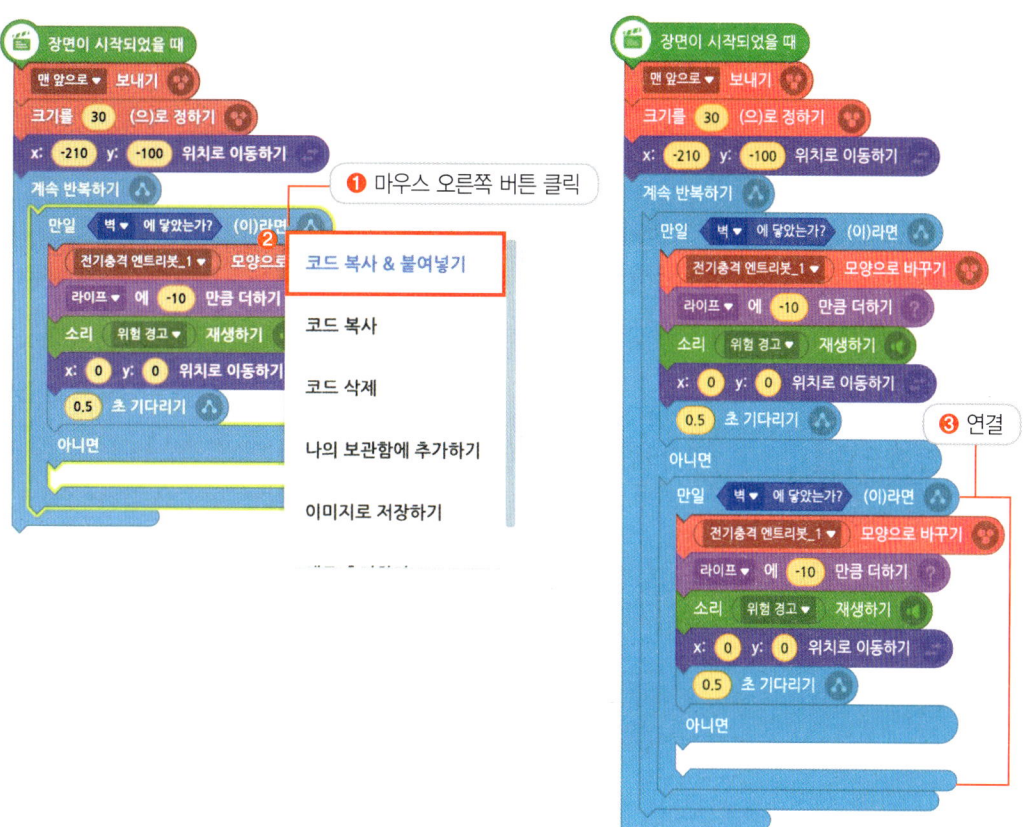

07 복사해서 넣은 선택 구조의 벽에 닿았는가? 조건을 적_폭탄에 닿았는가? 로 바꿉니다. 소리 위험 경고 재생하기 블록과 x: 0 y: 0 위치로 이동하기 블록을 삭제하고 [함수] 블록 꾸러미에서 플레이어 이동 블록을 거짓일 때 실행되는 부분에 넣어 줍니다.

> **쌤 TALK**
> 패널티를 받는 경우(벽 혹은 적_폭탄에 닿은 경우)가 아니라면 키보드를 이용해 자유롭게 이동할 수 있도록 거짓 부분에 플레이어 이동 함수를 넣어요.

08 `계속 반복하기` 블록 안에 [흐름] 블록 꾸러미의 `만일 참(이)라면` 블록을 넣습니다. [판단] 블록 꾸러미에서 `10≦10` 블록을 가져와 앞의 '10' 대신에는 [자료] 블록 꾸러미의 `적_이동방향 값` 블록을 넣고 '라이프'로 바꿉니다. '10'을 '0'으로 바꿉니다.

> **쌤TALK**
> 플레이어의 체력이 0이 되어서 게임이 종료되는 조건을 만들어요.

09 `만일 라이프≦0 (이)라면` 블록의 참일 때 실행되는 부분에 [자료] 블록 꾸러미의 `적_이동방향 10(으)로 정하기` 블록을 넣고 '적_이동방향'을 '게임승패', '10'을 '0'으로 바꿉니다. [시작] 블록 꾸러미에서 `다음 장면 시작하기` 블록을 가져와 연결합니다.

DAY 15에서 사용한 오브젝트와 블록을 정리했으니 살펴보세요. 블록이 조립된 순서를 잘 보고 다른 코딩에도 활용해 보세요.

'적' 오브젝트

적_마우스 값이 플레이어까지 거리 보다 크고 폭탄수가 남아 있을 때, 마지막으로 플레이어를 발견했을 때, 모든 조건이 만족되면 폭탄을 발사해요.

적_라이프 값에 따라 적 오브젝트가 예상할 수 없는 방향으로 움직여요. 라이프가 적을수록 더 먼 거리를 움직여요.

적 오브젝트가 '플레이어 총알' 오브젝트에 닿으면 패널티를 받는 명령어들을 함수로 만들어 활용해요.

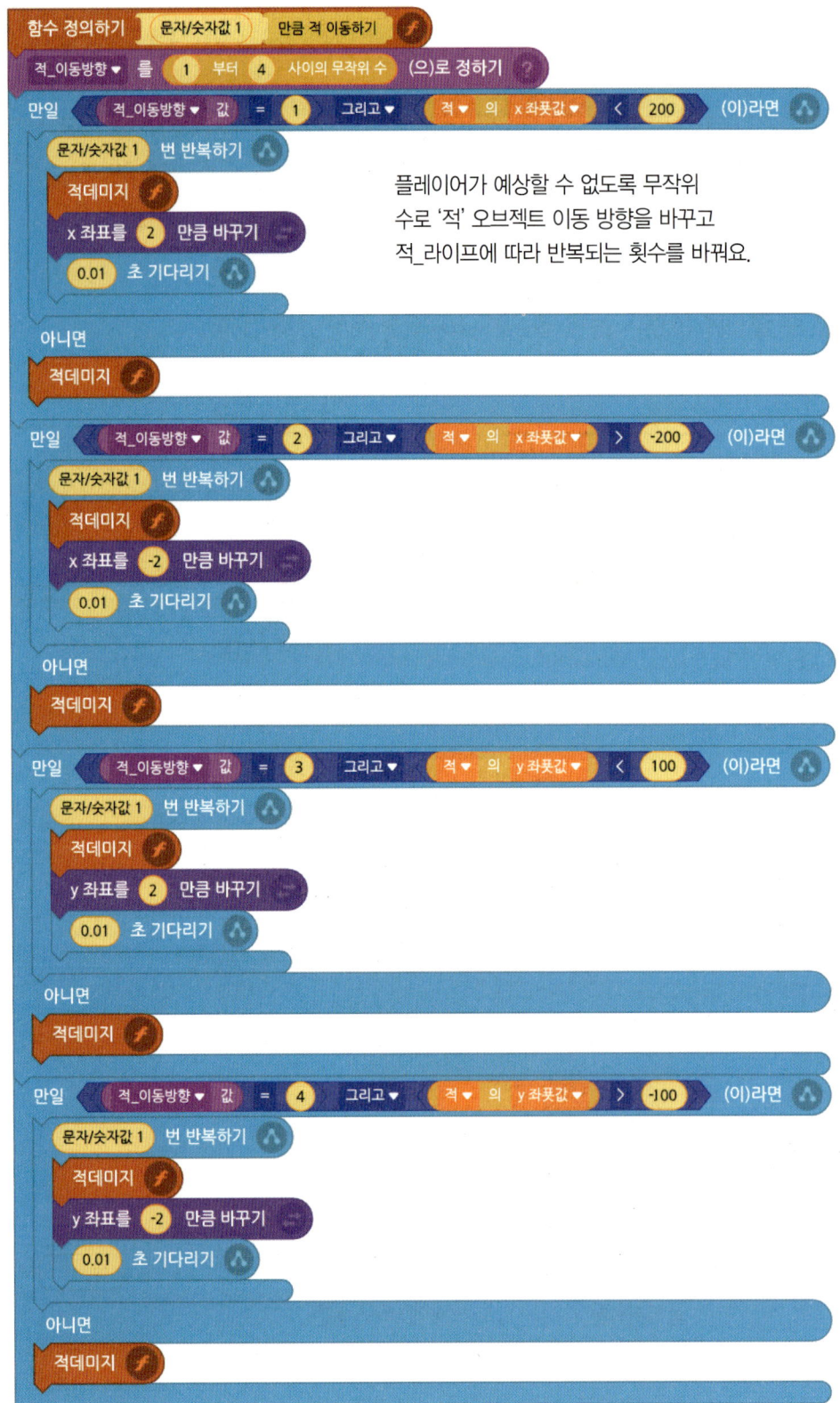

플레이어가 예상할 수 없도록 무작위 수로 '적' 오브젝트 이동 방향을 바꾸고 적_라이프에 따라 반복되는 횟수를 바꿔요.

정리하기

'플레이어' 오브젝트

플레이어가 벽이나 적_폭탄에 닿으면 패널티를 받도록 하고 라이프가 0보다 작아지면 패배로 게임을 종료해요.

완성의 재미

○ 드디어 엔트리스타즈 게임을 완성했습니다. 완성된 게임에서 아쉬운 점은 없었나요? 완성된 프로그램에서 어떤 요소를 추가해서 게임을 발전시키고 싶은지 생각해 봅시다.

_____
_____
_____
_____
_____
_____
_____

○ 게임의 결과는 3개의 정보를 연결해서 저장했습니다. 이름, 게임 결과, 걸린 시간 3가지를 각각의 리스트에 저장해서 관리하면 좀 더 편리하지 않을까요? 그리고 패배한 결과는 빼고 승리한 결과만 저장하도록 하려면 어떻게 해야 할까요? 아래 예시를 참고해서 나만의 프로그램을 만들어 보세요.

— 직접 코딩해 보세요.

— 직접 코딩해 보세요.

숨겨진 컴퓨터 과학 찾기

함수란?

'함수'는 어떤 일을 하기 위한 명령어들의 모임이라고 할 수 있어요. 우리가 코딩을 하다 보면 자주 사용해야 하는 기능이나 명령어들의 모음이 있을 때 매번 반복해서 코딩하는 건 너무 귀찮은 일이겠죠? 이럴 때 함수로 지정해서 필요할 때 마다 불러서 사용한다면 코딩을 훨씬 효율적으로 할 수 있을 거예요.

또 엔트리스타즈와 같이 프로그램이 복잡해지기 시작하면 명령어들이 많아지고, 각 명령어들이 무슨 의미인지 어떤 기능을 하는지 이해하기 어려워져요. 이럴 때도 명령어들을 묶어서 이해하기 쉬운 기능 이름이나 이름을 붙여서 함수로 만든다면 복잡한 프로그램도 쉽게 이해할 수 있고 필요하다면 프로그램 전체보다 훨씬 적은 명령어들로 구성되어 있는 각각의 함수를 쉽게 수정하고 발전시킬 수 있어요.

공부 시간이 4시간 30분이라면 신나게 2번 놀고 과학 교과서 문제지 1시간, 정보 교과서 문제지를 3시간 동안 공부해야 해요!

생활 속에서 함수를 활용해서 코딩하고 자동으로 해결할 수 있도록 하고 싶은 일은 무엇이 있을까요? 학교 가서 공부하기? 아침 먹기? 점심 먹기? 학원 가기? 생각보다 자동으로 해결할 수 있는 일들이 많을지도 모릅니다. 지금 바로 해결할 수 있는 문제가 생각난다면 함수를 이용해서 코딩해 보는 건 어떨까요?

알파벳 수화 모음